北大版留学生本科汉语教材·语言知识系列

现代汉语语音教程

丁崇明　荣　晶　著

北京大学出版社
PEKING UNIVERSITY PRESS

图书在版编目(CIP)数据

现代汉语语音教程/丁崇明,荣晶著. —北京:北京大学出版社,2012.2
(北大版留学生本科汉语教材·语言知识系列)
ISBN 978-7-301-19972-5

Ⅰ. 现… Ⅱ. ①丁…②荣… Ⅲ. 现代汉语—语音—对外汉语教学—教材 Ⅳ. H195.4

中国版本图书馆 CIP 数据核字(2011)第 274278 号

书　　　　名：	现代汉语语音教程
著作责任者：	丁崇明　荣　晶　著
责 任 编 辑：	邓晓霞　旷书文
标 准 书 号：	ISBN 978-7-301-19972-5/H·2986
出 版 发 行：	北京大学出版社
地　　　　址：	北京市海淀区成府路 205 号　100871
网　　　　址：	http://www.pup.cn
电 子 信 箱：	zpup@pup.pku.edu.cn
电　　　　话：	邮购部 62752015　发行部 62750672　出版部 62754962
	编辑部 62752028
印　　刷　者：	北京虎彩文化传播有限公司
经　　销　者：	新华书店
	787 毫米×1092 毫米　16 开本　18.75 印张　360 千字
	2012 年 2 月第 1 版　2025 年 7 月第 4 次印刷
定　　　　价：	52.00 元(附赠一张 MP3 盘)

未经许可,不得以任何方式复制或抄袭本书之部分或全部内容。
版权所有,侵权必究
举报电话:010-62752024　电子信箱:fd@pup.pku.edu.cn

前　言

《现代汉语语音教程》是专门为外国来华留学的汉语言大学本科生开设的基础课"现代汉语"使用的教材之一，① 它也可以作为单独开设的"现代汉语语音"课程的教材。

本书的目的有两个：第一，系统地介绍现代汉语语音知识；第二，提高学生的汉语语音能力。学生通过学习本书，一是可以系统地学习汉语语音知识，二是全面提高普通话语音能力，三是纠正发音上的毛病。本书强调科学性、实用性和针对性。

本书对每个普通话声母的发音部位、发音方法以及韵母发音时发音器官的运用和发音过程，进行了较为细致的描述，并绘制了每个音的发音示意图，以增强语音教学的科学性与直观性。本书与为中国学生所写的《现代汉语》教材和一般为中国人写的普通话教材相比，信息量更大。

语言在不断的演变，作为普通话语音标准的北京话也在不断地变化。本书力图反映当代北京语音的实际情况。过去的一些经典的学术论著总结出的一些儿化规律以及轻声词范围与当代年轻北京人的发音现状存在一定出入。我们在调查的基础上，根据当代年轻北京人的发音现状，对一般形容词重叠式和状态形容词变调的情况重新进行了整理。我们认为，外国学生学习汉语应当以当代年轻一代的发音为标准。

语音与语法、语义密切相关，这比较充分表现在儿化和轻声中。我们在介绍儿化和轻声时，区分了一些不同性质的现象，做了较为细致的

---

① 丁崇明为外国留学生"现代汉语"课程所著的《现代汉语语法教程》已于2009年1月，由北京大学出版社出版。

分类，也增加了较多的语言材料。力图为较为细致地描写语言事实。

为了突出教材的实用性和针对性，我们一方面参考学者们的研究，一方面进行调查，总结出一些外国留学生常见的语音偏误，对外国学生学习汉语的声母、韵母和声调提出一些提示。

为了使读者能通过学习本书，使汉语语音能力得到明显的提高，我们编写了大量语音练习。这样使得使用本教材的教师省去了寻找其他语音材料自行编练习的工夫。我们把留学生常用的词语和容易出现语音偏误的词语编入了各种练习中，这样学生一方面通过训练纠正自己的语音偏误，另一方面也可以巩固在其他汉语课程中学到的词汇。另外，我们选择了一些古代诗歌名篇，孔子、荀子等古代先贤的散文名段、名句以及中国文化知识作为语音训练的材料，这样一方面可以增加语音训练的知识性，另一方面也可以使学生在语音训练的同时，学习中国古代思想文化，提高中国古代文学与中国文化的修养。我们在练习中还选择了一些笑话、绕口令以增加练习的趣味性。

汉语多音字比较多，掌握多音字不是一个单纯的语音问题，也是提高汉语水平的一个瓶颈。为帮助读者掌握好汉语的常用多音字，我们把常用多音字的不同意思串在一起，编成一句有意义的话，编写成一个特殊的附录"巧记常用多音字107"。学生可以通过读些句子，了解这些多音字的读音和意义。我们希望学习者在朗读这些句子的过程中逐步熟悉并掌握这些多音字。

总之，我们希望学生通过这门课程的学习，具备系统的汉语语音基础知识，比较全面地了解汉语语音系统，不仅知其然，也知其所以然，同时提高汉语语音能力，改善汉语语音面貌，同时也在学习的过程中，受到中国文化的熏陶。

本书还有一个特色，就是对外国学生习得汉语语音常见偏误进行了分析。因此，本书可以作为大学对外汉语教学专业本科和国际汉语教育硕士的教材，也可作为培训对外汉语教师的教材，或者作为对外汉语教学专业硕士研究生的参考书。由于每个声母和韵母都有发音示意图，练习也比较多，所以本书还可作为中国人学习普通话的教材。

丁崇明　荣　晶

2011 年 10 月

目　　录

第一章　绪论
1.1　现代汉语共同语——普通话 …………………………… 1
1.2　汉语方言概况 …………………………………………… 2
1.3　现代汉语口语和书面语 ………………………………… 5
　思考与练习（1）…………………………………………… 5
1.4　怎样才能掌握好汉语的发音 …………………………… 6
1.5　为什么要学汉语语音知识 ……………………………… 9
1.6　"现代汉语语音"课程的性质和任务 ………………… 12
1.7　怎样学好汉语语音知识 ………………………………… 12
　思考与练习（2）………………………………………… 13

第二章　语音的基本知识
2.1　记录语音的符号——国际音标 ………………………… 14
　思考与练习（3）………………………………………… 15
2.2　语音的性质 ……………………………………………… 15
　　2.2.1　什么是语音 ……………………………………… 15
　　2.2.2　语音的特点 ……………………………………… 15
2.3　发音器官 ………………………………………………… 18
　思考与练习（4）………………………………………… 20
2.4　语音单位 ………………………………………………… 20
　　2.4.1　音素 ……………………………………………… 20
　　2.4.2　音节 ……………………………………………… 23
　思考与练习（5）………………………………………… 23
2.5　音位 ……………………………………………………… 24
　　2.5.1　什么是音位 ……………………………………… 24

  2.5.2 音位变体的分类 ············ 26
  2.5.3 音位的分类 ················ 26
  2.5.4 如何归纳音位 ·············· 27
  2.5.5 普通话的音位 ·············· 28
 思考与练习（6）···················· 29

第三章 普通话语音系统

 3.1 声调 ····························· 30
  3.1.1 什么是声调 ················ 30
  3.1.2 调值和调类 ················ 31
  3.1.3 普通话的调类和调值 ········ 31
  3.1.4 为什么要学好汉语的声调 ···· 33
  3.1.5 怎样学习汉语的声调 ········ 34
  3.1.6 外国学生声调学习提示 ······ 38
 思考与练习（7）···················· 42
 3.2 声母 ····························· 52
  3.2.1 声母概观 ·················· 52
  3.2.2 声母的发音部位的分类 ······ 53
 思考与练习（8）···················· 54
  3.2.3 声母的发音方法的分类 ······ 54
 思考与练习（9）···················· 59
 思考与练习（10）··················· 66
 思考与练习（11）··················· 77
 思考与练习（12）··················· 83
  3.2.4 外国学生声母学习提示 ······ 88
 思考与练习（13）··················· 93
 3.3 韵母 ····························· 98
  3.3.1 韵母总表及韵母的分类 ······ 98
  3.3.2 单元音韵母 ················ 100
  3.3.3 外国学生单元音韵母学习提示 ···· 108
 思考与练习（14）··················· 111
  3.3.4 复元音韵母 ················ 114
 思考与练习（15）··················· 121

  3.3.5 外国学生复韵母学习提示 …………………… 127
 思考与练习（16） …………………………………………… 128
  3.3.6 鼻音韵母 ………………………………………… 132
  3.3.7 外国学生鼻音韵母学习提示 ……………………… 148
 思考与练习（17） …………………………………………… 148
 3.4 普通话的音节 …………………………………………… 160
  3.4.1 什么是音节 ……………………………………… 160
  3.4.2 普通话音节的结构构造 …………………………… 161
  3.4.3 普通话的声母与韵母的拼合 ……………………… 162
  3.4.4 普通话音节的拼读 ………………………………… 164
  3.4.5 汉语拼音拼写规则 ………………………………… 164
  3.4.6 外国学生声韵配合学习提示 ……………………… 169
 思考与练习（18） …………………………………………… 169

第四章 音变

 4.1 轻声 ……………………………………………………… 172
  4.1.1 什么是轻声 ………………………………………… 172
  4.1.2 轻声的语音特点 …………………………………… 173
  4.1.3 轻声的功能 ………………………………………… 176
  4.1.4 轻声词的范围 ……………………………………… 178
 思考与练习（19） …………………………………………… 181
 4.2 儿化 ……………………………………………………… 181
  4.2.1 什么是儿化 ………………………………………… 181
  4.2.2 儿化的功能 ………………………………………… 182
  4.2.3 儿化韵的发音 ……………………………………… 184
  4.2.4 外国学生儿化韵学习提示 ………………………… 187
 思考与练习（20） …………………………………………… 187
 4.3 连读变调 ………………………………………………… 191
  4.3.1 上声的变调 ………………………………………… 192
  4.3.2 "一"、"不"的变调 ……………………………… 194
  4.3.3 变调口诀 …………………………………………… 195
  4.3.4 形容词的变调 ……………………………………… 196
 思考与练习（21） …………………………………………… 200

第五章 语调

    5.1　什么是语调 ·· 205
    5.2　重音 ·· 205
        5.2.1　语法重音 ····································· 206
        5.2.2　逻辑重音 ····································· 207
    5.3　停顿 ·· 207
    5.4　句调 ·· 210
        5.4.1　升调 ·· 210
        5.4.2　降调 ·· 210
        5.4.3　平调 ·· 210
        5.4.4　曲调 ·· 210
    思考与练习（22） ······································· 212

附录一　参考答案 ·· 214
附录二　声韵配合总表 ······································ 234
附录三　常用轻声词词表 ···································· 238
附录四　常用儿化词表 ······································ 245
附录五　形声字字音类推表 ·································· 253
附录六　巧记常用多音字 107 个 ····························· 266
附录七　常用语音学术语英汉对照表 ······················· 273

索引 ··· 279
参考文献 ·· 286
后记 ··· 289

第一章

绪 论

1.1 现代汉语共同语——普通话

　　共同语是一个民族大多数人通用的语言。汉语在古代的时候不同的地方就有各自的地方话，也有在较大范围内通行的共同语。普通话是现代汉民族的共同语。1955年中国科学院召开的现代汉语规范问题学术会议确定把现代汉民族的共同语称为普通话。经过专家研究，确定**普通话以北京语音为标准音，以北方话为基础方言，以典范的现代白话文著作为语法规范**。普通话既是汉民族共同语，也是现代汉语的标准语，它是中国国家通用语言，不仅汉族使用，也在中国很多民族地区通用。

　　北京话也是一种地方方言。只是北京话比起其他方言来地位特殊一些，因为普通话以北京语音为标准音。但是，这并不意味着所有北京话中的语音都可以进入普通话。北京话中轻声和儿化现象比较多，普通话只吸收了一部分；北京人说话语流音变比较多，很多三个音节的词语，北京人说起来中间那个音节不清晰，有的韵母会脱落，仅留下声母，甚至声母也由清辅音变为浊辅音。例如"王府井"有的北京人会读为 wángvjǐng；"北师大"，有的北京人读为 běishdà。这些发音普通话并没有吸收。北京话中有些词语的变调也不能进入普通话，例如"好多"，北京人把其中的"好"读为阳平 háo。

　　普通话以北方话为基础方言，主要指的是词汇以北方话的词汇为基础。北方方言的范围很大，并不是北方方言中所有的词汇都可以进入普通话，进入普通话的只是北方话中的通用词汇。即使是北京话，有些不通用的词也不能被普通话吸收，如北京话中的"扫听、别介、各色"等。但是另一方面，北方方言中的某些非通用词也有可能进入普通话，例如"整"、"搞"就进入了普通话。又如近几年东北话的"忽悠"通过一些为全国大众熟知的电视小品的传播而进入了普通话。另外，一些非北方方言的词汇，普通话也会吸收一些。例如吴方言中的"垃圾"、"名堂"、"尴尬"，粤（Yuè）方言中的"煲（bǎo）"、"煲（bāo）汤"、"打的"、"靓（liàng）"、"埋单"等词都已经进入了普通话。

普通话以典范的现代白话文著作为语法规范。这是说普通话的语法应以典范的现代白话文著作中的语法规范为语法标准。北京话中有的方言语法规则不能进入普通话。如北京话处所介词"跟"可构成"跟+处所+V"结构，如"跟家待着"（在家待着），这样的说法就不能进入普通话。又如北京话名词"腿"儿化后可以用作动词放在"去"之前，表示"走"的意思，普通话说"走着去"，北京话可以说成"腿儿着去"，这样的说法也不能进入普通话。

1.2 汉语方言概况

"方言"是与"共同语"相对的一个概念。**方言是某一种语言在不同地域通行的地方话。**

中国语言学界一般把汉语方言分为七大方言，即：北方方言、粤（yuè）方言、吴方言、闽（mǐn）方言、湘（xiāng）方言、客家方言和赣（gàn）方言。①各个大方言之下又可分为一些次方言，同一个次方言之下很多地方的话也有区别，一般被称为"……话"。

北方方言 中国的北方汉族说的都是北方方言，所以它被称为北方方言，北方方言又称为官话。但是很多非北方地区人说的也是北方方言。北方方言分布地域最广，从中国东北的黑龙江省到西部的西藏，从西北的新疆到西南的云南省的汉族人都说的是北方方言。这些地方不少少数民族也会说汉语，他们所说的是当地的北方方言。说北方方言的大约占汉族人口的70%以上。北方方言可分为八个次方言：东北官话、北京官话、冀鲁官话、中原官话、胶辽官话、兰银官话、西南官话、江淮官话。北方方言语音系统比其它汉语方言简单一些。大多数北方方言只有4个声调。

吴方言 吴方言主要分布在中国东南部的上海市、浙江省的大部分、江苏省的一部分地区，还有安徽省的一小部分和福建省的一小部分地区。吴方言一般有7个单字调。吴方言以苏州话和上海话为代表。使用吴方言的人约占汉族总人口的8.4%。

粤方言 "粤"是广东省的简称。粤方言俗称为广东话，当地人称为白话。主要分布在广东、广西和香港、澳门特别行政区。使用粤方言的人约占汉族总人口的5%。粤方言也是不少海外华人社区的交际语言之一。粤方言在汉语方言中是声调最多的方言，一般有9个声调。

闽方言 "闽"是福建省的简称。闽方言俗称福建话。闽方言主要分布在福建省和台湾地区，广东省潮汕地区和雷州半岛、海南省的东部、南部和西南部沿海，浙江省东南部通行的也是闽方言。早期出国的海外华侨也有许多人使用闽方言，特别是东南亚华侨使用闽方言的比较多。闽方言是保留古汉语特征较多的汉语方言。使用人约占汉族总人口的4.2%。闽方言是内部差异最大的方言，可分为5个次方言：闽南方言、闽东方言、闽北方言、闽中方言、莆仙方言。厦（xià）门人和台湾人所说的话属于闽南方言，福州人所说的话属于闽东方言。

湘方言 "湘"是湖南省的简称。湘方言俗称湖南话，主要分布在湖南省，广西北部有4个县也用湘方言。湘方言分为新湘语和老湘语。老湘语外地人较难听懂，新湘语有些接近北方方言中的西南官话，外地人还能听懂一些。使用湘方言的人约占汉族总人口的5%。

客家方言 客家方言是中古时期中原一带的人迁徙到中国南方聚居在一起形成的一种方言。它保留了中古时期中原一带汉语的一些特征。客家话以广东梅县话为代表。客家方言主要分布在广东省中部和

---

① 20世纪80年代中国社会科学院和澳大利亚人文科学院联合编制的《中国方言地图集》将汉语方言分为十大方言区。除了上述七大方言之外，还分出了晋（jìn）语、徽（huī）语、平话三种方言。最近一些年有的教科书也采用十大方言的分区。晋语分布在山西大部、陕西北部、内蒙古西部、河南北部、河北北部和南部。由于这种方言的主体在山西，而山西的简称是"晋"，所以称为"晋语"。晋语与周围北方方言的区别主要是它保留着古入声。徽语分布在安徽省黄山以南的新安江流域的旧徽州府全境，另外还有浙江省旧严州府的大部分地区以及江西省旧饶州府的小部分地区。徽语大多数有6个单字调。平话分布在广西壮族自治区交通要道附近城市的郊区、乡镇和农村。

东部，福建省西部，广西、台湾地区、海南、湖南、四川也有小片的客家话。与粤方言、闽方言相比，客家方言外地人能听懂的多一些。使用客家方言的人约占汉族总人口的4%。海外华侨也有的人讲客家话。

赣方言 "赣"是江西省的简称。赣方言主要分布在江西省，俗称江西话。赣方言以南昌话为代表。使用赣方言的人约占汉族总人口的2.4%。赣方言声调有6至7个。

汉语七大方言的分布很不均衡，北方方言分布最广，中国大陆的东北、华北、西北和西南大部分地区都属于北方方言区，其他六大方言主要集中分布在长江以南、东经110度线以东的东南部和中南部地区。

近代以来，移居海外的华人把普通话和客家方言、闽方言、粤方言等方言带到其他国家。但是在海外，使用人数最多的还是普通话。

什么是现代汉语？现代汉语是现代汉民族和中国部分少数民族使用的语言。它包括作为现代汉语共同语的普通话和方言。大学中文专业"现代汉语"课程学的是狭义的现代汉语，其内容是普通话的语音、词汇、语法及文字等方面的知识。本书在此仅介绍一点儿汉语方言的知识。让大家对汉语方言有基本了解。因为外国人只要来中国就必然会听到各种汉语方言，就是在国外学习汉语，也有可能接触到汉语方言。①

近代以来，一些移居海外的华人把普通话和客家方言、闽方言、粤方言等带到了中国以外的一些国家，但是在海外使用人数最多的还是普通话。

什么是现代汉语？现代汉语是现代汉民族使用的语言。它包括现代汉语共同语的普通话和方言。一般所说的学"现代汉语"则指的是学现代汉语的普通话，而大学中文专业学的"现代汉语"课程所学的是普通话的语音、词汇、语法以及文字等方面的知识。本书在这里只是简单地介绍一点儿方言的知识，让大家对汉语方言有一点儿了解。因为外国人

---

① 中国有56个民族，其中回族没有自己的语言，使用汉语。另外，现代绝大多数满族已不会说满语，他们以汉语为母语。东北三省是满族最多的地区，另外内蒙古、河北、山东、北京、天津等省区都有满族。各地的满族以当地汉语方言或普通话为母语。另外还有相当多其他少数民族把汉语作为第二语言，有的没在本民族聚集区出生的少数民族以汉语为自己的母语。

只要来中国就必然会听到各种汉语方言，就是在国外学习汉语，也有可能接触到汉语方言。

1.3 现代汉语口语和书面语

现代汉语口语是人们日常说话时使用的语言，它所用的词语比较通俗易懂，很少有长的句子，句子结构比较简单，一方面，在一定语境下会省略很多词语；另一方面，常常会有一些重复、啰唆的地方。现代汉语书面语是人们用文字写下来的汉语。人们在使用书面汉语时与用口语说的话不一样，用文字写汉语时，在写之前会经过比较多的思考，会对写下来的话语进行修改。很多作家的作品都是经过精心修改的，中国现代最伟大的作家鲁迅先生在回答"创作怎样才会好"的问题时曾经谈到："写完后至少看两遍，竭力将可有可无的字、句、段删去，毫不可惜。"[①]据史书记载，中国唐代著名诗人贾岛作诗常"吟安一个字，捻（niǎn）断数茎须"，是说他作诗时为了诗中一个字，一边思考，一边捻着自己的胡须，有时把自己的胡须捻断了好几根，才想出一个合适的字来。由于书面语经过反复修改，所以很讲究词语选择，有的会用一些比较正式、典雅的词语，句子也会比口语的句子长而且复杂。即便是那些口语色彩比较浓的书面语，用词虽然不会那么正式、典雅，但也不会像口语那样有很多省略，或者重复、啰唆的地方。

思考与练习（1）

一、什么是普通话？

二、为什么说北京话不等于普通话？

三、什么是方言？

四、汉语有哪几种大方言？

五、汉语在海外使用最多的是什么话？汉语在海外影响较大的是哪几种方言？

---

① 引自鲁迅《答北斗杂志社问》。

六、大多数广东人、香港人说的汉语属于哪一种方言？

七、你到过中国南方吗？你听当地中国人说方言有什么感觉？

八、你们国家的语言方言差异大吗？和汉语方言比较，你们国家的方言差异大还是汉语方言的差异大？

1.4　怎样才能掌握好汉语的发音

对一个外国人来说，要学好汉语，其中很重要的就是掌握好汉语的发音。那么怎样才能较快地学好汉语发音呢？第一，要有语音标准的模仿对象；第二，要有好的老师教；第三，要非常用心地学，坚持不懈地纠正自己的发音，改掉发音上的毛病；第四，要花工夫熟读并记住相当数量汉字的读音以及同一汉字在不同词语中的不同读音。以上对于方言区的人学说普通话，也是同样适用的。下面我们来谈一谈这四点内容，或者说为什么要做到这四点。

第一，**要有好的模仿对象**。这对外语初学者来说是至关重要的。因为学习外语的初期，语言模仿对象的语音对学习者语音面貌的影响是最大的。初期养成一种错误的外语发音习惯，以后要改需要花很大的工夫。初期语音上的缺陷如果不能及时纠正，就可能形成一种非常顽固的语音习惯，形成所谓中介语中的化石化（fosssilization of interlanguage）[①]，这可能会伴随学习者的终身。一般来说，初学一门语言，最理想的当然是到该语言标准语代表方言所在地去学习。例如，学汉语最佳的选择就是北京。因为在北京能说标准普通话的人所占比例最大。就像你想学英国英语，最理想的学习地方是英国伦敦。当然，有的人没有来过中国，但他的汉语语音很标准，那最大的可能就是他的老师，特别是最初教他汉语的老师语音非常标准。也有一些人，他的老师语音并不太标准，但是通过录音、电台，不断地模仿和训练，最后也学出了一口标准的普通话。由此看来，要学好汉语语音，不一定非得到北京。我们只是说北京的语言环境最好，具备最理想的条件。其实，中国推广普通话几十年了，现

---

① 中介语中的化石化是 Selinker, L.1972 年提出的，指人们在学习第二语言时形成的一种比较难以纠正的、非常顽固的、不正确的语言习惯。

在中国的每一个地方，都有很多普通话说得非常标准的老师。就是在国外，也有很多语音很标准的老师在教汉语。就算是找不到语音标准的老师，也可以找到标准的、可以模仿的汉语录音。

第二，要学好汉语的语音，还需要**老师用比较好的方法来教大家学习**。因为，仅仅有好的语言环境、语音标准的老师或者其他标准的语言模仿对象，对于大多数人来说，还是远远不够的。汉语终究不是外国学生的语言，有些音或者某一语音特征在外国学生的母语中没有，只有少数具有语言模仿天赋的人能够比较容易且准确地模仿出自己语言中没有的特殊语音。例如，汉语是有声调的语言，靠音节的高低区别意义，对于大多数外国人来说是不太容易掌握的。汉语的声调，对有些自己母语中有声调的学生来说也是不容易掌握的，因为他们语言的声调与汉语不一样，他们常常会用自己语言中的某一个声调的音高模式去读汉语的某一个声调。一名优秀的汉语老师，需要做到以下几点：（1）要有很高的汉语语音听辨能力；（2）要能够找出造成学生发音缺陷的原因；（3）要善于针对学生的不同情况，运用适当的方法，帮助学生发出比较标准的语音；（4）要有一些比较好的方法来训练学生发出正确的音；（5）要会帮助学生巩固正确的发音，使之养成发标准音的习惯，最终帮助学生形成一个良好的语音面貌。

第三，**要非常用心地学，坚持不懈地纠正自己的错误发音**，这样才能改掉自己发音上的毛病。大多数人学习第二语言，都要面临学习一些自己母语里没有的音素的挑战。母语中没有的音，有的比较容易发，稍微一学就可以掌握，但有的音对大多数人来说，是有一定难度的。比如，对中国人来说，学习德语、法语中的小舌颤音难度就比较大，学习西班牙语、俄语中的舌尖颤音难度也比较大。对于大多数外国人来说，汉语的声调就比较难掌握，有的声母也不容易掌握。第二语言中有些音之所以难以掌握，有各种原因。有的是由于发音器官中的某些部位在自己母语中从来不用，初学时，这些部位不灵活；有的是初学者根本不知道要运用发音器官的哪些部位，怎么运用这些发音部位，即不知道发音的原理。有的即使老师讲了发音原理或者书上发音原理讲得很清楚，还是不能正确地发出这些音来。这往往是发音时，大脑发出的命令与发音器官的动作不协调造成的。初学第二语言的语音时，如果有好的老师或者有好的语音模仿对象，听着录音，很快就模仿对了。但是由于不是自己母语中有的音，没有形成正确的发音习惯，一旦离开老师、离开录音等模仿对象，又不能准确地发出来。所以，我们强调，要非常用心地学，最好要搞清楚发音的原理。搞清楚原理不是简单的鹦鹉学舌，而是争取能够做到根据发音原理来自己纠正发音。另外，初学第二语言的发音，难免会产生一些发音不准确的问题。发音有缺陷、有毛病是正常的，但是在学习初期，要及时纠正，坚持不懈地纠正自己的发音，不要让它形成习惯，变为顽固的、难以纠正的化石化语音缺陷。我们强调用心学习，坚持不懈地纠正不标准的发音，改掉发音上的毛病，还因为，一个人语音上的缺陷和毛病，并不会因为他说这种语言或方言时间长了，就自然消失了。相反，积习难改，时间越长越难纠正。我们看到很多其他方言区的人，由于没有用心和坚持不懈地改正语音缺陷，虽然在北京生活了几十年，他的普通话也说不标准。也有的人刚来北京时带有很浓重方言口音，由于他一开始学说普通话时，就非常用心地、坚持不懈地纠正自己的发音，经过一段时间艰苦的努力，他的语音就变得标准了。所以，每个外国学生学习汉语，要想使自己的语音标准，关键不在于学习时间的长短，而在于是不是用心地学，是不是坚持不懈地及时纠正自己发音上的毛病。

第四，**注意总结自己母语与汉语发音的异同**。学习者了解母语与汉语发音的异同可以帮助自己学好汉语语音。由于很多汉语老师对学习者的母语并不了解，不能指出汉语语音与学习者母语语音上的异同，所以学习者最好能自己总结母语与汉语发音的异同。学习者明白了自己母语与汉语的发音异同之后，要特别注意那些与汉语相似的音。根据学者的实验研究，那些与汉语相似的音是比较难掌握的。[1] 有些汉语中有而自己母语没有的音也是比较难掌握的，有的音虽然不难发，但是由于是学习者母语中没有的，比较容易被学习者用其他音来代替。例如汉语的韵母 ü 很多语言中没有，有的学习者容易用 i 来代替 ü。学习者自己总结出汉语语音与母语的异同，就会自觉地注意这些音。

对外国学生来说，要学好汉语的语音，开口能说出一口比较标准

---

[1] 根据王韫佳、邓丹（2009）的研究，"实验结果印证了相似音素的习得难度大于陌生音素的假设"。

的汉语，除了做到以上几点之外，还要**花工夫熟读并记住相当数量汉字的读音以及多音多义字的发音**。因为从比较高的标准来要求，语音好还要求能够区分一些语音容易混淆的汉字的读音，从而读准常用词语的读音。如果一个人仅是能够准确地发出汉语的声母、韵母和声调，语音面貌不错，但是一开口说话，不是把这个字的声母读错，就是把那个字的韵母读错，这也不能算是语音好。汉语有的声母是比较容易相混的，就是中国人也容易读错，特别是中国很多方言区的人，由于他们方言中没有普通话中的一些声母，他们会把不同声母的字读为同一个声母，这种情况并不少见。例如 zh、ch、sh 和 z、c、s 这两组声母就比较容易混淆。所以，哪些字的声母是 zh、ch、sh，哪些字的声母是 z、c、s，需要记忆。另外，汉语的音节数目不多，这就造成了汉语中多音字比较多的情况。不少字有多个读音，例如"和"是一个很常见的字，但它却有 5 个不同的读音：和平（hépíng）、曲高和寡（qǔ gāo hè guǎ）、我和了（wǒ húle）三次、和面（huó miàn）、和稀泥（huò xīní）。还要注意，普通话里的轻声词比较多，该读轻声的不读轻声，人们听起来就很别扭。例如"窗户（chuānghu）"是轻声词，不能读为"chuānghù"。还有，有些词是儿化词，必须读儿化，例如"笔杆儿"、"扣儿"、"泪人儿"不能读为"笔杆"、"扣"、"泪人"；有些习语也必须读为儿化的，例如"没词儿"不能读为"没词"；在普通话口语中，有些词也读儿化音，一旦读为非儿化音，听上去也很别扭，如"动画片儿"、"动物园儿"、"胶卷儿"不能读为非儿化词"动画片"、"动物园"、"胶卷"。以上必读儿化词、必读儿化的习语或者口语中应读儿化的词，如果不读为儿化，也是语音不好的表现。所以，常用的多音字、轻声词以及儿化词都需要日积月累地记忆。

1.5 为什么要学汉语语音知识

学好汉语语音知识与学好汉语语音技能是有一定区别的。学好汉语语音技能，说白了就是能说一口语音标准的普通话。要做到这一点，可以不用进大学学习，做到了前面所说的几点就可以。一个语音标准、水平高、知道如何教外国人学习汉语的小学老师、中学老师，或者是一个好的、有一定教学经验的演员都能帮助外国学生学好汉语语音技能，能教会外国人说出一口语音标准的普通话。但是，他们不一定能教人学习汉语的语音知识。要学好汉语语音知识就得经过专门学习。在北京长大的绝大多数人都能说一口流利的普通话，但如果他没有学过汉语语音知识，他就不会懂汉语语音知识。就像在伦敦长大的人绝大多数能够说一口标准的伦敦英语，但如果他没有学过英语语音学，也就不可能懂得英语的语音知识。语言的技能与语言的知识不是一回事，虽然一定程度上两者有联系，但它们是有区别的。会说一口流利普通话的人，如果没有学过汉语语音知识，就不可能知道汉语有多少个辅音，有多少个元音，就不可能知道汉语的音节构造原理，不知道汉语拼音中很多字母实际代表的音素是什么。说到这里，很多人会问："为什么要学习汉语语音知识呢？"这实际包含着两个问题：第一，什么是汉语语音知识？第二，为什么要学习汉语语音知识？

汉语语音知识主要包括以下的内容：

第一，语音学中一些最基本的概念。

第二，发音器官。[①]

第三，汉语语音的单位。

第四，汉语语音单位的分析。

第五，汉语语音单位的发音分析与学习。

第六，汉语的声调。

第七，汉语的特殊音节（轻声和儿化）。

第八，汉语语音单位在实际语流中的主要变化形式。

第九，汉语言语中的语调、重音及节奏。

第十，音位及汉语音位。

以上十个部分的内容，不同的教科书有不同说法，但实际上内容大致是一样的。另外，有的教科书是把不同的几个方面综合在一起进行教学的，不一定把它分为十个部分。例如第四部分"汉语语音单位的分析"和第五部分"汉语语音单位的发音分析与学习"可以综合在一起进行教学。本书就准备把它们综合在一起。

[①] 第一、第二不是仅仅针对汉语的，是世界上所有语言的语音中所共有的一些最基本的特性。它是进一步学习汉语语音知识所必须了解的。

对很多学习汉语的外国人来说，的确不一定要学习汉语语音知识，但是作为汉语言专业的外国大学生来说，应当掌握一些汉语语音知识。掌握汉语语音知识有什么好处呢？换言之，为什么汉语言专业大学生要学习汉语语音知识呢？

第一，汉语言专业的大学生不同于一般的汉语学习者，也不同于其他专业的学生，汉语是你们的专业，仅仅具备了汉语听说读写的能力是不够的，还应当对汉语有更加深入的了解，这其中就包括具有一定的汉语语音知识。这是这个专业与其他专业的一个重要区别。

第二，掌握一定的汉语语音知识，也就懂得了一些汉语语音的原理。一方面在学习语音知识的过程中，老师就会从原理上来帮助学生纠正发音上的缺陷；另一方面由于学生懂得发音的原理，便可以更有效地自己纠正发音上的缺陷和各种毛病。

第三，掌握了一定的汉语语音知识，你就能把自己学到的汉语知识运用到教其他人学习汉语的过程中，就能更加有效地、更好地教其他人学习汉语语音。这样你在教汉语时就不会像一般不懂汉语语音原理的人那样，只会单纯地让学生机械地模仿，而是能从原理上给学生讲清楚发某个音时舌头应当放在哪个部位，口形怎么样，怎么运用气流等，这样教别人学汉语，效果会更好，效率会更高。

第四，语音是口耳之学，特别是对以汉语为第二语言的绝大多数外国学生来说，学习汉语语音知识主要在于提高汉语的语言能力，其中学得好的人可能以后会去当汉语老师，所以提高听辨汉语语音的能力以及准确地发出汉语的语音是外国学生学习这门课程最主要、最基本的任务。汉语语音知识与汉语发音的技能是密不可分的，从来没有不教发音、不练习发音的汉语语音课程。因此在学习这门课程的过程中，从始至终都贯穿着汉语发音技能的学习，而且是比较科学系统地练习发音。所以说，学好语音知识可以更加有效地提高汉语学习的效率，可以达到事半功倍的效果，通过这门课程的学习，可以全面提高学生的汉语语音水平。

第五，学习汉语语音必然要训练学生的听音辨音能力。这样学习者今后教他人学汉语时，由于具有较高的汉语听音辨音的能力，就能够辨别出学生发音是否标准，能够判断学生发音的问题出在什么地方，可以更加有效地纠正学生的发音。

第六，在学习汉语语音知识的过程中，学生可以潜移默化地学到老师的一些语音教学方法。这对于自己今后教他人学汉语有借鉴作用。

第七，在学习语音知识的过程中，要训练听各种语音相近的音素、音节和各种容易混淆的词语或者句子，要给一些词语注音，要练习朗读大量的词语和句子，学习朗诵古代和现代的诗词及名家名篇，学习一些绕口令。总之，在学习汉语语音知识的过程中不仅可以学到不少词语，提高汉语词汇量，从另一个侧面来提高汉语水平，而且能够欣赏到一些优秀的文学名篇、名段和名句，提高文学文化素养。

1.6 "现代汉语语音"课程的性质和任务

"现代汉语语音"课是专门为汉语言本科专业的外国大学生开设的基础课"现代汉语"中的一部分。它也可以单独作为一门课程来开设。"现代汉语语音"课不同于大学里为学汉语的大学生开设的汉语精读课、听力课、会话课，它属于一门专业知识性的课程。主要是讲授在上一节所介绍的现代汉语语音知识。但由于语言的知识与技能是不可能截然分开的，准确地说，它是一门知识兼技能的课程。特别是这门课是为母语不是汉语的外国学生开设的，其中技能的成分要比为中国学生开设的同类课程更多一些。这门课是外国学生高年级的课程，对学这门课程的学生来说，在学习初中级汉语的阶段，老师已经为学生打下了汉语语音的基础，学得好的学生可能汉语语音已经比较好了，但对于绝大多数学生来说，或多或少还会有语音方面的缺陷。对于每一个学习汉语的学生来说，谁都希望能学好汉语语音，能说一口标准的普通话。因此这门课程还附带着一个艰巨的任务，就是为学生纠正发音上的缺陷。总之，通过这门课程的学习，一方面可以使学生掌握汉语语音的基础知识，另一方面可以提高学生的汉语语音能力。

1.7 怎样学好汉语语音知识

前面说了很多怎样学好汉语语音技能的话，有些是与学好汉语语音知识相关的，我们这里再简单地说几点。

第一，**在理解的基础上记忆**。每个学科中都有一些基本的知识是需要记在脑子里以便运用的，语音知识也不例外。语音知识看上去比较枯燥，不容易记忆，不理解就去死记硬背效果肯定不好，即使一时记住了，时间长了也还是容易遗忘。如果在理解的基础上记忆，就能够收到事半功倍的效果，也不容易忘记。例如，有些国际音标的设计是有理据的，也是有规律的，[ʂ] 和 [ʐ] 这两个音标都有一个小弯钩，这是代表舌尖上翘，掌握了它的规律就比较容易记住。

第二，**系统地学习，系统地记忆**。语音有很强的系统性，是语言中系统性最强的一部分，很多内容之间是相互关联的。因此单独去死记硬背很容易忘记。在学习时既要掌握各个音的发音要领，又要善于从语音系统的角度把一类一类的音串起来学习。这样不仅把握住了每一个音的特征和发音的要领，也会对汉语语音系统有比较深刻的理解。经过系统学习而记住的知识是不容易遗忘的。例如声母的发音部位及其分类，在理解的基础上，顺着双唇音到舌根音，根据人的发音器官的位置，由外到内地来记忆，就很容易记住。又如汉语声母系统中，塞音、擦音和塞擦音是整齐对应的几组音，送气音与不送气音也是整齐对应的几组音，汉语普通话声母平舌音与翘舌音在系统中也几乎完全是整齐对应的；国际音标中送气音有专门的符号表示，翘舌音也有其特征，系统地学习所有的声母和代表它们的国际音标，记忆起来并不困难。

第三，**坚持系统的、循序渐进的听读训练**。语音学是口耳之学，对于外国学生来说，学习汉语语音知识，提高汉语语音能力最主要的还是要坚持不懈地进行发音和听辨音训练。汉语语音课的听音读音训练与过去同学们在汉语听力和会话技能课中的有关训练有一定的区别。汉语语音课程的听音读音训练主要是系统的、循序渐进的训练，较多地进行不同语音单位的听读训练，从小的语音单位的训练然后逐渐扩展到更大的单位。这样的训练是不可能一朝一夕做好的，要循序渐进地进行。这样坚持一个学期的训练，一定会取得明显的进步。

思考与练习（2）

一、怎样才能掌握好汉语语音技能？
二、为什么要学汉语语音知识？
三、"现代汉语语音"课程的性质和任务是什么？
四、怎样学好汉语语音知识？

第二章

语音的基本知识

2.1 记录语音的符号——国际音标

语言是人的声音的产物。文字是记录语言的书写符号系统。文字可以分为表音文字和表意文字两大类。表音文字在一定程度上记录了某一种语言的读音。拼音是一种记录语言的辅助性符号系统，也只能在一定程度上记录一种语言的读音。由于任何表音文字的符号或者作为文字的辅助手段的拼音都是数目有限的几十个符号，不能记录一种语言所有的读音，也没有必要把不区别意义的细微语音差异区别开来；另外，由于语言是在不断发展的，表音文字和拼音也不可能经常修改拼写形式来适应变化了的语音，所以任何表音文字和拼音都不能完全准确地记录该语言的发音。例如英语中的字母 u 有时读 [juː]，有时读 [ju]，有时读 [u]，有时读 [ʌ]，有时甚至不发音。

为了准确地记录语音，为语言研究者研究语言服务，国际语音协会 (the International Phonetics Association) 1888 年制定了一种专门用来记录世界各种语言的专用符号——国际音标 (International Phonetic Alphabet 简称 IPA)。国际音标的制定原则是"**一个音素一个符号，一个符号一个音素**"。它是语言学家记录语言最通行的一种记音符号，共有一百多个符号。当然有些语言中的个别音素比较特殊，在国际音标中还找不到适当的符号来记录它，有的语言学家就会设计个别符号来专门记录这些比较特殊的音素。国际音标的数量不是固定不变的，国际标准化组织（ISO）可以接受各国有关机构的申报，经过科学论证，把一些国际音标中原来没有的符号增加进国际音标符号。例如 2004 年，国际标准化组织（ISO）接受中国专家提出的提案，把记录汉语声调和记录轻声的共计 24 个符号纳入国际音标系统。

外国人学习一种新的语言，如果掌握了国际音标，对于纠正自己的发音是有帮助的。对于一个教授外国人语言的语言教师来说，掌握国际音标可以帮助他更好地了解某一语言语音的特点，更加有效地进行语音教学。

思考与练习（3）

一、表音文字能不能准确记录某种语言的发音？为什么？
二、国际音标的制定原则是什么？
三、国际音标是用来干什么的？
四、学习国际音标有什么用处？

2.2 语音的性质

2.2.1 什么是语音

语音是语言的声音，是语言的物质外壳。语音是人用发音器官发出来的、可以表达一定语义的声音。但并不是人所发出的一切声音都是语音。比如咳嗽的声音、痛苦或生病时发出的呻吟（shēnyín）声等都不是语音。随着科学技术的发展，计算机也能模拟（nǐ）或生成语音。

2.2.2 语音的特点

任何声音都有它的物理特点，语音和其他声音一样也有以下四个物理特性。

2.2.2.1 音高

音高就是声音的高低。它决定于发音体在一定时间内振动的快慢。发音体在一秒钟内振动的次数称为频率（pínlǜ），其单位是赫兹（Hz）。发音体振动次数多的，声音就高，发音体振动次数少的声音就低。人能听得到的声音是每秒振动 20~20000 次的声音。低于 20 赫兹的声音人听不到，高于 20000 赫兹的声音人听了耳朵会感到疼痛。

声音的高低与发音体的材质与形状有关系。发音体的软硬、长短、厚薄决定了每秒振动的次数，所以这些因素与音高有直接的关系。各人声带的长短、厚薄、松紧决定了声音的高低。一般说来，男性的声带比女性的声带长一些、厚一些，所以男性的声音比女性的声音低。儿童由于没有完全发育好，声带更短、更薄，所以儿童的声音更高。而人老了以后，声带松弛（chí）了，肌肉的弹性不好了，声音就比年轻时候要低一些。演奏小提琴和中国的传统乐器二胡时，人的手按弦（xián）的位置高，这样琴弦振动部分的尺寸长了，拉出来的声音就低；而手按琴弦的位置低，这样琴弦振动的尺寸缩短了，拉出来的声音就高。

音高对于汉语来说是非常重要的，因为汉语音节的高低变化可以区别意义。例如汉语的 dā（搭）、dá（达）、dǎ（打）、dà（大），音高不同，意义就不一样。中国南方很多少数民族语言的音高也像汉语一样，能够区别意义。例如藏语、傣语、纳西语、苗语等几十种语言的音高都能区别意义。东南亚一些国家的语言的音高也能区别意义，如越南语、缅甸语等语言。必须指出，对于语言来说，重要的是相对音高，而不是绝对音高。因为语音上区别意义的是相对音高，不是绝对音高。一般说来，女性的绝对音高高于男性，儿童的绝对音高高于成人。但这并不影响我们的大脑处理它们的音高信息，理解他们发出的语音所传达的意义。懂汉语的人在听汉语时，大脑会忽略人们各自发音的绝对音高的差别，只处理它们的相对音高及相对音高的变化。

2.2.2.2 音长

音长是发音体振动时间的长短。音长对汉语普通话来说不是很重要的特征，因为普通话音长并不区别意义。但是日语中有些元音的长短是可以区别意义的。例如日语中的おばさん［obasan］的意思是"姑、姨、阿姨"，而おばあさん［obaːsan］的意思是"奶奶、姥姥"，这两个词的区别就在于前一个词中的［a］是短元音，而后一个词中的［aː］是长元音。

2.2.2.3 音强

音强指的是声音的强弱。它决定于发音体振动幅度的大小。语音的强弱是由发音时气流的强弱来决定的。在语言学中，音强主要与轻重音的概念联系在一起。普通话的轻声词中前一个音节读得重，后面一个音节读得轻。例如"椅子"、"石头"、"妈妈"、"试试"、"尝尝"等。汉语很多方言中没有轻声词，所以音强这一特征在这些方言中没有什么表现。

2.2.2.4 音色

音色也叫音质。它是声音的特色，是声音中最重要的特征。音色对于任何语言来说都是最重要的特征，因为它是语言用来区别意义的最为重要的基本特征。音色由发音体的材料、发音时振动的方式以及共鸣器的形状来决定。例如用同样的音高、同样强弱的气流和同样的时间长度来发普通话的 a、o、e、i、u、ü 这几个元音，它们之间的差别是非常明显的，造成它们差异的原因就是我们口腔的形状发生了变化，舌头的位置也发生了变化，实际上就是共鸣器的形状的变化，使我们发出了不同的元音。又如在一个乐队演奏一首乐曲之前，乐队指挥会让所有的弦乐器调好音高，然后根据一个统一的调来演奏该乐曲，比如说以 C 调来演奏某一个乐曲，可以调音高的乐器就调为 C 调。虽然一个乐队有很多乐器，但是稍微了解一点儿乐器的人都能从乐曲中分辨出小提琴的声音、小号的声音或者是黑管的声音。小提琴、小号、黑管音色都不一样，这是由它们发音体的材质不同、共鸣器的形状不同造成的。即使是共鸣器形状相同，共鸣器尺寸不一样也会发出音色不同的音来。例如同样是提琴，小提琴、中提琴、大提琴，虽然它们共鸣器的形状是一样的，但是由于它们的音箱这一共鸣器的大小不同，它们发出来的声音也是不一样的。

音色的差别表现在音波的波形图上音波纹的曲折形式不同。例如：

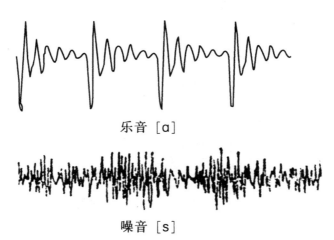

乐音 [a]

噪音 [s]

图 2.2.2-1　乐音 [a] 和噪音 [s] 的音波波形示意图

那么造成音色差别的主要原因是什么呢？以下三个发音条件的不同是造成音色不同的原因：

第一,发音体的不同。发音体的材质不同会造成不同音色的声音。锣(luó)与鼓发出的音色完全不一样,因为锣是铜造的,鼓是兽(shòu)皮和木头造的。a 和 b 不同,a 发音时要利用声带,b 发音时不利用声带。

第二,发音方法的不同。用同一把小提琴,用弓(gōng)拉和用手拨(bō)弦,演奏出来的声音就完全不一样。如维也纳(Vienna)新年音乐会,都要演奏保留曲目奥地利著名作曲家约翰·斯特劳斯的拨弦波尔卡(polka),这是一首用小提琴演奏的特殊乐曲,这首乐曲特殊之处就在于演奏时不用弓拉弦,而是用手来拨弦。普通话的声母 g 和 k,它们的发音部位相同,但是它们音色不一样,这是由它们的发音方法不同造成的。发 g 时气流不强,是不送气音;发 k 时气流比较强,是送气音。

第三,发音时共鸣器形状的不同。发音时共鸣器形状的不同会改变音色,发出音色不同的音。同样是弓拉的弦乐器,小提琴的音色与中国传统的二胡的音色差别很大,它们音色的差别主要是共鸣器形状的不同造成的。同样是发元音,口腔(qiāng)这一发音的共鸣器形状发生一点儿变化,发出来的元音就会有很大的差别。

2.3 发音器官

了解发音器官,可以帮助大家学好汉语,教好汉语。

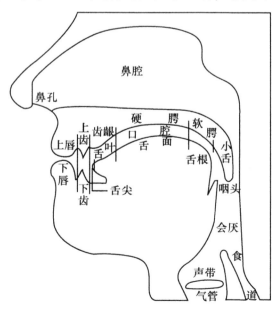

图 2.3-1 发音器官部位示意图

从发音的过程来说，发音首先是要有气流，而气流来源于肺（fèi）部，所以，发音首先要从肺部呼出气流。肺就像一个活动的风箱，没有这个风箱的活动，人就不能发出声音。气流的强弱是人的大脑发出指令控制肺等发音器官来实现的。气从肺里出来，到达气管上端的喉头（俗称"嗓子"）。发音器官中喉头以及喉头以上的口腔、鼻腔是最重要的部分。

喉头内部有至关重要的发音器官——声带。喉头是由四块软骨构成的，即：甲状软骨、环状软骨、勺（sháo）状软骨和会厌（yàn）软骨。声带是两条有柔韧（rèn）性的韧带，它的前端连在甲状软骨上面，不能分开，后面两端分别连在两块勺状软骨上。气流通过声带，使声带颤（chàn）动发出来的音就是元音或者是浊辅音。勺状软骨的运动可以调节声带的开合或者松紧，这样就可以发出不同音色的声音来。汉语普通话的大多数辅音发音时声带不颤动（关于这一点，后面再介绍）。

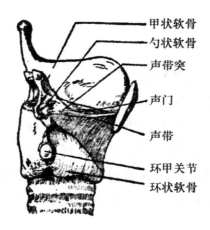

图2.3-2 喉的侧面图（甲状软骨的右半部已除去）
（选自罗常培、王均1981《普通语音学纲要》）

喉头再往上就是发音器官中非常重要的部分——口腔。口腔从外到里是：上唇、下唇；上齿、下齿；上齿龈（yín）（俗称"上牙床"）；硬腭（è），软腭（软腭是连在硬腭上的，它可以自由上升和下降）；小舌（小舌连着软腭）；舌尖；舌叶（介于舌尖和舌面之间）；舌面；舌根（对发音而言，实际上是舌后部）。舌在语言发音的过程中起着非常大的作用，舌位稍微有点儿变化，发出来的音就会有差别。汉语有些用来形容人说话的能力或说话的情况的成语常带有一个"舌"字，如成语"巧舌如簧（huáng）"、"鹦鹉学舌"、"笨口拙舌"、"摇唇鼓舌"、"唇枪舌剑"、"油嘴滑舌"、"三寸不烂之舌"，这说明古代人们就注意到了舌在语言中的重要性。

口腔上面是鼻腔。鼻腔也是一个共鸣腔。口腔如同一幢楼房的第一层，鼻腔如同第二层。软腭和小舌的作用是控制气流活动的方向。气流从口腔出来发出的音叫口音，气流从鼻腔出来发出来的音叫鼻音。发口音时，软腭上升，小舌上翘，堵住鼻腔，气流从口腔里出来。如普通话的 a、o、e、i、u 以及 b、p、d、t 等都是口音。发鼻音时，气流振动声带，软腭下垂，小舌也随之下垂，打开鼻腔通道，气流从鼻腔里出来。如 m、n 都是鼻音。有时软腭和小舌处在中间，气流同时从口腔和鼻腔出来，这样发出来的音是口鼻音（或者称为鼻化元音）。汉语有的方言中有的韵母就是这样的鼻化元音。

思考与练习（4）

一、什么是语音？
二、举例说明人发出来的声音哪些不是语音？
三、语音有哪几个物理特性？
四、物理特性中，哪一个特性对所有语言来说都是最重要的？
五、汉语语音中，哪一个物理特性是第二重要的？
六、从嘴唇开始从外到里，按顺序说出口腔中发音器官各个部位的名称。
七、为什么说舌头是发音器官中非常重要的部分？

2.4 语音单位

2.4.1 音素

音素是最小的语音单位。音素是构成音节的单位。音素可以分为两大类：元音和辅音。

2.4.1.1 元音

元音（vowel）是气流在口腔或咽头不受阻碍发出来的声音。最常见的元音有 a、o、e、u、i。很多语言都有这几个元音。

形成不同元音发音的几个重要因素:

第一,舌位的高低及开口度的大小。发元音时舌位高或者低会造成不同音色的元音。从舌面元音图来看,[i]和[u]是舌位最高的元音,[a]和[ɑ]是舌位最低的元音。前元音中从[i]到[a]舌位是逐渐降低的,后元音中从[u]到[ɑ]也是逐渐降低的。舌位的高低一般与口腔的开口度的大小有关联,舌位高的元音,发音时开口度小,舌位低的元音,发音时开口度大。高元音[i]和[u]都是开口度最小的元音,而低元音中[a]和[ɑ]是开口度最大的元音。前元音中从[i]到[a]开口度逐渐变大。后元音中从[u]到[ɑ]开口度逐渐变大。

第二,舌位的前后。发元音时,舌头靠前或靠后会造成不同音色的元音。[i]、[e]、[ɛ]、[a]是前元音,发音时舌头靠前;[u]、[o]、[ɔ]、[ɑ]是后元音,发音时舌头靠后。

第三,嘴唇的圆与不圆。发元音时,嘴唇的圆或者不圆会造成不同音色的元音。普通话中的 i [i] 和 ü [y] 都是前元音,也都是高元音,简称前高元音。但是它们是两个音色不同的元音,这是由嘴唇的圆与不圆造成的,发 i [i] 时,嘴唇是不圆的,而发 ü [y] 时嘴唇是圆的。

英国语言学家 D.Jones 设计了 8 个标准元音,这 8 个标准元音是用来定位的,它们不是哪一种语言所独有的,而是代表相对应的固定元音,它们的位置比较明确。人们一般把这几个元音编上号来称呼它们。一号元音是[i],二号元音是[e],三号元音是[ɛ],四号元音是[a],五号元音是[ɑ],六号元音是[ɔ],七号元音是[o],八号元音是[u]。

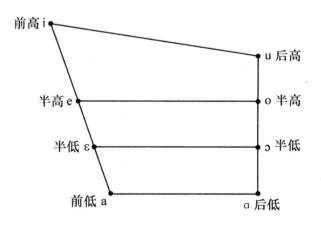

图 2.4.1-1　8 个舌面标准元音舌位图

确定上述 8 个标准元音以后，我们可以拿各种语言中的一个个元音与其中较为接近的元音来比较，从而描写某一种语言的全部元音。

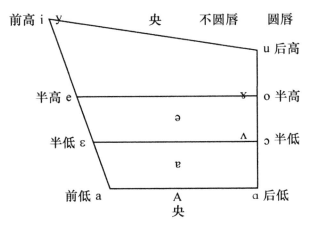

图 2.4.1-2　舌面元音图（与普通话相关的）

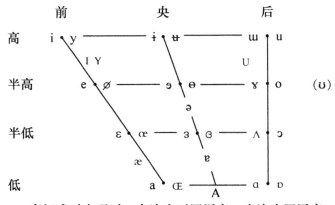

音标成对出现时，左边为不圆唇音，右边为圆唇音。

图 2.4.1-3　舌面标准元音全图

舌尖元音（汉藏语通用）

	不圆唇	圆唇
舌尖前	ɿ	ʮ
舌尖后	ʅ	ʯ

2.4.1.2 辅音

辅音（consonant）是气流在口腔或咽头受到阻碍发出来的声音。如普通话的声母：b、p、m、f、d、t、zh、ch、sh、r 等都是辅音，英语 student（学生）一词中 s、t、d、n 也都是辅音。

辅音根据声带是否颤动，可以分为清辅音和浊（zhuó）辅音两种。普通话中一共有 5 个浊辅音，其中 3 个只能充当声母，即 m、l、r；一个既可以做声母也可以作韵尾，即 n；一个是专门作韵尾的 -ng [ŋ]。

2.4.1.3 元音与辅音的区别

元音与辅音最主要的区别是**阻碍与不阻碍**。发辅音时，气流在口腔、咽头某个部位会受到阻碍，而发元音时，气流在口腔或咽头不受阻碍。①例如发 b、p、m 时，气流在双唇部位受到阻碍。

2.4.2 音节

音节是自然感觉到的最小的语音片段。汉语音节与音节的界限（xiàn）非常清楚，汉语读出来和听起来，音节都很容易分清楚。如"学习汉语"（xuéxí hànyǔ）是四个音节。汉语用汉字记录，汉字绝大多数是一个音节用一个汉字记录，只有极个别例外的情况，如 kuàir 是一个音节，写下来是两个汉字"块儿"。

音节由音素构成。最短的音节可以由一个音素构成。例如汉语的 ā "阿"是由一个元音构成的音节。大多数情况下语言中每个音节中都有元音。汉语绝大多数音节中都有元音，只有极少的例外现象。如汉语中表示应答的词 ǹ，汉字是"嗯"，就是由一个辅音构成的音节。

思考与练习（5）

一、什么是音素？
二、什么是辅音？
三、元音与辅音最重要的区别是什么？
四、请画一个舌面元音图，把 8 个标准元音标在上面。

---

① 发不同的元音时，唇形会变化，开口度大小会变化，这样使得共鸣器的形状发生变化，发出不同的元音，但气流并不受到阻碍。

五、看舌面元音图(图 2.4.1-2)，根据下面所给的描写，写出相应的国际音标。

1. 舌面、前、高、不圆唇元音
2. 舌面、后、高、圆唇元音
3. 舌面、后、半高、不圆唇元音
4. 舌面、前、高、圆唇元音

六、根据舌面元音图，对下列国际音标进行描写。

1. [a] _____
2. [i] _____
3. [ɤ] _____
4. [ə] _____
5. [o] _____

2.5 音位

2.5.1 什么是音位

2.5.1.1 音位的定义

音位（phoneme） 是一个语音系统中能够区别意义的最小语音单位。例如汉语的 dā [tA⁵⁵]（搭）、tā [t'A⁵⁵]（他）、bā [pA⁵⁵]（八）、pā [p'A⁵⁵]（趴）四个音节意义不一样，是因为其中的 d [t]、t [t']、b [p]、p[p'] 这四个辅音是能够区别意义的不同的音素，它们是四个不同的音位。又如汉语中的 mǎ [mA²¹⁴]（马）、mǐ [mi²¹⁴]（米）、mǔ [mu²¹⁴]（母）这三个音节意义不一样，是因为其中的 [A]、[i]、[u] 这三个元音是能够区别意义的不同的音素，它们是三个不同的音位。语言中每一个方言中下属的每一种地方话都有一个独立的语音系统。例如属于汉语吴方言中的上海话、苏州话分别有各自独立的语音系统，属于汉语北方方言中的北京话、成都话、沈阳话、天津话等也都有各自独立的语音系统。每一个语言系统都有一套独立的音位系统。当然，越是关系密切的语言或方言，其音位系统中相同的音位会越多。

2.5.1.2 如何证明音素区别意义

如何证明不同的音素分别属于不同的音位呢？要证明不同的音素区别意义就是把不同的音素放入相同的语音环境中，如果在相同的语音环境中区别了意义，那么就说明它们是不同的音位。例如要证明在普通话中 [n] 和 [l]

是否区别意义可以把它们放入以下语音环境中 [__an³⁵]，由于 [nan³⁵] 可表示"难"的意思，而 [lan³⁵] 可表示"兰"的意思，由此可以证明在普通话中 [n] 和 [l] 是区别意义的，这样它们就是两个不同的音位。又如，为了证明音素 [i] 和 [a] 能够区别意义，可以把它们放入以下语音环境 [t'__⁵⁵] 中，结果，[t'i⁵⁵] 的意思是"梯"，[t'a⁵⁵] 的意思是"他"，由此可以看出这两个元音音素是区别意义的，所以它们也是两个不同的音位。

2.5.1.3 音位的特点

音位是按语音的辨义作用归纳出来的音类。音位是从语言的社会属性划分出来的语音单位。这说的是，音位不是根据音素的物理属性划分出来的，而是由语言社团约定俗成的。例如北京人约定俗成地认为 [n] 和 [l] 是两个不同的音位，"难"和"兰"发音是不同的，[n] 和 [l] 是可以区别意义的。而很多南方人认为这两个音素属于同一个音位的变体。换言之，在这些南方方言中，这两个音不区别意义。如湖南方言、四川方言中这两个音都不区别意义，把"难"和"兰"这两个字的声母一般都读为 [l]，有时有的人读为 [n]。又如，北京人认为"音"和"英"发音是不同的，"音"读为 [in]，而"英"读为 [iŋ]，所以在北京语音系统中存在着前鼻音韵尾 [n] 和后鼻音韵尾 [ŋ] 这两个音位。但是很多中国南方人却认为这两个字读音是一样的，因为他们把这两个字都读为前鼻音的 [in]，所以在这些南方方言中没有后鼻音韵尾 [ŋ] 这个音位。

音位并不是实际存在的具体音素，音位是抽象的、在人们心理上存在的音类。人们在学音位的知识之前，并不能清楚地意识到自己说的语言中存在着音位。但它的确存在于说某一种语言或方言的人们的头脑中。每一种语言的语音系统，从物理属性的角度来区分可以分出很多个不同的音素，但是，人们对于不区别意义的不同音素之间的区别往往忽略不计，而把它们作同类的音来处理，实际就是把它们当作一个音位。有的音位包含着几个不区别意义的音素，有的只包含一个音素。为了表示区别，音位放到两根短的斜线 "//" 之间，音素则放在方括号 "[ ]" 中。例如普通话中的音位 /a/ 包含着以下 4 个音素 [a]、[ʌ]、[ɑ]、[ɛ]，这些**一个音位中所包含着的音素称为音位变体**。也就是说 /a/ 音位有 4 个音位变体，在单韵母 a 中的是 [ʌ]，在韵母 an 中的是 [a]，在韵母 ang 中的是 [ɑ]，在韵母 ian 中的是 [ɛ]。说普通话的人平时并没有感觉到这些音位变体的存在，忽略它们之间的细微差别，而是把它作为一个音类来看待。

2.5.2 音位变体的分类

音位变体可以分为**条件变体**和**自由变体**。**条件变体是在一定的语音环境下出现的不区别意义的音素**。如上述普通话音位 /a/ 包含以下 4 个音素 [a]、[A]、[ɑ]、[ɛ]，是在一定条件下出现的，属于它的条件变体。它们的出现条件可以归纳为下表：

音位	音位变体	出现条件	以下韵母中
/a/	[a]	[__n/__i]：韵尾 n、i 之前	an、ai、uai
	[A]	无韵尾	a、ia、ua
	[ɑ]	[__ŋ/__u]：韵尾 ŋ、u 之前	ang、iang、uang、ao、iao
	[ɛ]	[i__n/y__n]：i、y 与 n 之间	ian、üan

一个音位中所包含的没有出现条件的音素属于音位的自由变体。如前所述湖南方言中把普通话 n 和 l 这两个声母的字大多数读为 [l]，有时读为 [n]，对湖南人来说这两个音素作为声母的使用是没有规律的，所以，湖南方言的音位 /l/ 有 [l] 和 [n] 两个自由变体，他们不区分普通话"难、男"和"兰、蓝"的声母，多数读 [l]，有时读 [n]。

2.5.3 音位的分类

2.5.3.1 元音音位和辅音音位

音位根据发音特点可以分为元音音位和辅音音位两个大类。由元音音素形成的音位是元音音位，由辅音音素形成的音位就是辅音音位。

2.5.3.2 音质音位和非音质音位

音质、音高、音长和音强这四种物理属性在特定语言中都具有区别意义的能力，如根据音质的区别归纳出来的音位属于音质音位，而根据音高、音长、音强归纳出来的音位可以统称为非音质音位。音质音位对任何语言来说都是最重要的音位。非音质音位有的语言中有，有的语言没有。有的语言有这种非音质音位，有的语言中有那种非音质音位。

非音质音位可以分为以下三类：调位、时位和重位。可以区别意义的音高叫调位。汉语、藏语、泰语、越南语等语言都是有调位的语言。英语、法语、德语、西班牙语、俄语等大多数印欧语系语言中都没有调位。

元音的长短也可以区别意义，这属于时位。例如丹麦语元音的长短可以区别意义。例如 masse ［mæs］（大规模），mase ［mæːs］（捣碎）。

2.5.4 如何归纳音位

音位的归纳主要依据三条原则。

2.5.4.1 对立原则

所谓对立就是两个不同的语音成分出现在相同的语音环境中能够区别意义。两个语音成分一旦对立就是不同的音位。如 2.5.1.2 中分别证明了普通话的辅音 ［l］和 ［n］以及元音 ［i］和 ［a］在相同的语音环境中是区别意义的，所以它们都是对立的，都是不同的音位。又如把 ［ɤ］和 ［u］放入以下相同的语音环境中 ［k'___^{55}］，形成 ［k'ɤ^{55}］（科）和 ［k'u^{55}］（哭），它们意义不同，因此证明 ［ɤ］和 ［u］是对立的两个音位。再如把 ［k'］和 ［k］放入以下相同的语音环境中 ［___u^{55}］，形成 ［k'u^{55}］（哭）和 ［ku^{55}］（姑），由此证明 ［k'］和 ［k］是对立的两个不同的音位。

2.5.4.2 互补分布原则

互补分布是说 A 出现的场合，B 不出现；B 出现的场合，A 不出现。互补分布的音素，可以考虑把它们归入同一个音位。例如前面所举的普通话中的 /a/ 音位的几个变体，它们之间就是互补分布的，所以才把它们归纳为同一个音位的变体。

2.5.4.3 语音相似原则

不是所有的互补分布的音素都一定能把它们分析为同一个音位的不同变体。处于互补分布的音素能不能归纳为同一个音位的不同的变体，还要看它们在语音上是否相似，如果认为它们相似，就可以把它们归纳为同一个音位；如果认为它们不相似就把它们分析为不同的音位。

在判断不同的音素语音上是否相似时，会出现仁者见仁、智者见智的情况。所以对于每一种语言或方言中的音位系统的归纳也就会出现不同的意见。一般说来，这些不同的意见没有对错之分，只有比较合理或者不太合理的区别。例如对于普通话元音音位的分析，有的学者主张有 10 个元音音位，有的主张有 6 个音位，有的主张有 5 个音位。①

---

① 北京大学中文系的《现代汉语》教材认为普通话元音音位有 6 个，而黄伯荣、廖序东主编的《现代汉语》教材认为有 10 个元音音位，徐世荣的《普通话语音常识》认为有 5 个元音音位。

2.5.5 普通话的音位

2.5.5.1 普通话元音音位

本书认为普通话有 6 个元音音位，它们的主要变体见下表：

表 2.5.5–1　普通话元音音位及主要变体①

音位	变体	出现条件	拼音及例字
/a/	[a]	韵尾［n］或［ɪ］之前	an（安）、ai（爱）、uai（歪）
	[A]	无韵尾	a（阿）、ia（牙）、ua（娃）
	[ɑ]	韵尾［ŋ］之前，或韵尾［ʊ］之前	ang（昂）、iang（央）、uang（王）、ao（傲）、iao（要）
	[ɛ]	［i_n］或［y_n］之间	ian（烟）、üan（园）
/o/	[o]	作单韵母，或在［u］之后	o（播），uo（我）
	[ə]	在［ʊ］韵尾前，或在［i_u］之间	ou（狗）、iou（有）
	[u]	在韵尾［ŋ］之前	ong（红）、iong（熊）
/e/	[ɤ]	作单韵母	e（鹅、歌）
	[ə]	在鼻音韵尾［n］或［ŋ］前	en（恩）、eng（等）
	[e]	在韵尾［ɪ］前	ei（给）、uei（位）
	[ɛ]	在韵头［i］或［y］之后，或作韵母 ê	ie（姐）、üe（缺）、ê（欸）
/i/	[ɿ]	在舌尖前声母（z、c、s）后	zi（资）、ci（词）、si（思）
	[ʅ]	在舌尖后声母（zh、ch、sh、r）后	zhi（只）、chi（吃）、shi（师）、ri（日）
	[ɪ]	作韵尾	ai（爱）、ei（累）、uei（为）
	[i]	其他语音环境作韵腹	i（里）、in（音）、ing（京）
/u/	[u]	作韵腹	u（哭）
	[ʊ]	作韵尾（前面有别的元音时）	ou（欧）、ao（包）、iao（鸟）
/y/	[y]	作韵腹、作韵头	ü（句）、ün（军）、üe（觉）、üan（全）

---

① 为了突出主要的音位变体，以 i、ü 和 u 开头的零声母音节中，韵头读半元音的音位变体没有放入本表中；儿化韵的元音变体比较多一些，也没有放入本表中。

2.5.5.2 普通话辅音音位

普通话辅音音位一共有 22 个（包括零声母）。辅音音位的变体比起元音音位的变体差异要小，有的不太稳定，这里不一一介绍，只简单地介绍由清音变为浊音的变体。

普通话不送气的清塞音 b [p]、d [t]、g [k] 和不送气的塞擦音 z [ts]、zh [tʂ] 在读轻声时声母会发生浊化，变为相应的浊辅音。

表 2.5.5-2　轻声情况下清辅音变为浊辅音表

清声母	变为浊音声母	例子
b [p]	[b]	"好吧"后面的轻声音节声母变为浊声母 [b]
d [t]	[d]	"他的"后面的轻声音节声母变为浊声母 [d]
g [k]	[g]	"哥哥"后面的轻声音节声母变为浊声母 [g]
z [ts]	[dz]	"凳子"后面的轻声音节声母变为浊声母 [dz]
zh [tʂ]	[dʐ]	"看着"后面的轻声音节声母变为浊声母 [dʐ]

2.5.5.3 普通话声调音位

声调音位是由音节的音高决定的，可以简称"调位"。普通话的声调音位一共有 4 个：阴平、阳平、上声和去声。声调音位的具体内容在讲授声调时（3.1 节）再作介绍，它们的变体在讲授变调的内容时（4.3 节）介绍。

思考与练习（6）

一、归纳音位有哪些要遵守的原则？

二、为什么学者们归纳音位时意见分歧会比较大？

第三章

普通话语音系统

根据汉语的特点，中国传统的语音学——音韵学创立了一套分析汉语音节的办法，这就是把音节分析为声母、韵母和声调三个部分。例如"河" hé 的声母是 h，韵母是 e，声调是阳平；"辣" là 的声母是 l，韵母是 a，声调是去声；"闯" chuǎng，声母是 ch，韵母是 uang，声调是上声。

3.1 声调

3.1.1 什么是声调

每个音都具有四个方面的物理特征：音色、音长、音高和音强。音色是区别这个音和那个音的最为重要的物理特征。对于不同的语言来说，其他三个物理特征并不都是一样重要的。**声调是某些语言音节中能够区别意义的音高特征**。每个音节从物理的角度来观察，都有音高，但是很多语言中音节的音高特征不能区别意义，这样的语言就没有声调。汉语音节的音高能区别意义，是有声调的语言。例如 dā（搭）、dá（答）、dǎ（打）、dà（大），声母和韵母相同，但是四个音节的音高不同，所表示的意义就不同。

汉藏语系（Sino-Tibetan Family）[①]大多数语言都是有声调的语言。如藏语、白语、阿昌语、缅语等。东南亚有些与汉语没有亲属关系的语言

[①] 汉藏语系语言是以汉语和藏语为代表的亚洲一个有亲属关系的语言群。主要分布在中国、越南、老挝、柬埔寨、缅甸、泰国、印度、尼泊尔、不丹等国。（参见《辞海》上海辞书出版社，2009 年版）

也是有声调的语言，如越南语有6个声调。印欧语系（Indo-European Family）语言中大多数语言是没有声调的语言，只有极少数语言中的音高有一定的区别意义的功能，如瑞典语和克罗地亚语。

3.1.2 调值和调类

调值指声调的实际读法，也就是一个音节高低升降曲直长短的变化的具体形式。

语言学大师赵元任先生发明了描写调值的五度制声调表示法，它适用于记录一切语言的调值，已为国际语言学界所采用。这种方法是把一条竖线四等分，得到五个点，这五个点从下到上定为五度。1度是低音，2度是半低音，3度是中音，4度是半高音，5度是高音。每个人读有声调的语言的音节时，他所能发出的最低音是1度，最高音是5度，处于最高和最低之间的根据相对的高度定为2度、3度和4度。如果一个音节又高又平，就是由5度到5度，调值就是55；如果一个音节从最高的5度降到最低的1度，其调值就是51；如果一个音节从最低的1度升到中间的3度，其调值就是13。

调类是声调的类别，就是把某一地方通行的话中调值相同的声调归纳在一起建立起来的声调类别。调值相同的音节属于同一个调类。例如普通话"lái、cái、qiú、méi、háo、róng"等音节，它们的调值是一样的，属于阳平这个调类。普通话有四种不同调值的音节，所以有四个调类。上海话有六种不同调值的音节，就有六个调类。烟台话只有三种不同调值的音节，所以只有三个调类。这是汉语方言中调类最少的方言之一。汉语大多数北方方言都有四个调类。但是，同样是有四个调类的方言，每个调类具体的调值并不都是一样的。例如昆明话和北京话一样都有四个调类，但是昆明话的相应调类的调值与北京话没有一个是相同的。普通话的阴、阳、上（shǎng）、去四个声调的调值分别为55、35、214、51，而昆明话相对应的阴、阳、上、去四个声调的调值则分别为44、31、53、212。

3.1.3 普通话的调类和调值

普通话有四个调类，即：阴平、阳平、上声和去声。这四声一般又称为第一声、第二声、第三声、第四声。这四个调类统称为四声。

普通话四声的调值

普通话阴平的调值是55，阳平的调值是35，上声的调值是214，去声的调值是51。

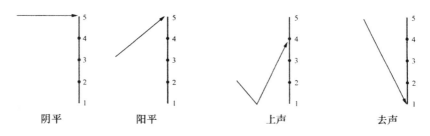

图3.1.3-1　普通话四声调值示意图

阴平的调值是55，调型是一个高平调，实际在语流中常常没有那么高，常为44、54，发阴平调时，声带相对来说比较紧张。有的泰国学生发阴平调时常常音高不够高，这是受母语声调影响的结果。

阳平的调值是35，调型是一个中升调。实际发音时调值也有发为25、325、435的。发阳平调时声带由不太紧张到比较紧张。相对来说，在四声中，阳平调是一个难度比较大的声调，不少人不能准确发好这个声调。有的学生声带一开始就比较紧张，音高的起点就比较高，这样音高可以上升的空间就很有限。所以，读阳平调时一开始不要太紧张，音高不能太高。有的人一开始读得不高，但是后面声带也紧张不起来，音高升不上去，发为24。

上声字单念时调值一般是214，但是大多数情况下不会升那么高，常常是212，或者是211，甚至是21。近年来有的学者把上声的调值记为211。①上声也是不太容易掌握的一个声调，因为它是一个曲折调，即使不读为曲折调，它的音高的变化也是不太容易掌握的。

去声的调值是51，它是一个高降调，实际在语流中也有发成53、41的。去声的调值一般降得也没有那么低。

以上介绍普通话的调值用的是赵元任先生发明的五度制声调表示法，这种方法又称为数字式标调法。语言学的论著中常用这种调值的描写方法，即在国际音标的右上角用上标的形式表示音节的调值。例如普通话以下四个音这样描写：[mA^{55}]（妈）、[mA^{35}]（麻）、[mA^{214}]（马）、[mA^{51}]（骂）。《汉语拼音方案》则一般是在一个音节的主要元音上加上比较直观地反映普通话四声调型的符号，阴平加－，阳平加ˊ，上声加ˇ，去声加ˋ。

---

① 曹文（2002）《汉语语音教程》和王若江（2005）《汉语正音教程》都把上声的调值描写为211。

请跟随老师练习以下音节的发音，自己体会普通话四声的区别：

(1) ā——á——ǎ——à
(2) ō——ó——ǒ——ò
(3) ē——é——ě——è
(4) yī（医）——yí（移）——yǐ（椅）——yì（义）
(5) wū（屋）——wú（吴）——wǔ（五）——wù（物）
(6) yū（迂）——yú（鱼）——yǔ（雨）——yù（预）
(7) shā（沙）——shá（啥）——shǎ（傻）——shà（厦）
(8) tī（梯）——tí（题）——tǐ（体）——tì（替）
(9) jī（鸡）——jí（急）——jǐ（挤）——jì（寄）
(10) jū（居）——jú（局）——jǔ（举）——jù（巨）
(11) qī（七）——qí（旗）——qǐ（起）——qì（气）
(12) qū（区）——qú（渠）——qǔ（曲）——qù（去）

3.1.4 为什么要学好汉语的声调

汉语不同的声调表示不同的意思，所以学汉语必须学好汉语的声调。这个道理很容易理解，但是也不是很多人都能清楚地认识到声调的重要性。声调学不好会造成以下后果：第一，听不懂中国人说的话；第二，由于你的声调不准，别人就听不懂你讲的汉语，或者是误解你的意思。这样常常会影响交际。外国人与中国人在一起用汉语交流时，除了有的人是因为词汇量不够而影响交流之外，还有一个原因是外国人声调掌握得不好，形成交际上的障碍。这包括两个方面，一方面是辨不清汉语声调的区别所形成的语义差别，另一方面就是有的人说汉语时声调不准确，使得中国人听不懂他所说的话，或者误解他的意思。例如 jieshi 这两个音节加上不同的声调至少可以构成以下 6 种不同声音的 9 个词语：jiěshì（解释）、jièshí（届时）、jiéshí（节食/结识）、jiēshì（街市/皆是/揭示）、jièshì（借势）、jiēshi（结实）。尽管在一定的语境下声调读得不太准，中国人也能大概猜出你说的是什么意思，但是，有时也可能让人根本无法理解你的话是什么意思。如果说"wǒ yào jièshì *yí* xià。"①人们可能就听

---

① 本书词语和句子中的"一"和"不"的拼音根据实际变调注音时，用黑斜体字表示。

不懂你说的意思。又如，明明要说"dàshū（大叔）"，却说成"dàshù（大树）"，如说"wǒmen dào dàshù nàr xiūxi yí huìr"听着就是"我们到大树那儿休息一会儿"，这样就会造成误解。又如"我要买鸡肉"说成"wǒ yào mǎi jǐ ròu"就可能造成误解，别人听你说的是要买"脊肉（jǐròu）"。有的外国人与中国人说汉语时重复很多遍，中国人还是听不懂，这很可能是声调读错了。例如有的外国人说"wǒ bù xǐhuan chī xiǎng cài"，重复很多遍，我们都听不明白他不喜欢吃什么菜，后来菜上了桌以后，他指着香菜说，我们才搞清楚他说的是"香菜（xiāngcài）"。

综上所述，外国学生要想与中国人顺利地进行交流，就一定要花功夫学好汉语的声调。

另外，有些外国人一说汉语中国人就听出不是中国人，这是因为这些外国人说的汉语带有"洋腔洋调"。带"洋腔洋调"的汉语一个重要的特征就表现在声调方面。所以，外国学生要想把汉语说得让中国人听不出"洋腔洋调"来，首先应当在声调上下工夫。

3.1.5 怎样学习汉语的声调

人处理语言信息的能力是要经过一定的训练的。人们从小习得自己的母语，听惯了自己的母语，大脑处理母语信息的能力非常强。据粗略的估计，世界上的语言大约有6900多种（也有学者认为有4000～5000种）。6900多种语言在类型上有一定的差别。有些语言音高能区别意义，有些语言辅音的送气与不送气形成几组整齐对立的音位。汉语就是这样的语言。有些语言辅音的清与浊是能够区别意义的，形成一些对立的音位。例如英语中就有几组清浊对立的辅音：[ʃ]-[ʒ]，[θ]-[ð]，[t]-[d]，[f]-[v]，[p]-[b]，[s]-[z]。以英语为母语的人，对这几组清浊对立的音从小就非常敏感。由于汉语中大多数方言没有清浊对立的音位，大多数以汉语为母语的人对辅音的清浊对立是非常不敏感的。汉语是有声调的语言，声调是通过音高来区别意义的，以汉语为母语的人从小对音节音高十分敏感。而对于母语没有声调的汉语学习者来说，培养对音高的敏感是十分重要的。

汉语不同地方的方言除了声母或者韵母方面有差异外，最明显的差异就是声调上的差异。不同地方的话，有的相隔仅有几十公里，甚至是几公里的距离，它们在声母韵母上没有明显的差异，但是在声调上有一些差异，中国人听起来就觉得不一样。如北京市区的话与离北京市区几十公里的八达岭长城外的延庆话就在声调上有差别。北京话与天津话在声母和韵母上没有多少区别，但是天津人一开口说话，我们都能听出他们与北京话很不一样。这是因为天津话的阴平调是一个低平调，其调值为11调，而北京话是高平调，调值是55，两者差异很大。当天津人说"天安门"这个词时，对天津话稍有一点儿了解的人就能听出说话的人是天津人。由此可以看出，声调是否标准直接关系到一个人普通话语音的整体面貌。要想学好汉语，普通话声调是相当重要的，也是值得下工夫认认真真学习的。

　　人们一开始学习一门外语时，第一步，学习者要用大脑处理分析听到的语音信息，然后大脑指挥发音器官模仿听到的语音。对于那些区别性特征差异比较大的音，外语学习者是比较容易辨别它们的，但是有些区别性特征不是太明显，外国人分辨起来就不是太容易。例如，清辅音和浊辅音的区别，很多中国人学英语时一开始就分辨不出来。对于外国人，特别是母语音节的音高不能区别意义的外国人来说，一开始学习汉语时，由于对音高的敏感度不够高，再加上普通话阳平和上声的区别并不是太大，就很难辨别这两个声调。这是一种正常的现象，因为他们从小大脑就不需要处理音节的音高信息。另外，人们能辨别出来的音并不一定都能准确地发出来。这是因为发音不仅需要有听辨语音的能力，还需要大脑调动并协调发音器官进行发音。例如德语、法语的小舌颤音听起来并不难辨别，西班牙语、俄语的舌尖颤音听起来也不难辨别，但是很多外国人学起来并不太容易。而有的外国人听辨汉语四声的能力并不差，但是却不能读准四声。

　　学习掌握汉语普通话的声调，可以分为三个方面。第一，要培养听辨不同调类的音节的能力，即能够听出来别人发的音节是属于哪一个调类的；第二，要培养正确发出四个调类的能力；第三，要在大脑的汉语词库中建立起常用词每个字与调类的关联。这三个方面是相互联系的，相辅相成的，但又是各自相对独立的。下面就来说一说怎样培养这三个方面的能力。

　　第一，要培养听辨不同调类的音节的能力，即能够听出别人发的音节是属于哪一个调类的。中国人，不管男女老少，不管他是什么地方的人，一开口说话，就必然是要讲究声调的。所以要听懂汉语必须要能够辨别声调的差异。一开始，要听声母、韵母相同但声调不同的四个单字的发音，同时理解不同声调的四个汉字所代表的意义的差别。然后听两个不同声调的汉字连在一起读时声调上的差异。一般说来，单个汉字声调的差异比较容易听出来，而两个或多个汉字连读时，由于其中有的字的声调会受到其他汉字声调的影响而发生一定的变化，所以听双音节或者多个音节组合的结构时，有的字的声调就不容易听出来（关于声调的变化在下一章有专门介绍）。普通话有四种调类，两个音节的字相配，一共有16种调类组合方式。对这些不同的组合方式一种一种地练习，就能逐渐培养出对各种不同声调组合模式的双音词的听辨能力。例如：

(1) 阴平+阴平：gāoxīn（高薪）　　kāiguān（开关）
(2) 阴平+阳平：gāojí（高级）　　　chāojí（超级）
(3) 阴平+上声：qīnshǔ（亲属）　　tīngxiě（听写）
(4) 阴平+去声：shēngdiào（声调）　jīngtàn（惊叹）
(5) 阳平+阴平：chénggōng（成功）　chúnjīn（纯金）
(6) 阳平+阳平：qiúmí（球迷）　　　chúnjié（纯洁）
(7) 阳平+上声：chéngzhǎng（成长）qúndǎo（群岛）
(8) 阳平+去声：chúnjìng（纯净）　fúqì（福气）
(9) 上声+阴平：shuǐchē（水车）　　fǎguān（法官）
(10) 上声+阳平：xiǎoxué（小学）　　jǔxíng（举行）
(11) 上声+上声：fěnbǐ（粉笔）　　　wǔdǎ（武打）
(12) 上声+去声：jiǎobù（脚步）　　jǔbàn（举办）
(13) 去声+阴平：zìchēng（自称）　　diàndēng（电灯）
(14) 去声+阳平：zìrán（自然）　　　zìyóu（自由）
(15) 去声+上声：diànbiǎo（电表）　　lìfǎ（立法）
(16) 去声+去声：zìkù（字库）　　　diànlì（电力）

　　第二，要培养正确发出四个声调的能力。外国学生学习发普通话的声调首先应在培养听辨能力的基础上，再跟着发音标准的人模仿。当然，也可以在听辨音节的同时模仿发音，但是实际上也是听出了差异以后才能模仿对。如果有教师从道理上进行一定的讲解，再来进行听辨和模仿，效果会更好。学习四声的发音应先从单字的发音开始模仿，然后再进行声母韵母相同但声调不同的四个单字的对比练习，最后再模仿上面所列出来的16组不同声调组合的双音节词。在学习模仿四声发音的同时，可以自己用手按照普通话的调型比划着进行训练，这样可以起到一定的引导暗示作用。发阴平音节时，用手比划 –；发阳平音节时，用手比划 ˊ；发上声音节时，用手比划 ˇ；发去声音节时，用手比划 ˋ。

初学时，有条件的学习者最好在发音标准的老师的指导下练习，让老师及时纠正自己的发音。千万不要在初学阶段就养成不正确的发音习惯，不正确的发音习惯一旦形成，以后改起来就要花费很大的工夫。如果没有老师指导，可以把自己的发音录下来，然后与标准发音进行比较。

有不少外国学生，跟着老师读生词或句子，或者看着拼音读时，声调还可以，但是，一说起话来，或者自己读句子时，就会在声调方面频频出错，出现调值不稳定的情况。有时读得准，有时调值读不到位，该降的降不下去，该升的升不起来。造成这样的情况，最主要的原因是还没有完全掌握普通话的四声，在模仿他人或者有拼音提示时，会比较注意声调，所以读得还可以；而一旦没有了模仿对象，没有了拼音提示，就会读不准。许多外国学生由于母语中声调不区别意义，大脑里还没有牢固地建立起汉语声调的语音变化模式，常常自己读错了也毫不察觉。

有的学生，自己的母语有声调，但是调类和调值与汉语普通话不一致，学习汉语时就会产生负迁移现象，不由自主地把母语的某一声调的特征带入到汉语普通话的某个声调中。这样的声调偏误常常自己是意识不到的，而且也比较顽固。因此，一定要在老师的指导下，花一定的时间来纠正，更重要的是要在一段时间内时时提醒自己特别注意出现偏误的声调。

总之，学习普通话四个声调的发音有一个过程，大多数人不可能一下子就掌握得很好。一种发音的习惯不是一朝一夕能够形成的，中国的小孩儿也不是一开始就掌握得很好，也是在他人不断地校（jiào）正发音的过程中掌握的。但是如果能够持之以恒、坚持不懈、循序渐进，不断地模仿、校正自己的发音，就一定能掌握好四声。

第三，要在大脑的汉语词库中建立起常用词每个字与调类的关联，正确地激活大脑中声音与相关语义的联系。换言之，就是记住每个常用词每一个音节（或者说"字"）的调类，一听到某个音节时就能够联想到相应的词语，说的时候能够发出正确的语音。例如，听到下列词的声音，就想起相应的词，想说下列词语时能发出正确的声调：小诗（xiǎo shī）、小时（xiǎoshí）、小事（xiǎoshì）。有的外国学生虽然语音基础打得比较好，四声掌握得还不错，但也只能在看着拼音时才很少出错，而在平时说话或者读稍微难一点的文章时就会频频出错。其中一个重要的原因就是没有牢记汉语常用词的声调。其实有的中国人常犯这样的错误。汉语中很多字是多音字，在有的词中是一个声调，而在另一个词中又是另一个声调。例如常用汉字"好"，作为形容词用时是上声，而作为动词用时就是去声。又如"差"在"差错"中读 chā，在"差我一块钱"中读 chà；"处"在名词"处长"中读 chù，而在动词"处理"中读 chǔ。这样的多音多义字在汉语中占有一定的数量，需要日积月累地、一个一个地记忆。当然，当达到中高级汉语水平以后，也可以采取集中突击记忆的办法。①

实际上，在用汉语进行交际时是对上面所说的三方面能力的综合运用，既有听辨音的问题，也有读准声调的问题，而在听汉语和说汉语时也要不断地激活大脑中相应的词语。汉语有很多声母韵母相同但声调不同形成的不同的词。我们可以进行这样的听音、辨音和读音的训练，建立起声调与语义之间的关联，并能够在语境中正确地激活大脑中相应的词语。例如可以练习听辨或朗读下列词语，并用心体会声调的差异所造成的语义上的差异：

chéngrèn（承认）　chéngrén（成人）
shídiǎn（时点）　　shìdiǎn（试点）
xiǎngyǒu（享有）　xiàngyòu（向右）　xiāngyóu（香油）
shuǐlǐ（水里）　　　shuǐlì（水利）　　shuìlì（税利）
xiāoshī（消失）　　xiāoshì（消逝）　　xiāoshí（消食）　xiàoshǐ（校史）
jīnglì（精力）　　　jīnglǐ（经理）　　jǐnglì（警力）　　jìnglǐ（敬礼）

虽然真正掌握好汉语的声调需要花相当的工夫，但是，如果你想说出一口比较标准的汉语，你想提高你的汉语听力，必须花大工夫认真学习。如果你能努力做到以上三点，那么你的汉语语音就一定会达到非常不错的程度。

3.1.6　外国学生声调学习提示

3.1.6.1　外国学生比较难掌握的阳平调和上声调

阳平和上声是外国学生学习汉语的两个普遍难点，很多国家的学生都

---

① 本书附录六有一个巧记常用多音字表，可以用它来集中学习记忆常用多音多义字。这些字有的是声调不同，有的是声母不同，有的是韵母不同，有的是声母、韵母和声调都不同。

容易把阳平和上声混淆在一起。其实中国很多方言区的人学习普通话阳平调和上声调也有一定的困难。由此看来，阳平和上声的偏误是由于这两个声调的调型和调值造成的。换言之，这两个声调的特征造成了人们比较容易把它们混在一起。阳平最主要的特征就是上升，上声主要特征是下降以后再上升。正是阳平和上声都有上升的特征，所以使得这两个声调比较容易混淆。另外，上声调的多变性也增加了外国学生学习上声的难度。在实际的语言中，上声的调值变化比较大，它常常升得不太高。如"马"、"好"、"给"单独念时读为214调，但上声字在词语前面或语流中间，其调尾常常只是稍微上升一点儿，读为212；或者不上升，仅延长音节读为211，读得快的甚至读为21。如"马上"、"好事"、"卖给他吧！"中的"马"、"好"和"给"不读214。所以可以说上声经常在语流中表现出的特征是低降。上声字即使是在末尾，常常也不读214，除非强调时读214，一般读为213或者212。如"我喜欢骑马。"和"你去好不好？"一般不强调，不会读到214。一般的应答句，如"好。"也读不到214，只是在表示感叹时或者在语气比较强的祈使句中时，才会读为214，如"好！""快跑！"另外，两个上声字连在一起，前面一个还要变为阳平的35调，如"少有"。以上上声字调值的多变性使得上声更不容易掌握，特别是外国人对汉字的每个字的调类本来就不像中国人那么清楚，这更加使得外国学生掌握起上声字来有很大的困难。

为了让外国学生较好地掌握上声，可以采取以下学习步骤：

第一步，学习单个音节的上声。

第二步，练习由上声字构成的独词句。①例如：

甲：我们坐地铁去，好不好？　乙：好？

甲：你喝点儿什么？　　　　　乙：酒。

甲：你要骑什么？　　　　　　乙：马。

甲：你房间里有没有电视？　　乙：有。

第三步，练习包含上声的两个音节的词语。因为练好两个音节的词

---

① 有的学生一开始发单个的上声音节时没有问题，但读词语中的上声音节时就常常出现问题。练习上声字构成的独词句，目的是使学生进一步加深上声是一个降升调的印象，帮助学生逐步养成正确的发音习惯。

语，可为发好较长的词语和句子的声调打下基础。①例如：

阴平+上声：喝酒（hē jiǔ）　　精美（jīngměi）　　思考（sīkǎo）
阳平+上声：良好（liánghǎo）　罚酒（fá jiǔ）　　成长（chéngzhǎng）
去声+上声：画展（huàzhǎn）　液体（yètǐ）　　汉语（hànyǔ）
上声+阴平：老师（lǎoshī）　　导师（dǎoshī）　　眼睛（yǎnjing）
上声+阳平：敢于（gǎnyú）　　好于（hǎo yú）　　符合（fúhé）
上声+去声：晚会（wǎnhuì）　　角度（jiǎodù）　　考试（kǎoshì）

第四步，练习包含上声音节的多个词的句子。

3.1.6.2　韩国学生常见声调偏误

韩国学生阳平的偏误是音节开始时起点就比较低，达不到3的位置，另外后面只是稍微上升一点儿，没有升到位置，有的学生甚至读为一个低平调，这样和上声调区别就不大。

上声调也是韩国学生学习汉语的一个难点。韩国学生上声的偏误主要是降得不够就开始升，这样就比较容易与阳平调相混。韩国学生发阴平的偏误往往是高度不够，把它发为一个中平调，如发为33调，或者是发为44调。韩国学生读汉语去声的偏误是起点不高，有的学生也常降不到位，甚至有的去声读为类似上声的一个曲折调，读成一个大约接近212这样的调。

3.1.6.3　越南学生常见声调偏误

越南语是有声调的语言，一般有6个声调，调值与汉语普通话很不一样，所以有的越南学生在说汉语时会出现一些负迁移现象，用越南语的声调来比附汉语的声调。②有的学生发汉语的阴平调时音高不够高，常读为44调，并且在收尾时有较为明显的下降。有的学生发阳平调时升得太高，这样更加显出阴平调不够高。纠正的方法是在发阴平调时注意把音高提高一点，同时注意不要把阳平调升得超过阴平的高度，保证阴平调是4个声调当中声调起点和收尾都是最高的。可以集中训练"阳平+阴平"的词语，再训练"阴平+阳平"的词语。例如：

---

① 何平（1997）和曹文（2010）的研究也支持这样的看法。
② 关于越南学生的偏误主要根据北京大学中文系毕业的语言学博士阮大瞿越（越南）的调查分析，北京师范大学博士生刘汉武（越南）也提供了一些意见。

阳平+阴平：xué yī（学医）　　wénzhāng（文章）
　　　　　hángkōng（航空）　　mó dāo（磨刀）
　　　　　méntīng（门厅）　　　lóutī（楼梯）
阴平+阳平：guīlái（归来）　　　bīngxié（冰鞋）
　　　　　huāyuán（花园）　　gōngchéng（工程）
　　　　　jīngshén（精神）　　Kūnmíng（昆明）

在单独读上声字或者上声在末尾的情况下，需要上声末尾升上去时，有的学生常常末尾升不上去。而越南学生声调最常见的偏误是去声降得不够低，有的甚至读成44调，与阴平调一样。而且这一偏误改起来有一定的难度，在老师指导下能正确地发出去声，但是平时不注意也难以根除自己母语负迁移的影响。①要彻底纠正这一错误的发音习惯需要花工夫集中一段时间进行强化训练，在一段时间内有意识纠正自己的发音缺陷，然后才能在说汉语时不受母语负迁移的影响，发准汉语的去声。

3.1.6.4　泰国学生常见声调偏误

泰语是有声调的语言，声调对泰国学生来说并不陌生，但是泰语的声调与汉语普通话有很多不同，泰国学生发汉语的声调时也会受到母语的影响。汉语的阴平调是一个高平调，调值是55，而泰语的平声调是一个中平调，调值是33，所以，有些泰国学生发阴平调时音高不够高，有的学生拖得太长；有的泰国学生在读汉语处于词语末尾的调尾要上升的上声音节时，升不上去。②泰语没有汉语去声这样的高降调，有些泰国学生发去声时，降不下去并且有的拖得太长。③

有一个方法可以帮助越南学生和泰国学生纠正去声下降得不够的偏误，这就是练习读"阳平+去声"的词语。例如：

球赛（qiúsài）　　服药（fúyào）　　能力（nénglì）　　能干（nénggàn）
玩笑（wánxiào）　嘲笑（cháoxiào）如意（rúyì）　　城市（chéngshì）

---

① 越南学生去声的偏误是比较顽固的，并且带有一定的普遍性。我们在北京师范大学教过的几个越南学生平时说话不注意时会有这样的偏误，我们给他们纠正时均能改过来，但过几天又会再出现这样的偏误。
② 很多上声音节在词语前面和中间时，调尾并不需要升上去。
③ 泰国学生的语音偏误主要参考了丁崇明的博士研究生、泰国皇太后大学的思美琴提供的材料。

3.1.6.5　日本学生常见声调偏误[①]

日本学生学习汉语声调，在读音和感知两方面都有一些困难。日本学生最容易把阳平和上声这两个声调混淆在一起。当读"非上声音节+上声音节"的词语时，后面的上声音节误读为阳平的情况比例最大；当读"上声音节+非上声音节"的词语时，也有一些人把前面的上声音节读为阳平，而把阳平读为上声的情况较少。

与中国人相比，日本学生读的阳平声调升得不够高，上声调下降得不够低，所以使得这两类音节听上去音高的区别性就降低了。

在听辨普通话的声调方面，与中国人相比，日本学生听辨上声最困难，特别是当后一个音节为上声音节时，比较容易把它误听为阳平；而日本学生发音和感知阴平和去声时则较为容易，两者混淆的比例很小。

3.1.6.6　印尼学生常见声调偏误

印尼学生学习声调常见的偏误也是阴平调不够高，阳平和上声常常分不清，去声调降不下去。[②]

思考与练习（7）

一、什么是声调？

二、什么是调类？什么是调值？

三、普通话有几个调类？这些调类各自的名称是什么？

四、请说出普通话各个调类的调值。

五、请听辨下列音节。

1. 阴平+阴平：ānkāng（安康）　　chūntiān（春天）
　　　　　　　qīnshēn（亲身）　　kōngjūn（空军）
　　　　　　　shīgē（诗歌）　　　ānjū（安居）

2. 阴平+阳平：ānquán（安全）　　Chūnchéng（春城）
　　　　　　　shēncái（身材）　　shōuchéng（收成）
　　　　　　　guāngróng（光荣）　shīdé（师德）
　　　　　　　gāoyáng（羔羊）　　yāoqiú（要求）

[①] 此节参考了太田裕子、张劲松、曹文（2011）的研究。

[②] 印尼学生的偏误参考了北京华文学院讲师邹工成提供的材料。

zhīchí（支持）	wēixié（威胁）
tīngcóng（听从）	qīnrén（亲人）
xiāngtóng（相同）	guīzé（规则）

3. 阴平＋上声：sīsuǒ（思索）　　　yīnglǐ（英里）
　　　　　　　yīngyǔ（英语）　　　gāosǒng（高耸）
　　　　　　　gāoděng（高等）　　　chāochǎn（超产）
　　　　　　　qīnglǐ（清理）　　　jīngxiǎn（惊险）

4. 阴平＋去声：ānwèi（安慰）　　　chūnsè（春色）
　　　　　　　tīnglì（听力）　　　gāoxìng（高兴）
　　　　　　　qīnrè（亲热）　　　yīnyuè（音乐）
　　　　　　　jūnduì（军队）　　　bījìn（逼近）
　　　　　　　yānmò（淹没）　　　sīxù（思绪）

5. 阳平＋阴平：dúshū（读书）　　　shúxī（熟悉）
　　　　　　　xué yī（学医）　　　pá shān（爬山）
　　　　　　　Táiwān（台湾）　　　Yángzhōu（扬州）
　　　　　　　Hángzhōu（杭州）　　qíngtiān（晴天）

6. 阳平＋阳平：wúnéng（无能）　　　shímíng（实名）
　　　　　　　cáinéng（才能）　　　xué nóng（学农）
　　　　　　　Hénán（河南）　　　hóngchá（红茶）
　　　　　　　Huánghé（黄河）　　lóufáng（楼房）
　　　　　　　cónglín（丛林）　　　máoní（毛呢）

7. 阳平＋上声：ménkǒu（门口）　　　juédǐng（绝顶）
　　　　　　　xuéjiě（学姐）　　　rénkǒu（人口）
　　　　　　　yíngyǎng（营养）　　qínggǎn（情感）

8. 阳平＋去声：qíngkuàng（情况）　　suíbiàn（随便）
　　　　　　　suíyì（随意）　　　wúshù（无数）
　　　　　　　qiánzài（潜在）　　　fúhào（符号）

9. 上声＋阴平：mǎ'ān（马鞍）　　　yǎng huā（养花）
　　　　　　　wǔzhuāng（武装）　　lǎojiā（老家）
　　　　　　　Shǎnxī（陕西）　　　fǔyīn（辅音）

10. 上声＋阳平：qǔcái（取材）　　　jǔxíng（举行）
　　　　　　　wěirén（伟人）　　　jǐngchá（警察）

11. 上声＋上声：gǔwǔ（鼓舞）　　　　qǐmǎ（起码）
　　　　　　　 zhǐshǐ（指使）　　　　yǐndǎo（引导）
12. 上声＋去声：shǐmìng（使命）　　　mǎnyì（满意）
　　　　　　　 zǐsè（紫色）　　　　　wǔlì（武力）
　　　　　　　 gǔlì（鼓励）　　　　　tǐzhì（体制）
　　　　　　　 mǎshù（马术）　　　　huǐhuài（毁坏）
　　　　　　　 gǔwù（谷物）　　　　　kǔlì（苦力）
　　　　　　　 qǔyì（曲艺）　　　　　kěndìng（肯定）
13. 去声＋阴平：dìng cān（订餐）　　　kèzhuō（课桌）
　　　　　　　 kàn huā（看花）　　　　Lìjiāng（丽江）
　　　　　　　 Shàoxīng（绍兴）　　　Zhèjiāng（浙江）
　　　　　　　 guàng jiē（逛街）　　　Guìzhōu（贵州）
　　　　　　　 Sìchuān（四川）　　　　xiàngjī（相机）
14. 去声＋阳平：fùhé（复合）　　　　　zìxí（自习）
　　　　　　　 jùrén（巨人）　　　　　fùzá（复杂）
　　　　　　　 dìngxíng（定型）　　　wèi wán（未完）
　　　　　　　 gànhuó（干活）　　　　Guìlín（桂林）
　　　　　　　 Yuènán（越南）　　　　fènghuáng（凤凰）
15. 去声＋上声：kuàngjǐng（矿井）　　mèngxiǎng（梦想）
　　　　　　　 cìzǐ（次子）　　　　　wòshǒu（握手）
　　　　　　　 lùndiǎn（论点）　　　　Shànghǎi（上海）
　　　　　　　 Dàlǐ（大理）　　　　　gètǐ（个体）
16. 去声＋去声：mànsù（慢速）　　　　guòqù（过去）
　　　　　　　 mèilì（魅力）　　　　　jìmò（寂寞）
　　　　　　　 zhàiwù（债务）　　　　yùndòng（运动）
　　　　　　　 huànsuàn（换算）　　　xiàjì（夏季）

六、朗读下列各组词语，认真体会汉语声调的变化带来的词义变化。

1. zhēnshí（真实）　　　zhēnshì（珍视）
　 zhěnshì（诊室）　　　zhènshì（阵势）
2. háohuá（豪华）　　　hǎo huá（好滑）
　 hǎo huà（好画）　　　hǎo huā（好花）

3. mài shū（卖书）   mǎi shū（买书）

4. mǎfáng（马房）   máfǎng（麻纺）

5. bōli（玻璃）   bólì（薄利）
   bólǐ（薄礼）   bōlí（剥离）

6. huāgōng（花工）   huágōng（华工）   huàgōng（化工）

7. cáizǐ（才子）   càizǐ（菜子）   cāizì（猜字）

8. líqí（离奇）   lìqǐ（立起）
   líqì（离弃）   lìqi（力气）

9. lǐkē（理科）   lìkè（立刻）

10. yānhuā（烟花）   yǎnhuà（演化）
    yǎnhuā（眼花）   yánhuà（岩画）

11. yàohǎo（要好）   yáo hào（摇号）   yào hào（要号）

12. yǒuhǎo（友好）   yóuhào（油耗）   yǒu hào（有号）

13. zhǔrèn（主任）   zhù rén（住人）   zhǔrén（主人）

14. dúshū（读书）   dùshu（度数）
    dǔ shū（赌输）   dúshù（读数）

15. xídé（习得）   xì de（细的）   xī de（稀的）

16. jìjià（计价）   jǐ jiā（几家）
    jí jiā（极佳）   jǐ jià（几架）

17. xìnhào（信号）   xīn hǎo（心好）   xīn hào（新号）

18. zìhào（字号）   zìháo（自豪）   zì hǎo（字好）

19. guójí（国籍）   guójì（国际）   guòjī（过激）

20. fángjià（房价）   fàngjià（放假）   fāngjiā（方家）

21. jiàqī（假期）   jiā qǐ（夹起）   jiāqī（佳期）

22. shuǐ lǐ（水里）   shuǐlì（水利）   shuìlì（税利）

23. wēilì（威力）   wèi lǐ（胃里）   wéilì（违例）

24. zīlì（资历）   zìlǐ（自理）   zìlì（自立）

25. jìngkuàng（境况）   jǐngkuàng（景况）

26. dǒng dé（懂得）   dòng de（冻的）

27. zìjǐ（自己）   zìjì（字迹）

28. kěxī（可惜）   kěxǐ（可喜）

29. kuàichē（快车）   kuài chè（快撤）

30. gǔshí（古时）　　　gùshì（故事）
　　gǔshī（古诗）　　　gǔshì（股市）
31. tiānjiā（添加）　　　tiānjià（天价）
32. wǎnyán（婉言）　　　wǎnyàn（晚宴）
33. wénzì（文字）　　　wénzi（蚊子）
34. wèntí（问题）　　　wéntǐ（文体）
35. liànxí（练习）　　　liánxì（联系）
36. chèlí（撤离）　　　chē li（车里）
37. biǎogé（表格）　　　biǎogē（表哥）
38. chūzì（出自）　　　chūzī（出资）
39. xìnlài（信赖）　　　xīn lái（新来）
40. jìnglǐ（敬礼）　　　jǐng li（井里）

七、朗读下列词语，仔细体会声调的差别。①

1. 按照四声顺序排列的单音节同声母、同韵母字。

pō	pó	pǒ	pò	fēi	féi	fěi	fèi
坡	婆	叵	破	飞	肥	匪	费
māo	máo	mǎo	mào	tān	tán	tǎn	tàn
猫	毛	铆	冒	贪	谈	毯	探
kē	ké	kě	kè	huī	huí	huǐ	huì
科	壳	渴	课	灰	回	毁	会
zhī	zhí	zhǐ	zhì	chāng	cháng	chǎng	chàng
只	直	指	至	昌	常	厂	唱
shēn	shén	shěn	shèn	zāo	záo	zǎo	zào
身	神	审	甚	遭	凿	早	造
cī	cí	cǐ	cì	suī	suí	suǐ	suì
疵	词	此	次	虽	随	髓	岁
jū	jú	jǔ	jù	qī	qí	qǐ	qì
居	菊	举	句	七	骑	起	气
xuān	xuán	xuǎn	xuàn	wēi	wéi	wěi	wèi
宣	旋	选	炫	威	围	伟	位

---

① 为了让读者更好地体会汉语四个不同声调音节的各种组合形式的变化，以下四个音节的词语拼写时没有按照拼音连写的规则连写，每个音节之间都空开了。

2. 按照四声顺序排列的四字词语。

suān	tián	kǔ	là		bīng	qiáng	mǎ	zhuàng
酸	甜	苦	辣		兵	强	马	壮
qiān	chuí	bǎi	liàn		huā	hóng	liǔ	lǜ
千	锤	百	炼		花	红	柳	绿
yīn	yáng	shǎng	qù		shān	míng	shuǐ	xiù
阴	阳	上	去		山	明	水	秀
gōng	rén	yǒu	lì		yīng	wén	yǒu	yòng
工	人	有	利		英	文	有	用
kē	xué	yǒu	yì		guī	xíng	jǔ	bù
科	学	有	益		规	行	矩	步
zhēn	shí	kě	xìn		tā	shí	kěn	gàn
真	实	可	信		踏	实	肯	干
zī	yuán	bǎo	zhàng		shēng	yuán	bǎo	zhèng
资	源	保	障		生	源	保	证
xīn	wén	dǎo	xiàng		yī	láo	yǒng	yì
新	闻	导	向		一	劳	永	逸
kōng	xí	jǐng	bào		fēng	gé	jiǒng	yì
空	袭	警	报		风	格	迥	异
chū	guó	lǚ	fèi		chū	lái	mǎi	cài
出	国	旅	费		出	来	买	菜
zhū	rú	cǐ	lèi		xīn	míng	yǎn	liàng
诸	如	此	类		心	明	眼	亮
yīng	xióng	hǎo	hàn		yōu	róu	guǎ	duàn
英	雄	好	汉		优	柔	寡	断
fēi	cháng	kě	hèn		guāng	míng	lěi	luò
非	常	可	恨		光	明	磊	落
shēng	huó	yǒu	qù		gāo	liáng	zǐ	dì
生	活	有	趣		膏	粱	子	弟
xīn	qíng	gǎi	biàn		yāo	qiú	bǔ	kè
心	情	改	变		要	求	补	课
tiān	rán	pǐn	zhì		dēng	tái	yǎn	zòu
天	然	品	质		登	台	演	奏
wēn	róu	měi	lì		xīn	wén	kě	kào
温	柔	美	丽		新	闻	可	靠

3. 按照"去声、上声、阳平、阴平"排列的词语。

lì 历	shǐ 史	wén 文	zhāng 章	wù 物	pǐn 品	huí 回	shōu 收
tòng 痛	gǎi 改	qián 前	fēi 非	mò 墨	shǒu 守	chén 陈	guī 规
xiù 袖	shǒu 手	páng 旁	guān 观	huò 获	zhǔn 准	lí 离	kāi 开
zuò 作	pǐn 品	chéng 成	gōng 功	wù 物	lǐ 理	xué 学	kē 科
dà 大	yǒu 有	wén 文	zhāng 章	diào 调	hǔ 虎	lí 离	shān 山
pào 炮	huǒ 火	lián 连	tiān 天	pìn 聘	qǐng 请	yuán 员	gōng 工
yì 异	kǒu 口	tóng 同	shēng 声	nì 逆	shuǐ 水	xíng 行	zhōu 舟
tàn 探	tǎo 讨	rén 人	shēng 生				

4. 不按照四声顺序排列的四音节成语。

zì 自	lì 力	gēng 更	shēng 生	sì 四	miàn 面	bā 八	fāng 方
jīn 津	jīn 津	yǒu 有	wèi 味	sān 三	fān 番	wǔ 五	cì 次
bàn 半	zhēn 真	bàn 半	jiǎ 假	nòng 弄	xū 虚	zuò 作	jiǎ 假
měi 美	zhōng 中	bù 不	zú 足	yǐ 以	shēn 身	zuò 作	zé 则
qiān 千	jūn 军	wàn 万	mǎ 马	zhēng 争	xiān 先	kǒng 恐	hòu 后
qiān 千	fāng 方	bǎi 百	jì 计	jiē 接	èr 二	lián 连	sān 三
lǐ 理	zhí 直	qì 气	zhuàng 壮	gè 各	háng 行	gè 各	yè 业
mén 门	dāng 当	hù 户	duì 对	xiǎo 小	xīn 心	yì 翼	yì 翼

zì	fù	yíng	kuī		miàn	miàn	jù	dào
自	负	盈	亏		面	面	俱	到
qián	fù	hòu	jì		xún	xù	jiàn	jìn
前	赴	后	继		循	序	渐	进
wú	kě	fèng	gào		wú	néng	wéi	lì
无	可	奉	告		无	能	为	力
xiǎn	ér	yì	jiàn		yǐn	rén	zhù	mù
显	而	易	见		引	人	注	目

八、请选择适当的词语填在拼音后面的括号中。

1. jiàqián（   ）、jiā qián（   ）、jiǎ qián（   ）、jiàqiān（   ）
   价签、假钱、价钱、加钱

2. qiánzài（   ）、qiānzǎi（   ）、qiàn zài（   ）
   嵌在、潜在、千载

3. jīngqì（   ）、jīngqí（   ）、jīngqì（   ）、jìngqǐ（   ）
   惊奇、景气、敬启、精气

4. qīzi（   ）、qízǐ（   ）、qízi（   ）
   棋子、旗子、妻子

5. gòngshí（   ）、gōngshì（   ）、gòngshì（   ）、gōngshí（   ）
   公式、共事、工时、共识

6. chìzī（   ）、chǐzi（   ）、chízi（   ）、chìzī（   ）
   斥资、池子、尺子、赤字

7. jì wèi（   ）、jíwéi（   ）、jīwèi（   ）、jīwèi（   ）
   继位、极为、机位、几位

8. fúqi（   ）、fūqī（   ）、fú qǐ（   ）
   夫妻、扶起、福气

9. diǎnxin（   ）、diànxìn（   ）
   点心、电信

10. xiángxì（   ）、xiàng xī（   ）、xiāngxǐ（   ）、xiǎng xǐ（   ）
    详细、向西、想洗、湘西

11. xiǎngbì（   ）、xiāngbǐ（   ）
    想必、相比

12. dáshù（   ）、dàshù（   ）、dǎ shū（   ）、dàshù（   ）
    答数、大树、打输、大叔

13. dàshī（　　）、dàshì（　　）、dàshǐ（　　）、dǎ shī（　　）
    大使、大事、打湿、大师

14. xiàngjī（　　）、xiāngjì（　　）
    相继、相机

15. zhèngshì（　　）、zhèngshí（　　）、zhèngshǐ（　　）、zhēngshí（　　）
    正式、证实、争食、正史

16. míngcí（　　）、míngcì（　　）
    名词、名次

17. shǒujī（　　）、shǒujī（　　）、shǒujì（　　）、shōu jì（　　）
    手机、收集、收寄、手记

18. kànshū（　　）、kǎnshù（　　）
    看书、砍树

九、朗读下列诗词和短文。

1. **Yóu Shānxī Cūn**　　　　　　　　游山西村
    　　Lù Yóu　　　　　　　　　　　［宋］陆游
    Mò xiào nóngjiā là jiǔ hún,　　　　莫笑农家腊酒浑，
    Fēngnián liú kè zú jī tún。　　　　　丰年留客足鸡豚。
    Shān chóng shuǐ fù yí wú lù,　　　山重水复疑无路，
    Liǔ àn huā míng yòu **yì** cūn。　　柳暗花明又一村。
    Xiāo gǔ zhuīsuí chūn shè jìn,　　　箫鼓追随春社近，
    Yīguān jiǎnpǔ gǔfēng cún。　　　　衣冠简朴古风存。
    Cóng jīn ruò xǔ xián chéng yuè,　　从今若许闲乘月，
    Zhǔ zhàng wú shí yè kòu mén。　　拄杖无时夜叩门。

2. **Sòng Dù Shàofǔ Zhī Rèn Shǔzhōu**　送杜少府之任蜀州
    　　Wáng Bó　　　　　　　　　　［唐］王勃
    Chéngquè fǔ sān qín,　　　　　　　城阙辅三秦，
    Fēngyān wàng wǔ jīn。　　　　　　风烟望五津。
    Yǔ jūn líbié yì,　　　　　　　　　　与君离别意，
    Tóng shì huànyóu rén。　　　　　　同是宦游人。
    Hǎinèi cún zhījǐ,　　　　　　　　　海内存知己，
    Tiānyá ruò bǐlín。　　　　　　　　　天涯若比邻。

Wúwéi zài qílù,　　　　　　　　　　　无为在歧路，
Érnǚ gòng zhān jīn.　　　　　　　　　儿女共沾巾。

3. 清明节简介①

　　Qīngmíng Jié gǔshí yě jiào Sānyuè Jié, yǐ yǒu 2500 duō nián lìshǐ. Èrshísì gè jiéqì zhōng, jì shì jiéqì yòu shì jiérì de zhǐ yǒu Qīngmíng Jié hé Dōngzhì. Nónglì sì yuè wǔ rì qiánhòu wéi Qīngmíng Jié, èrshísì jiéqì zhī yī.

　　清明节古时也叫三月节，已有2500多年历史。二十四个节气中，既是节气又是节日的只有清明节和冬至。农历4月5日前后为清明节，二十四节气之一。

　　Qīngmíng Jié **yí** dào, qìwēn shēnggāo, shì chūngēng chūnzhòng de dàhǎo shíjié, gù yǒu "Qīngmíng qiánhòu, zhòng guā zhòng dòu" "Zhíshùzàolín, méi guò Qīngmíng" de nóngyàn.

　　清明节一到，气温升高，是春耕春种的大好时节，故有"清明前后，种瓜种豆"、"植树造林，没过清明"的农谚。

　　Yóuyú Qīngmíng yǔ Hánshí de rìzi jiējìn, ér Hánshí shì mínjiān jìn huǒ sǎomù de rìzi, jiànjiàn de, Hánshí yǔ Qīngmíng jiù hé èr wéi yī le, ér Hánshí jí chéngwéi Qīngmíng de biéchēng, yě biàn chéng Qīngmíng shíjié de **yí** gè xísú, Qīngmíng zhī rì **bú** dòng yānhuǒ, zhǐ chī liáng de shípǐn.

　　由于清明与寒食的日子接近，而寒食是民间禁火扫墓的日子，渐渐地，寒食与清明就合二为一了，而寒食即成为清明的别称，也变成清明时节的一个习俗，清明之日不动烟火，只吃凉的食品。

十、请朗读下列语段，并在每个汉字上面标上声调符号（阴平调标上ˉ，阳平调标上ˊ，上声标上ˇ，去声标上ˋ）。

　　燕子去了，有再来的时候；杨柳枯了，有再青的时候；桃花谢了，有再开的时候。但是，聪明的，你告诉我，我们的日子为什么一去不复返呢？——是有人偷了他们罢：那是谁？又藏在何处呢？是他们自己逃走了罢：现在又到了哪里呢？

——朱自清散文《匆匆》

　　月光如流水一般，静静地泻在这一片叶子和花上。薄薄的青雾浮起

---

① 清明节的英文译名：Tomb-sweeping Day 或者 Pure Brightness。

在荷塘里。叶子和花仿佛在牛乳中洗过一样；又像笼着轻纱的梦。虽然是满月，天上却有一层淡淡的云，所以不能朗照；但我以为这恰是到了好处——酣眠固不可少，小睡也别有风味的。

——朱自清散文《荷塘月色》

3.2 声母

3.2.1 声母概观

什么是声母？**声母是一个音节开头的辅音**，汉语普通话一共有21个声母，有的音节没有声母，这样的音节叫作零声母音节，如果加上零声母一共22个声母。

声母与辅音的关系。声母是根据汉语音节结构特点分析出来的。汉语中所有的声母都是辅音，但是并不是所有的辅音都可以成为声母；辅音除主要充当声母以外，少数的还可以充当韵尾。汉语普通话中有22个辅音，而只有21个辅音声母，辅音 ng [ŋ] 不能在一个音节的开头带上韵母充当声母，它是充当韵尾的辅音音素，例如在 líng 和 lóng 中。

辅音大多数都不太响亮，很多音都听不太清楚。在教学中，教师在进行声母的教学和学生在进行声母发音训练时，都需要在辅音后面加上一个元音 [o] 或者 [ə]，这种为了方便声母教学在辅音后面加上一个元音而发出的音叫作呼读音。例如 b [p] 和 p [p'] 后面加上 [o]，读成 bo [po]、po [p'o]；而在 g [k] 和 k [k'] 后面加上 [ə]，读成 ge [kə]、ke [k'ə]。

表 3.2.1-1 普通话声母总表

发音方法		发音部位	双唇音	唇齿音	舌尖前音	舌尖中音	舌尖后音	舌面音	舌根音
塞音	清	不送气	b [p]			d [t]			g [k]
		送气	p [p']			t [t']			k [k']
塞擦音	清	不送气			z [ts]		zh [tʂ]	j [tɕ]	
		送气			c [ts']		ch [tʂ']	q [tɕ']	
擦音		清		f [f]	s [s]		sh [ʂ]	x [ɕ]	h [x]
		浊					r [ʐ]		
鼻音		浊	m [m]			n [n]			
边音		浊				l [l]			

3.2.2 声母发音部位的分类

不同声母之间的区别是由发音部位和发音方法两方面的不同造成的。那什么是发音部位呢？**发音部位就是发音时气流受到阻碍的部位。**

声母按照发音部位可以分为七类。

3.2.2.1 双唇音

双唇音发音时，上唇和下唇合拢，形成阻碍。普通话中双唇音声母有3个：b [p]、p [p']、m [m]。

【听读训练】bàba（爸爸）　　　　pá pō（爬坡）
　　　　　　mā má mǎ mà（妈　麻　马　骂）

3.2.2.2 唇齿音

唇齿音发音时，上齿接触下唇。普通话唇齿音声母有1个：f [f]。

【听读训练】fū fú fǔ fù（夫　福　斧　父）
　　　　　　fā fá fǎ fà（发　罚　法　珐）

3.2.2.3 舌尖前音

发舌尖前音时，舌尖轻轻地接触或者接近上齿背。普通话中舌尖前音声母有3个：z [ts]、c [ts']、s [s]。

【听读训练】zì（字）　cí（词）　sī（思）

3.2.2.4 舌尖中音

发舌尖中音时，舌尖抵住上齿龈（yín）。舌尖中音有4个：d [t]、t [t']、n [n]、l [l]。

【听读训练】dǎ（打）　tā（他）　nǐ（你）　lǐ（里）

3.2.2.5 舌尖后音

舌尖后音发音时，舌尖抵住或者接近硬腭前部，形成阻碍。舌尖后音有4个：zh [tʂ]、ch [tʂ']、sh [ʂ]、r [ʐ]。

【听读训练】zhī（知）　chī（吃）　shí（时）　rì（日）

3.2.2.6 舌面音

发舌面音时，舌面前面部分向上面抬起，抵住或者接近硬腭的前部。舌面音声母有3个：j [tɕ]、q [tɕ']、x [ɕ]。

【听读训练】jī（鸡）　qǐ（起）　xǐ（洗）

3.2.2.7 舌根音①

发舌根音时，舌面后部隆起，抵住或者接近软腭。舌根音声母有3个：g [k]、k [k']、h [x]。

【听读训练】 gè（个）　　kè（课）　　hè（贺）
　　　　　　gōng（工）　kōng（空）　hōng（轰）
　　　　　　guò（过）　　kuò（阔）　　huò（获）

思考与练习（8）

一、什么是声母？

二、说声母都是辅音对吗？

三、说辅音都是声母对吗？

四、什么是发音部位？

五、哪几个声母属于舌尖前音？

六、哪几个声母属于舌尖中音？

七、哪几个声母属于唇齿音？

八、哪几个声母属于舌尖后音？

九、哪几个声母属于舌面音？

十、舌根音发音时真的是用舌根吗？

3.2.3 声母的发音方法的分类

相同发音部位的辅音大多都有几个不同的声母，那么为什么同一个发音部位会发出不同的辅音来呢？同样的发音部位能够发出不同的辅音是由于发音方法的不同所造成的。什么是发音方法？**发音方法是发音时口腔、鼻腔、喉头控制气流的方式和状况。**发汉语声母时，控制气流的方式和状况有三种情况：第一，**气流受到阻碍的方式**；第二，**气流的强弱**；第三，**气流是否振动声带**。

声母从第一方面按照气流受阻碍的方式，分为五类：塞音、擦音、塞擦音、鼻音、边音；从第二方面气流的强弱，分为送气音和不送气音

---

① 舌根音是大多数教材习惯用的术语，但是实际上，这一术语并不确切，因为发音时不可能用舌根，是舌面后部向上抬起。虽然也有少数教材称为"舌面后音"，但本书还是从俗，称为"舌根音"。

两类;从第三方面气流是否振动声带,分为清辅音和浊辅音两类。下面我们分别从不同的角度来学习普通话的声母。

3.2.3.1 塞音

发塞(sè)音之前,气流受到阻碍的部位靠拢(lǒng)形成了堵塞(dǔsè),气流达到阻碍部位时,冲破阻碍,突然爆(bào)发出一个不能持续的声音,这样的声音就是塞音。塞音又被称为"爆破音"。普通话声母的塞音有6个:b [p]、p [p']、d [t]、t [t']、g [k]、k [k']。

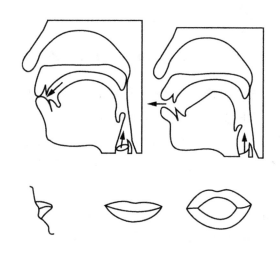

图 3.2.3-1　b [p] 的发音示意图①

b [p] **双唇、不送气、清、塞音**。发音部位是双唇,即发音时,先合上双唇,气流上引,气流在双唇受到阻碍,然后很快地张开双唇,使气流很快地冲破阻碍,爆发成声。单独练习发这个音时,为了便于教学,在它后面加上元音 [o]。需要注意的是,普通话中的 b [p] 是清音,声带不颤动,不要把它发成声带颤动的浊声母 [b],英语中的 bed、bus、but 中的 b 是浊音 [b],所以,以英语为母语的人要注意这一点,以法语、俄语为母语的人发这个音时也要注意这一点。

---

① 本书有的发音示意图参考了金晓达、刘广徽(2006)《汉语普通话语音图解课本》(教师用书),有些地方根据我们的分析做了修改。图中符号说明:〇表示声门开,声带不振动;↘表示声门闭,声带不振动;∿表示声带振动;←表示气流;⇐表示较强的气流。

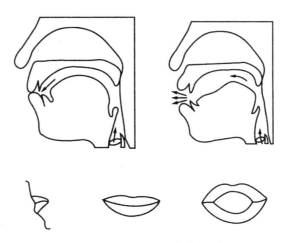

图 3.2.3-2　p [p'] 发音示意图

p [p'] **双唇、送气、清、塞音**。发音时发音部位与 b [p] 是相同的，它们都是双唇音，一开始发音的准备动作是一样的，但 p [p'] 发音时后面的方法上有区别，差别就在于发 p [p'] 时，肌肉比发 b [p] 紧张一点儿，冲出的气流多一些，气流比较强，速度快，可以持续的时间长一点儿，属于送气音。

【听读练习】 bà——pà（爸——怕）　　bō——pō（波——坡）
　　　　　　 bù——pù（不——铺）　　bàn——pàn（办——盼）
　　　　　　 bīn——pīn（宾——拼）　　bǎo——pǎo（宝——跑）
　　　　　　 bēn——pēn（奔——喷）　　bǐ——pǐ（比——匹）

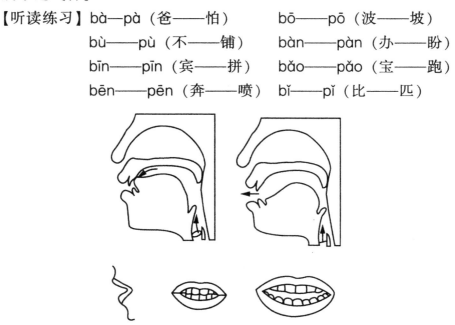

图3.2.3-3　d [t] 发音示意图

d [t] 舌尖中、不送气、清、塞音。舌尖抵住上齿龈，形成阻碍，气流从下引出，达到阻碍部位时有一个很短暂的停留，然后舌尖突然下降，口腔开口度也扩大，气流很快冲出口腔。在音节中受后面的元音开口度大小的影响，d [t] 的口腔开口度会有一点儿差别。例如后面是 a 时，它的开口度会大一点儿；而后面是 i 时，它的开口度会小一点儿。需要注意的是，普通话中的 d [t] 也是清声母，而英语中的 desk、dusk、discuss 中的 d 都是浊辅音。以英语为母语的人学习汉语时要注意这一点儿细微的差别。

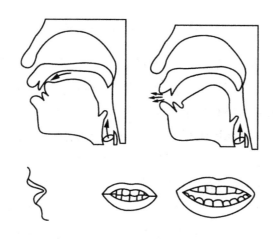

图 3.2.3-4　t [tʻ] 发音示意图

t [tʻ] 舌尖中、送气、清、塞音。发音时发音部位与 d [t] 相同，它们都是舌尖中音，一开始发音的准备动作是一样的，但是发 t [tʻ] 时肌肉更加紧张一些，气流更强，冲出的气流多一些，速度快，可以持续的时间长一点儿，属于送气音，发音时声带不颤动。t [tʻ] 在音节中与开口度不同的元音组合，它的开口度会随着不同元音的开口度而有所不同。例如它后面是 a 时，t [tʻ] 的开口度会大一点儿；而后面是 i 时，它的开口度会小一点儿。

【听读练习】　dà——tà（大——踏）　　duō——tuō（多——拖）
　　　　　　　dū——tū（督——突）　　dǐ——tǐ（底——体）
　　　　　　　dūn——tūn（蹲——吞）　diān——tiān（颠——天）

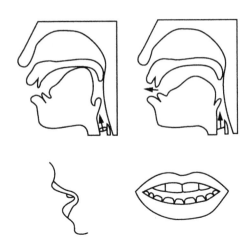

图 3.2.3-5　g [k] 发音示意图

　　g [k] **舌根、不送气、清、塞音**。发音时舌的前部压低，舌的后部抬起来抵住软腭，形成阻碍；气流上引，到达阻碍部位时有一个短暂的停留，紧接着舌后部阻碍的部位突然下降，气流冲出，形成声音。英语中的 good、guard、seagull 中的 g 是声带要颤动的浊辅音 [g]，而汉语中的这个声母是清辅音，声带不颤动。很多其他语言中也有与英语一样的这个发音部位的浊辅音 [g]，这些外国学生学习时要注意汉语的这个音发音时声带不要颤动。g [k] 在音节中与开口度不同的元音组合，它的开口度会随着不同元音的开口度而有所不同。例如它后面是 a 时，g [k] 的开口度会大一点儿；而后面是 u 时，它的开口度会小一点儿。

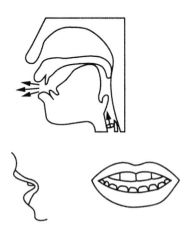

图 3.2.3-6　k [k'] 发音示意图

　　k [k'] **舌根、送气、清、塞音**。发音时发音部位与 g [k] 相同，它们都是舌根音，一开始发音的准备动作是一样的，但是发 k [k'] 时肌肉更加紧张一些，气流更强，冲出的气流多，速度快，可以持续的时间长一点儿，属于送气音，发音时声带不颤动。k [k'] 在音节中与开口度不同的元音组合，它的开口度会随着不同元音的开口度而有所不同。例如它后面是 ɑ 时，k [k'] 的开口度会大一点儿；而后面是 u 时，k [k'] 的开口度会小一点儿。

【听读练习】gǎ——kǎ（嘎——卡）　　gē——kē（歌——科）
　　　　　　gǔ——kǔ（谷——苦）　　guò——kuò（过——扩）
　　　　　　gàn——kàn（干——看）　　guī——kuī（归——亏）

思考与练习（9）

一、为什么同样的发音部位会发出不同的辅音来？

二、什么是发音方法？

三、普通话声母按照发音方法可以分为哪几类？

四、普通话有哪几个塞音声母？

五、请按照文字描写，写出普通话的声母和它的国际音标。

　　1. 双唇、送气、清、塞音：

　　2. 舌尖中、不送气、清、塞音：

　　3. 舌尖中、送气、清、塞音：

六、请用文字描写出下列声母的发音部位及发音方法。

　　1. b [p] _____

　　2. g [k] _____

　　3. t [t'] _____

　　4. p [p'] _____

　　5. d [t] _____

七、听写下列声母。

　　1. b　　2. k　　3. d　　4. p　　5. t　　6. g

八、听读音节练习。

　　第一组

　　1. bàn——pàn　　伴——盼　　2. pá——bá　　爬——拔

　　3. bào——pào　　报——炮　　4. pó——bó　　婆——博

5. pái——bái　　排——白　　　6. bīn——pīn　　宾——拼
7. bēn——pēn　　奔——喷　　　8. bèng——pèng　泵——碰
9. bī——pī　　　逼——披　　　10. piāo——biāo　漂——彪

第二组

1. bǐ——dǐ　　　笔——底　　　2. qǐ——dǐ　　　企——抵
3. bà——pà　　　爸——怕　　　4. bǎi——dǎi　　摆——歹
5. bǎn——dǎn　　板——胆　　　6. bāo——dāo　　包——刀
7. bèng——dèng　泵——邓　　　8. diàn——biàn　店——便
9. dǔ——bǔ　　　堵——补　　　10. diē——biē　　爹——憋
11. běi——děi　　北——得　　　12. dǐng——tǐng　鼎——挺

第三组

1. dā——tā　　　搭——他　　　2. dǎo——tǎo　　岛——讨
3. dài——tài　　代——太　　　4. tāng——dāng　汤——当
5. tào——dào　　套——到　　　6. dì——tì　　　地——替
7. tiān——diān　天——颠　　　8. tiē——diē　　贴——跌
9. diào——tiào　掉——跳　　　10. tǐng——dǐng　挺——顶
11. dǒng——tǒng　懂——桶　　　12. tù——dù　　　兔——度
13. tòu——dòu　　透——豆　　　14. dūn——tūn　　蹲——吞
15. pǔ——dǔ　　　谱——堵　　　16. dú——tú　　　读——图
17. tuō——duō　　拖——多　　　18. guò——kuò　　过——扩

第四组

1. gāi——kāi　　该——开　　　2. kān——gān　　刊——干
3. gàng——kàng　杠——抗　　　4. gǎo——kǎo　　搞——考
5. gè——kè　　　各——课　　　6. kēng——gēng　坑——耕
7. gǒu——kǒu　　狗——口　　　8. gǔ——kǔ　　　谷——苦
9. gōng——kōng　宫——空　　　10. gū——kū　　　姑——哭
11. guā——kuā　　瓜——夸　　　12. guài——kuài　怪——快
13. kuān——guān　宽——关　　　14. guī——kuī　　归——亏
15. kuò——guò　　扩——过　　　16. gāng——kāng　钢——康

九、朗读下列词语。

1. bīpò　　（逼迫）　　　　bèipò　　（被迫）
   bàopī　　（报批）　　　　bǐpīn　　（比拼）

2. dàngtiān   （当天）   děngtóng   （等同）
   dútè   （独特）   diàntī   （电梯）
3. gǎngkǒu   （港口）   gùkè   （顾客）
   gàikuàng   （概况）   guǎngkuò   （广阔）
4. Běidà   （北大）   bàodào   （报道）
   bìngdú   （病毒）   bōdòng   （波动）
5. bàogào   （报告）   bàn ge   （半个）
   bàngōng   （办公）   biǎogé   （表格）
6. bàituō   （拜托）   bù tuǒ   （不妥）
   bǎntú   （版图）   biǎotài   （表态）
7. kèbiǎo   （课表）   kànbìng   （看病）
   kǒngbù   （恐怖）   kòngbái   （空白）
8. dēngguāng   （灯光）   dài gěi   （带给）
   dìnggòu   （订购）   dàngāo   （蛋糕）
9. dāpèi   （搭配）   dǎ pò   （打破）
   diànpù   （店铺）   dǎpái   （打牌）
10. dá tí   （答题）   dǎtōng   （打通）
    dìtǎn   （地毯）   dàotuì   （倒退）
11. duàn kāi   （断开）   dòngkǒu   （洞口）
    duōkuī   （多亏）   dùkǒu   （渡口）
12. gǔpǔ   （古朴）   gōngpíng   （公平）
    gǔpiào   （股票）   gòu piào   （购票）
13. guótǔ   （国土）   gòngtóng   （共同）
    gōutōng   （沟通）   gāngtiě   （钢铁）
14. dàibiǎo   （代表）   dédào   （得到）
    diàndēng   （电灯）   diāokè   （雕刻）
    guīdìng   （规定）   kāidòng   （开动）

十、朗读下列词语，然后在括号中写出下列词语的声母。

1. 瀑布（　）（　）　　2. 大概（　）（　）
3. 不懂（　）（　）　　4. 旁边（　）（　）
5. 代替（　）（　）　　6. 特点（　）（　）
7. 开关（　）（　）　　8. 代表（　）（　）

9. 德国（   ）（   ）　　10. 感叹（   ）（   ）
11. 古典（   ）（   ）　　12. 报刊（   ）（   ）
13. 各地（   ）（   ）　　14. 天空（   ）（   ）
15. 贷款（   ）（   ）　　16. 考题（   ）（   ）
17. 听懂（   ）（   ）　　18. 课堂（   ）（   ）
19. 个体（   ）（   ）　　20. 的确（   ）（   ）
21. 空格（   ）（   ）　　22. 端口（   ）（   ）

十一、熟读以下绕口令。

1. biǎndàn cháng, bǎndèng kuān　扁担长，板凳宽

   biǎndàn cháng, bǎndèng kuān,
   bǎndèng méiyǒu biǎndàn cháng,
   biǎndàn méiyǒu bǎndèng kuān.
   biǎndàn yào bǎng zài bǎndèng shang,
   bǎndèng piān **bú** ràng biǎndàn bǎng zài bǎndèng shang.
   扁担长，板凳宽，板凳没有扁担长，扁担没有板凳宽。
   扁担要绑在板凳上，板凳偏不让扁担绑在板凳上。

2. gēge kuà kuāng guò kuān gōu　哥哥挎筐过宽沟

   gēge kuà kuāng guò kuān gōu,
   kuài guò kuān gōu kàn guài gǒu,
   guāng kàn guài gǒu guā kuāng kòu,
   guā gǔn kuāng kòu gē guài gǒu.
   哥哥挎筐过宽沟，快过宽沟看怪狗，
   光看怪狗瓜筐扣，瓜滚筐扣哥怪狗。

十二、背诵下面的诗歌。

Cháng Gē Xíng	长歌行
(Hàn YuèFǔ)	（汉乐府）
Bǎi chuān dōng dào hǎi,	百川东到海，
Hé shí fù xī guī?	何时复西归？
Shào zhuàng bù nǔlì,	少壮不努力，
Lǎo dà tú shāng bēi.	老大徒伤悲。

3.2.3.2 擦音

发擦音时，气流受到阻碍的部位接近，留下一道很小的缝隙（fèng xì），气流从缝隙之间挤压出来时摩擦而发出声音。普通话声母中擦音共有 6 个：f [f]、s [s]、sh [ʂ]、r [ʐ]、x [ɕ]、h [x]。

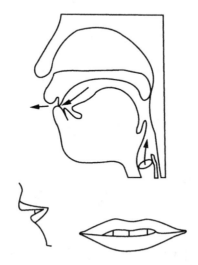

图 3.2.3-7　f [f] 发音示意图

f [f] **唇齿、清、擦音**。发音时，把上齿轻轻地放在下唇上，气流从下引出，不颤动声带，气流从上齿与下唇之间的缝隙之间挤擦而出。

【听读练习】fà（发）　féi（肥）　fáng（房）　fó（佛）　fǔ（府）

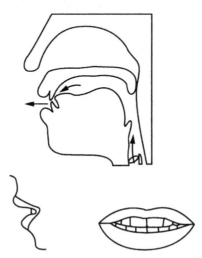

图 3.2.3-8　s [s] 发音示意图

s [s] **舌尖前、清、擦音**。发音时，双唇张开一点儿，舌尖轻轻地

接触到齿背，气流从舌尖与上齿背之间的缝隙中摩擦形成声音，发音时声带不颤动。

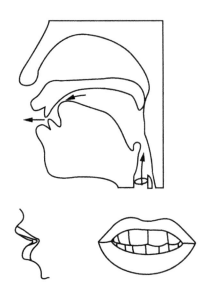

图 3.2.3-9　sh [ʂ] 发音示意图

sh [ʂ] **舌尖后、清、擦音**。发音时，双唇张开一点儿，**舌尖向上翘起一点儿**，**接近硬腭前部**，气流从舌尖与硬腭之间留出的窄缝中摩擦而出形成声音，发音时声带不颤动。有的外国学生由于受母语的影响，可能会把这个音发成舌叶音 [ʃ]①。最重要的是 sh [ʂ] 是舌尖向上翘，而不是舌叶向上抬起。发舌叶音时，舌叶上抬时舌尖是向下的。

【听读练习】sā——shā（撒——沙）
　　　　　　sàn——shàn（散——善）
　　　　　　sè——shè（色——设）
　　　　　　sī——shī（思——师）
　　　　　　suì——shuì（岁——睡）

---

①　英语的 she，ship，fish 中的 sh 就是发舌叶音 [ʃ]。舌叶音不是用舌尖，而是用舌尖后面一点儿的部位——舌叶向上抬起，靠近硬腭前，气流摩擦而形成的声音。汉语普通话没有舌叶音。

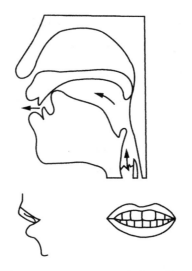

图 3.2.3-10　r [ʐ] 发音示意图

r [ʐ] **舌尖后、浊、擦音**。发音部位与 sh [ʂ] 相同，所不同的是它是浊音，发音时声带要颤动，另外它的摩擦比 sh [ʂ] 要弱一些。当它与韵母组合在一起构成音节时，它的摩擦更小。

【听读练习】rì——shì（日——是）　　ruì——shuì（锐——睡）
　　　　　　rǎn——shǎn（染——闪）　ráo——sháo（饶——勺）
　　　　　　rén——shén（人——神）　rè——shè（热——社）
　　　　　　ròu——shòu（肉——受）　rù——shù（入——数）

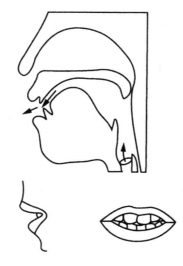

图 3.2.3-11　x [ɕ] 发音示意图

x[ɕ] **舌面、清、擦音**。发音时，双唇张开，舌面前部抬起使它接近硬腭，这时舌尖也就接触到下齿龈，气流从舌面前部与硬腭之间的窄缝中摩擦而出形成声音，发音时声带不颤动。当它与不同的韵母组合时，口形会有一点儿变化。例如它与 i 韵母组合时，两个嘴角会向后拉开一点儿，而它与撮口呼韵母相拼合时，如 xū 双唇突出，唇形有点儿圆。

【听读练习】xī（西）　xiá（霞）　xià（夏）
　　　　　　xī——xū（西——虚）　　xǐ——xǔ（洗——许）
　　　　　　xuàn（炫）　xún（旬）　xiāng（香）

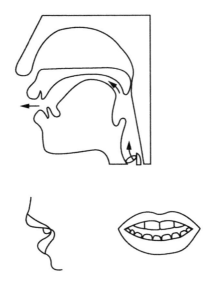

图3.2.3-12　h [x] 发音示意图

　　h [x] **舌根、清、擦音**。一般把它称为舌根音，实际上不可能用舌根发音，而是用舌面后部。发音时，舌面后部向后隆起，接近软腭，此时舌尖是向下的，气流从舌面后部与软腭之间的窄缝中摩擦而出形成声音，发音时声带不颤动。

【听读练习】hē（喝）　hé（和）　hèng（横）
　　　　　　hā——fā（哈——发）　　hēi——fēi（黑——飞）
　　　　　　huó——fó（活——佛）　　háng——fáng（航——房）

思考与练习（10）

一、普通话声母中有哪几个擦音？

二、舌尖前擦音与舌尖后擦音在发音部位上的差别是什么？

三、请按照文字描写，写出下列普通话的声母和它们的国际音标。

    1. 舌面、清、擦音：

    2. 舌尖后、浊、擦音：

    3. 唇齿、清、擦音：

    4. 舌尖后、清、擦音：

    5. 舌尖前、清、擦音：

    6. 舌根、清、擦音：

四、请跟着老师或者录音读下列声母或音节，或者自己练习下列声母或音节的发音。

    1. s——r   2. h——f   3. sh——s   4. s——sh

    5. r——sh   6. r——s   7. sh——r   8. x——s

    9. x——s——r   10. f——s——h   11. r——x——s——sh

    12. shī——shí——shǐ——shì 师——时——使——是

    13. sī——sǐ——sì 丝——死——四

    14. shēn——shén——shěn——shèn 身——神——沈——甚

    15. sī——shī 思——诗   sì——shì 四——事

        sǎ——shǎ 洒——傻   suí——shuí 随——谁

        sù——shù 素——数   sǔn——shùn 损——瞬

        sài——shài 赛——晒   shuì——suì 税——碎

        sè——shè 色——设   shuān——suān 拴——酸

        shì——rì 是——日   xī——sī 吸——思

        fēn——sēn 分——森   ruǎn——suàn 软——算

        shùn——rùn 顺——润

五、请听下列音节，然后把声母记录下来。

    1. 施——司（ ）（ ）   2. 说——缩（ ）（ ）

    3. 石——撕（ ）（ ）   4. 手——艘（ ）（ ）

    5. 西——飞（ ）（ ）   6. 冯——红（ ）（ ）

    7. 小——扰（ ）（ ）   8. 柔——首（ ）（ ）

    9. 混——顺（ ）（ ）   10. 送——荣（ ）（ ）

六、朗读下列词语。

    1. sīshì   （私事）   suànshù   （算术）

suíshí	（随时）	suīshuō	（虽说）
2. shuòshì	（硕士）	shǎoshù	（少数）
shǒushù	（手术）	shēnshì	（绅士）
3. shēnsī	（深思）	shísì	（十四）
shìsú	（世俗）	shòusǔn	（受损）
shēnsù	（申诉）	shísù	（食宿）
4. Sānxīng	（三星）	suǒxū	（所需）
sōuxún	（搜寻）	sūxǐng	（苏醒）
Sānxiá	（三峡）	suǒxìng	（索性）
5. xiàshǔ	（下属）	xuéshēng	（学生）
xiūshì	（修饰）	xiāngshuǐ	（香水）
xiāoshòu	（销售）	xīnshǎng	（欣赏）
6. fāngfǎ	（方法）	fēngfù	（丰富）
7. fēnshù	（分数）	fǎnsī	（反思）
fěnsī	（粉丝）	fángshēn	（防身）
8. shìrén	（世人）	shīrén	（诗人）
sīrén	（私人）	sì rén	（四人）
9. suīrán	（虽然）	shēngrì	（生日）
10. fánsuǒ	（烦琐）	fàngsōng	（放松）
fēisù	（飞速）	fēngsuǒ	（封锁）
11. hùshi	（护士）	hǎoshì	（好事）
huànsuàn	（换算）	huàn shàng	（换上）
héshì	（合适）	hūshì	（忽视）
12. huífù	（回复）	héfǎ	（合法）
hàofèi	（耗费）	huàfèi	（话费）
13. xiāofèi	（消费）	xuéfèi	（学费）
xīfāng	（西方）	xiānfēng	（先锋）
14. róushùn	（柔顺）	rè shuǐ	（热水）
15. huànsuànfǎ	（换算法）	fèi xīnsi	（费心思）
fàngsōng shí	（放松时）	hǎo xuéshēng	（好学生）
fěnhóngsè	（粉红色）	xúnhuánsài	（循环赛）
16. rǎn rǎn shēng qǐ	（冉冉升起）	fèn fā xiàng shàng	（奋发向上）

sì shì ér fēi　　　（似是而非）　xùnsù fǎnhuí　　　　（迅速返回）

七、朗读下列词语并在括号中写出下列词语的声母。

1. 事实（　）（　）　　2. 深入（　）（　）
3. 算法（　）（　）　　4. 师范（　）（　）
5. 黑色（　）（　）　　6. 俗话（　）（　）
7. 后方（　）（　）　　8. 学士（　）（　）
9. 发现（　）（　）　　10. 显示（　）（　）
11. 飞翔（　）（　）　　12. 先锋（　）（　）
13. 相反（　）（　）　　14. 复苏（　）（　）
15. 上述（　）（　）　　16. 四岁（　）（　）
17. 绳索（　）（　）　　18. 人参（　）（　）
19. 复述（　）（　）　　20. 发誓（　）（　）
21. 染色（　）（　）　　22. 虽然（　）（　）
23. 繁荣（　）（　）　　24. 防范（　）（　）

八、熟读下列句子，注意声母 f 和 h 的发音。

1. Zhè **bú** shì wǒ de fàn wǎn, shuí bǎ wǒ de wǎn huàn le?
   这 不 是 我 的 饭 碗， 谁 把 我 的 碗 换 了？

2. Bànyǎn fànrén de yǎnyuán huàn rén le.
   扮演 犯人 的 演员 换 人 了。

3. Jìn jǐ nián yìshù chǎnyè fāzhǎn hěn kuài, gè zhǒng huà zhǎn
   近几年 艺术 产业 发展 很 快， 各 种 画 展
   jǔbànle hěn duō.
   举办 了 很 多。

4. Fāng lǎoshī fǔdǎo wǒ huà lǎohǔ, Huáng lǎoshī fǔdǎo wǒ huà
   方 老师 辅导 我 画 老虎， 黄 老师 辅导 我 画
   lǎoshǔ.
   老 鼠。

5. Zhǔfù suǒyǒu zhùhù, hùzhù hézuò, hùxiāng bāngzhù, gòngtóng
   嘱咐 所有 住户， 互助 合作， 互相 帮 助， 共 同
   dùguò hándōng.
   度过 寒冬。

6. Shǎo shuō fèihuà, gǎnkuài liànxí huìhuà.
   少 说 废话， 赶快 练习 会话。

九、练习读以下绕口令。

1. Sì hé shí 四 和 十

   Sì shì sì, shí shì shí, shí sì shì shísì, sìshí shì sìshí,
   Shéi néng shuō zhǔn sìshí、shísì、sìshísì,
   Shéi lái shì yī shì,
   Shéi shuō shísì shì sìshí, jiù dǎ shuí shísì,
   Shéi shuō sìshí shì xì xí, jiù dǎ shuí sìshí.
   四是四，十是十，十四是十四，四十是四十，
   谁能说准四十、十四、四十四，谁来试一试，
   谁说十四是四十，就打谁十四，
   谁说四十是细席，就打谁四十。

2. Huàféi 化 肥

   Hēi huàféi fā huī, huī huàféi fā hēi.
   Hēi huàféi fā hēi bù fā huī, huī huàféi fā huī bù fā hēi.
   黑化肥发灰，灰化肥发黑。
   黑化肥发黑不发灰，灰化肥发灰不发黑。

十、朗读以下中国古代诗词名篇。

| Huànxīshā | 浣溪沙 |
| Yàn Shū | ［宋］晏殊 |

Yī qǔ xīn cí jiǔ yì bēi,　　一曲新词酒一杯，
Qùnián tiānqì jiù tíngtái,　　去年天气旧亭台，
Xīyáng xī xià jǐshí huí?　　夕阳西下几时回？
Wú kě nài hé huā luò qù,　　无可奈何花落去，
Sì céng xiāngshí yàn guīlái,　　似曾相识燕归来，
Xiǎo yuán xiāng jìng dú páihuái.　　小园香径独徘徊。

| Liángzhōucí | 凉州词 |
| Wáng Zhīhuàn | ［唐］王之涣 |

Huánghé yuǎn shàng bái yún jiān,　　黄河远上白云间，
Yí piàn gū chéng wàn rèn shān.　　一片孤城万仞山。

Qiāngdí hé xū yuàn yángliǔ, 羌笛何须怨杨柳，
Chūnfēng **bú** dù Yùménguān. 春风不度玉门关。

3.2.3.3 塞擦音

塞擦音是塞音和擦音两种发音方法快速结合而发出的音，发塞擦音之前，气流受到阻碍的部位靠拢形成了堵塞，气流达到阻碍部位时，先冲出一道很小的缝隙，气流很快地从缝隙之间挤压出来摩擦而发出声音。塞擦音虽然是两种发音方法结合形成的声音，国际音标也用两个符号来表示，但是由于两个动作结合得很紧密，听不出是两个音素，仍是一个音素。汉语普通话中有6个塞擦音：z [ts]、c [ts']、zh [tʂ]、ch [tʂ']、j [tɕ]、q [tɕ']。

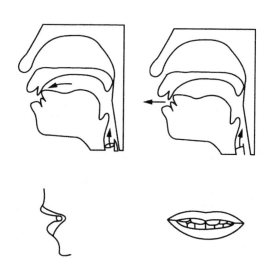

图3.2.3–13　　[ts] 发音示意图

z [ts] **舌尖前、不送气、清、塞擦音**。发音时，舌尖抵住上齿龈或上齿背，形成堵塞，气流一开始冲出一条窄缝，然后很快地从缝隙中挤压而出。注意，发音时声带不颤动。有的外国学生受自己母语的影响，发这个音时，会颤动声带，发成浊塞擦音 [dz]。

【听读练习】zī——zǐ——zì（资——紫——字）
　　　　　　zā——zá（扎——砸）　　zū——zǔ（租——组）
　　　　　　zán——zàn（咱——赞）　zāi——zéi（栽——贼）
　　　　　　záo——zào（凿——造）　zé——zè（则——仄）

zēng——zèng（曾——赠） zōng——zǒng（宗——总）
zǒu——zòu（走——揍） zuàn——zuǎn（钻——纂）
zuǐ——zuì（嘴——最）

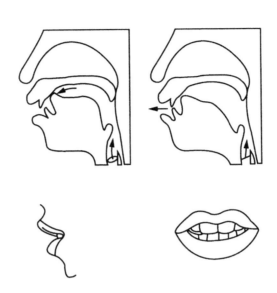

图 3.2.3-14 zh [tʂ] 发音示意图

zh [tʂ] **舌尖后、不送气、清、塞擦音**。发音时，舌尖上翘，抵住硬腭前部，形成堵塞，气流一开始冲出一条窄缝，然后很快地从缝隙中挤压而出，发音时声带不颤动。发这个音有两点要注意：

第一，很多人分不清这个音与舌尖前音 z [ts] 的区别，zh [tʂ] 是舌尖后音，整个舌头要往后一点，舌尖上翘，舌尖接触的部位是硬腭前部。

第二，发这个音时，要与浊塞擦音 [dʒ] 区别开来，zh [tʂ] 是清辅音，声带不颤动，嘴唇大多数情况下也不向外突出，只有与 u 相拼发 zhu 时，嘴唇才会向外突出一点儿。

【听读练习】zhī—zhí—zhǐ—zhì（知——值——止——至）
zī——zhī（资——知）   zì——zhì（字——至）
zā——zhā（扎——渣）   zài——zhài（载——债）
zé——zhé（则——哲）   zèng—zhèng（赠——正）
zuó——zhuó（昨——浊） zuì——zhuì（最——缀）

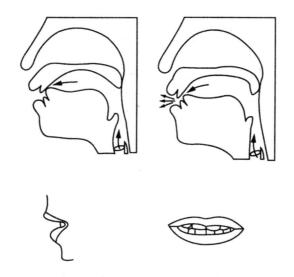

图 3.2.3–15　c [ts'] 发音示意图

　　c [ts']　舌尖前、送气、清、塞擦音。发音时，舌尖抵住上齿龈或上齿背，形成堵塞，用一股比较强的气流冲出一条窄缝，然后气流很快地从缝隙中挤压而出。注意发这个音时，舌尖抵住上齿背时不能太用力；另外，不是用舌叶（即舌尖后面一点的那一部分）去抵住发音部位。

　　发这个音有困难的学生，可以先发 s [s]，再练习发 c [ts']。因为它的发音部位与 [s] 是一样的，但发 c [ts'] 时舌尖与上齿背是接触的，一开始要形成阻碍，由于有阻碍，气流要冲破阻碍，气流要强一些。

【听读练习】cī——cí——cǐ——cì（疵——词——此——次）

　　　　　　cāi——cái——cǎi——cài（猜——才——采——菜）

　　　　　　zì——cì（字——次）

　　　　　　zuò——cuò（做——错）

　　　　　　cè——zè（册——仄）

　　　　　　zuì——cuì（最——翠）

　　　　　　zuàn——cuàn（钻——窜）

　　　　　　cū——zū（粗——租）

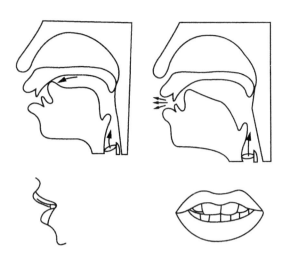

图 3.2.3–16 ch [tʂ'] 发音示意图

ch [tʂ'] 舌尖后、送气、清、塞擦音。发音时，舌尖上翘，抵住硬腭前部，形成堵塞，一开始用一股较强的气流冲出一条窄缝，然后很快地从缝隙中挤压而出，发音时声带不颤动。

【听读练习】chī——chí——chǐ——chì （吃——驰——齿——翅）
　　　　　　chā（差）　chái（柴）　chàn（颤）
　　　　　　chū（出）　chún（纯）
　　　　　　cháng（长）　cháo（朝）
　　　　　　chē——chè（车——彻）
　　　　　　chéng——chóu——chóng （成——仇——虫）
　　　　　　chuán——chuáng（传——床）

与 zh [tʂ] 相比，它们的发音部位是一样的，只是 ch [tʂ'] 是送气音，气流比较强，气流摩擦的时间要略长一些。

【听读练习】zhī——chī（知——吃）　zhǐ——chǐ（只——齿）
　　　　　　zhā——chā（渣——插）　zhě——chě（者——扯）
　　　　　　zhuǎn——chuǎn（转——喘）
　　　　　　zhuàng——chuàng（壮——创）

与 c [ts'] 相比，它的发音部位不一样，发 ch [tʂ'] 时舌尖需要上翘，抵住硬腭前部。

【听读练习】cí——chí（词——池）　　cǐ——chǐ（此——齿）
　　　　　　cā——chā（擦——插）　　cái——chái（才——柴）
　　　　　　càn——chàn（灿——颤）　cè——chè（册——彻）
　　　　　　cuī——chuī（崔——吹）　cáo——cháo（曹——朝）
　　　　　　cāng——chāng（仓——昌）

需要注意的是，有的语言中有舌叶塞擦音［tʃ'］，而没有舌尖后塞擦音 ch［tʂ'］，有的外国学生受到自己母语的影响，会把汉语普通话中的 ch［tʂ'］发成舌叶塞擦音［tʃ'］。它们之间的差别在于发音部位上的区别。发 ch［tʂ'］时不是用舌叶去抵住硬腭前部，而是要用舌尖上翘抵住硬腭前部。发［tʃ'］音时，舌尖向下，用舌尖后面一点的那一部分接触到下齿龈或者接触到下齿背。

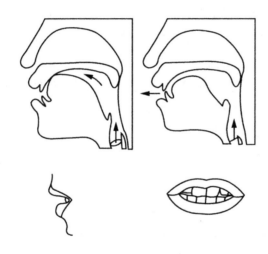

图3.2.3-17　j［tɕ］发音示意图

j［tɕ］**舌面、不送气、清、塞擦音**。发音时，舌头抬起来，用舌面前部抵住硬腭前部，形成阻碍，气流向上引出，第一步气流冲出一道很小的缝隙，第二步气流很快地从缝隙之间挤压出来摩擦而发出声音，发音时声带不颤动。

【听读练习】jū——jī（居——鸡）
　　　　　　jiā（家）　　jiào（叫）　　jiàng（酱）
　　　　　　jié（节）　　jiě（姐）　　jiū（究）
　　　　　　jué（觉）　　jùn（俊）　　juàn（圈）

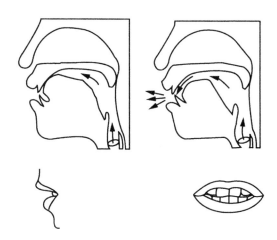

图 3.2.3-18 q [tɕ'] 发音示意图

q [tɕ'] **舌面、送气、清、塞擦音**。发音时，舌头抬起来，用舌面前部抵住硬腭前部，形成阻碍，开始时用一个较强的气流冲出一条窄缝，然后很快地从缝隙中挤压而出，发音时声带不颤动。

很多语言没有这个音，汉语有些方言中也没有这个音，例如粤方言中就没有这个音。有的学生发这个音有一定的困难。要发好这个音，关键还在于掌握好发音的部位。有的语言中有舌叶送气的塞擦音 [tʃ']，发 q [tɕ'] 时是用舌面前部抵住硬腭前部（舌面前部是比舌叶更往舌头后面一点的部位）。发这个音时，舌尖是向下的，接触到下齿龈或者接触到下齿背。

【听读练习】qī——jī（期——鸡）

qū——jū（区——居）

qiǎ——jiǎ（卡——假）

qiào——jiào（窍——叫）

qiàn——jiàn（欠——见）

qìng——jìng（庆——静）

qiāng——jiāng（枪——江）

qiě——jiě（且——姐）

qiū——jiū（秋——纠）

quàn——juàn（劝——倦）

qǐ——jǐ（起——挤）

jiè——qiè（借——窃）

思考与练习（11）

一、普通话的塞擦音有哪几个？

二、塞擦音是一个音素还是两个音素？

三、请跟着老师或者录音读下列声母或音节，或者自己练习下列声母或音节的发音。

1. z——c 2. j——q 3. ch——zh 4. z——ch
5. z——zh 6. q——j 7. ch——z 8. z——j
9. c——zh——z 10. ch——z——zh 11. q——z——j
12. zuò——cuò 坐——错 13. zài——cài 在——菜
14. zán——cán 咱——残 15. zuì——cuì 最——翠
16. zōng——cōng 宗——聪 17. jǐ——qǐ 几——起
18. zhè——chè 这——彻 19. zhōng——chōng 中——冲

四、请听下列音节，然后把声母记录下来。

1. 宗——虫（ ）（ ） 2. 句——去（ ）（ ）
3. 出——猪（ ）（ ） 4. 产——战（ ）（ ）
5. 就——球（ ）（ ） 6. 尊——村（ ）（ ）
7. 准——蠢（ ）（ ） 8. 传——转（ ）（ ）
9. 擦——咋（ ）（ ） 10. 建——欠（ ）（ ）
11. 劝——卷（ ）（ ） 12. 川——专（ ）（ ）

五、朗读下列词语。

1. zìcí　　（字词）　　　　zài cǐ　　（在此）
   zǎocān　（早餐）　　　　zuò cuò　（做错）
   zuǒ cè　（左侧）　　　　zūncóng　（遵从）

2. cáizǐ　　（才子）　　cízǔ　　（词组）　　cuòzì　　（错字）
   cāozuò　（操作）　　cáozá　（嘈杂）　　cúnzài　（存在）

3. zázhì　　（杂志）　　zǔzhī　（组织）　　zǒngzhī　（总之）
   zuòzhě　（作者）　　zūnzhòng（尊重）　　zēngzhǎng（增长）

4. cáichǎn　（财产）　　cùchéng（促成）　　cíchǎng　（磁场）
   cúnchǔ　（存储）　　cānchē　（餐车）　　cāi chū　（猜出）

5. chéngzhǎng（成长）　　cházhǎo（查找）　　chǔzhì　（处置）

chūzhōng	（初中）	chéngzhèn	（城镇）	chuánzhēn	（传真）
6. jīqì	（机器）	jíqí	（极其）	jiāqiáng	（加强）
jìqiǎo	（技巧）	jīnqián	（金钱）	jiànquán	（健全）
7. zèngsòng	（赠送）	zǐsè	（紫色）	zēngsù	（增速）
zǔsè	（阻塞）	zǒusī	（走私）	zǔsūn	（祖孙）
8. chǎnshēng	（产生）	chángshí	（常识）	chéngshì	（城市）
chuánshuō	（传说）	chǎngshāng	（厂商）	chōngshí	（充实）
9. zhīshi	（知识）	zhè shì	（这是）	zhāshi	（扎实）
zhāoshōu	（招收）	zhèngshì	（正式）	zhíshǔ	（直属）
10. záshì	（杂事）	zìshù	（字数）	zǎoshang	（早上）
zànshí	（暂时）	zāoshòu	（遭受）	zīshēn	（资深）

六、朗读下列词语然后在括号中写出下列词语的声母。

1. 清楚（   ）（   ）　　2. 亲自（   ）（   ）
3. 阻止（   ）（   ）　　4. 最终（   ）（   ）
5. 操纵（   ）（   ）　　6. 自主（   ）（   ）
7. 重视（   ）（   ）　　8. 超市（   ）（   ）
9. 资产（   ）（   ）　　10. 茶场（   ）（   ）
11. 再次（   ）（   ）　　12. 出奇（   ）（   ）
13. 消失（   ）（   ）　　14. 申请（   ）（   ）
15. 其次（   ）（   ）　　16. 四声（   ）（   ）
17. 资深（   ）（   ）　　18. 思绪（   ）（   ）
19. 索取（   ）（   ）　　20. 慈善（   ）（   ）

七、练习读以下绕口令。

Cán Hé Chán　　　　　　　　　　　**蚕和蝉**

Zhè shì cán, nà shì chán,　　　　　　这是蚕，那是蝉，
Cán cháng zài yè li cáng,　　　　　　蚕常在叶里藏，
Chán cháng zài lín li chàng.　　　　蝉常在林里唱。

八、背诵以下两首唐代诗人的诗和几句古诗名句。

Chūn Xiǎo　　　　　　　　　　　**春晓**

Mèng Hàorán　　　　　　　　　　　孟浩然

Chūn mián bù jué xiǎo,　　　　　　春眠不觉晓，

Chù chù wén tí niǎo. 处处闻啼鸟。
Yè lái fēngyǔ shēng, 夜来风雨声，
Huā luò zhī duōshǎo. 花落知多少。

Jìng Yè Sī 静夜思
Lǐ Bái 李白

Chuáng qián míng yuè guāng, 床前明月光，
Yí shì dì shàng shuāng. 疑是地上霜。
Jǔ tóu wàng míng yuè, 举头望明月，
Dī tóu sī gùxiāng. 低头思故乡。

Míngjù Zhīyī 名句之一
Lǐ Bái 李白

Chōu dāo duàn shuǐ shuǐ gèng liú, 抽刀断水水更流，
Jǔ bēi jiāo chóu chóu gèng chóu. 举杯浇愁愁更愁。

Míngjù Zhī'èr 名句之二
Bái Jūyì 白居易

Yěhuǒ shāo **bú** jìn, 野火烧不尽，
Chūnfēng chuī yòu shēng. 春风吹又生。

九、熟读宋代著名词人李清照的词。

Shēng Shēng Màn · Xún Xún Mì Mì 声声慢·寻寻觅觅
Lǐ Qīngzhào 李清照

Xúnxún mìmì, lěnglěng qīngqīng, 寻寻觅觅，冷冷清清，
Qīqī cǎncǎn qīqī. 凄凄惨惨戚戚。
Zhà nuǎn huán hán shíhou, 乍暖还寒时候，
Zuì nán jiāngxī. 最难将息。
Sān bēi liǎng zhǎn dàn jiǔ, 三杯两盏淡酒，
Zěn dí tā wǎn lái fēng jí? 怎敌他晚来风急？
Yàn guò yě, zhèng shāngxīn, 雁过也，正伤心，
Què shì jiùshí xiāngshí. 却是旧时相识。
Mǎn dì huánghuā duījī, qiáocuì sǔn, 满地黄花堆积，憔悴损，
Rújīn yǒu shuí kān zhāi? 如今有谁堪摘？
Shǒu zhe chuāng ér, 守着窗儿，
Dúzì zěn shēngde hēi! 独自怎生得黑！

Wútóng gèng jiān xì yǔ,　　　　　梧桐更兼细雨，
Dào huánghūn、diǎndiǎn dīdī.　　到黄昏、点点滴滴。
Zhè cìdì, zěn *yí* gè chóu zì liǎode!　这次第，怎一个愁字了得！

3.2.3.4　鼻音

发鼻音时，软腭与小舌下降，打开鼻腔通道，口腔中发音部位闭塞，气流振动声带，从鼻腔发出声音来。普通话鼻音声母有2个：m [m]、n [n]。-ng [ŋ] 也是鼻辅音，但是在普通话中它不做声母，只做韵尾，只是在有的汉语方言中可以做声母。

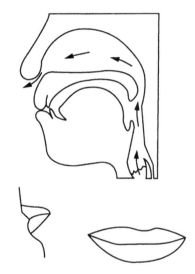

图3.2.3-19　m [m] 发音示意图

m [m] **双唇、浊、鼻音**。发音时，双唇闭合，软腭和小舌下垂，打开鼻腔通道，气流上引，颤动声带，气流从鼻腔里出来形成鼻音。m [m] 在普通话中都是做声母的，后面都要跟韵母。当 m [m] 声母与韵母组合形成音节时，双唇的阻碍要解除，与韵母自然结合形成一个音节。如：mā（妈）。

【听读练习】mā（妈）　mó（魔）　mǐ（米）　mù（木）
　　　　　　mán（蛮）　méng（盟）

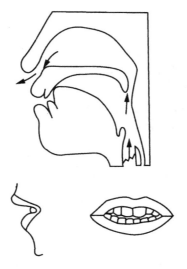

图 3.2.3-20 n [n] 发音示意图

n [n] **舌尖中、浊、鼻音**。发音时，舌尖抬起，舌尖及舌尖前面一部分抵住上齿龈，形成阻碍，软腭和小舌下垂，打开鼻腔通道，气流上引，颤动声带，气流从鼻腔里出来形成鼻音。n [n] 主要是充当声母的，也可以充当韵尾。充当声母时，要与后面的韵母自然结合形成一个音节，在与韵母结合时，阻碍要消除。如：nà（那）。

有的语言中没有 n [n]，汉语南方有些方言中也没有这个鼻音声母，有的学生会把 n [n] 读成边音 l [l]。这个音的发音要领是要有意识地控制软腭和小舌，使它们下降，使气流从鼻腔中出来。

【听读练习】 nǎ（哪） nǐ（你） nù（怒） nǚ（女）
nüè（虐） nuó（挪）
mǎ——nǎ（马——哪） mà——nà（骂——那）
mǎi——nǎi（买——奶） mó——nuó（摩——挪）
mǐ——nǐ（米——你） mì——nì（秘——逆）
mǔ——nǔ（母——努） mù——nù（木——怒）

朗读下列诗歌名句。

Nián nián suì suì huā xiāngsì,　　年年岁岁花相似，
Suì suì nián nián rén bù tóng.　　岁岁年年人不同。

（唐·刘希夷《白头吟》）

3.2.3.5 边音

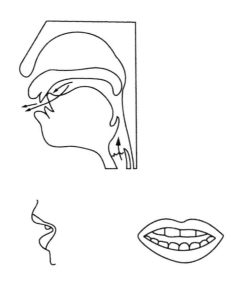

图 3.2.3-21　l [l] 发音示意图

l [l] **舌尖中、浊、边音**。发边音时,舌尖轻轻抵住上齿龈(也可以抵住硬腭前部),软腭和小舌上升,堵住鼻腔通道,气流振动声带,气流从舌头的两边通过。

鼻音声母 n [n] 与边音声母 l [l] 是比较容易混淆的两个声母。有的学习者由于受母语的影响,会把这两个音混淆在一起。这两个音应当是同一个发音部位,主要是要学会控制软腭和小舌,当发鼻音 n [n] 时,软腭和小舌要下垂,打开鼻腔通道,气流从鼻腔里出来;而发边音声母 l [l] 时,软腭和小舌要上升,堵住鼻腔通道,气流从口腔里出来。关键就在于训练灵活自如地控制软腭和小舌的上升与下降,控制气流从鼻腔或者从口腔出来。容易把边音发为鼻音的初学者可以采用一个笨办法,发边音 l [l] 时,用手捏住鼻子,这样气流就不可能从鼻腔里出来了。不会发边音的人还可以有意识地把舌尖往后移动一点儿,让它抵住硬腭前部,使口腔空出更过的空隙,让气流从口腔通过;而发鼻音时舌尖前移,用整个舌尖前部堵住口腔,不让气流从口腔出来。①

【听读练习】l——n, n——l
　　　　　　lǎ——nǎ(喇——哪)　　là——nà(辣——那)

---

① 本来这两个音发音部位是一样的,舌尖抵住的部位都是一致的,但这样更容易发出这两个音来。

lài——nài（赖——耐）　　lǐ——nǐ（里——你）
lì——nì（立——腻）　　　lù——nù（路——怒）

　　鼻音声母 n 与边音声母 l 发音对大多数外国学生来说并不困难，因为很多语言中是有这两个不同的音的，困难的是要记住汉语中哪些字读鼻音声母 n，哪些汉字读边音声母 l。

　　请听读比较以下音节的声母：

lán（兰）——nán（男）　　nǚ（女）——lǚ（旅）
liè（列）——niè（聂）　　　nà（那）——là（辣）
luó（锣）——nuó（挪）　　lái（来）——nài（耐）

【听读练习】 nà——là（那——辣）　　nài——lài（耐——赖）
　　　　　　nuó——luó（挪——罗）　ní——lí（泥——离）
　　　　　　nǐ——lǐ（拟——里）　　 nú——lú（奴——炉）
　　　　　　nù——lù（怒——路）　　 nǚ——lǚ（女——旅）

【听读练习】 lóu——róu（楼——柔）　lòu——ròu（漏——肉）
　　　　　　lù——rù（路——入）　　lóng——róng（龙——容）
　　　　　　lè——rè（乐——热）　　lán——rán（蓝——然）

思考与练习（12）

一、请跟着录音读下列声母或音节，或者自己练习下列声母或音节的发音。

1. l——n　　　　2. r——l　　　　3. n——l　　　　4. n——r
5. n——r——l　　6. r——l——n　　7. l——r——n
8. nǐ——nǚ　　　你——女　　　liáng——niáng　　良——娘
9. nán——lán　　男——兰　　　rén——néng　　　人——能
10. ròu——lòu　　肉——漏　　　gǒu——lǒu　　　狗——搂
11. róu——lóu　　柔——楼　　　rǎo——lǎo　　　扰——老
12. nǎo——nù　　脑——怒　　　lù——rú　　　　路——如

二、请听下列音节，然后把声母记录下来。

1. 日——力（　）（　）　　2. 铝——女（　）（　）
3. 弱——诺（　）（　）　　4. 落——莫（　）（　）
5. 懒——满（　）（　）　　6. 你——米（　）（　）

7. 连——年（　　）（　　）　　8. 那——拉（　　）（　　）
9. 农——龙（　　）（　　）　　10. 妞——柳（　　）（　　）
11. 软——卵——暖（　　）（　　）（　　）
12. 民——林——您（　　）（　　）（　　）
13. 罗——挪——磨（　　）（　　）（　　）
14. 留——牛——谬（　　）（　　）（　　）
15. 论——润——嫩（　　）（　　）（　　）
16. 念——练——面（　　）（　　）（　　）

三、朗读下列词语。

1. liánluò　　（联络）　　lìliàng　　（力量）　　liúlì　　（流利）
   láilín　　（来临）　　liúlàng　　（流浪）　　lìlǜ　　（利率）
2. nánnǚ　　（男女）　　niánnèi　　（年内）　　niúnǎi　　（牛奶）
   néngnai　　（能耐）　　nínìng　　（泥泞）　　nà nián　　（那年）
3. miànmào　（面貌）　　mìmǎ　　　（密码）　　mǎimai　（买卖）
   mángmù　　（盲目）　　mìngmíng　（命名）　　měimiào　（美妙）
4. lǐniàn　　（理念）　　lìnián　　（历年）　　lǎonián　（老年）
   Liáoníng　（辽宁）　　liù nián　（六年）　　liúniàn　（留念）
   liánnián　（连年）　　láinián　　（来年）　　lěngnuǎn（冷暖）
5. núlì　　　（奴隶）　　nǎolì　　　（脑力）　　néngliàng（能量）
   nǔlì　　　（努力）　　niánlíng　（年龄）　　nèilù　　（内陆）
   nǚláng　　（女郎）　　niánlǎo　　（年老）　　nónglì　　（农历）
6. límíng　　（黎明）　　mìnglìng　（命令）　　liúmáng　（流氓）
7. lièrén　　（猎人）　　lìrùn　　　（利润）　　lìrú　　　（例如）
   lǎorén　　（老人）　　lìng rén　（令人）　　liǎng rén（两人）
8. rèliàng　　（热量）　　rénlèi　　（人类）　　róngliàng（容量）
   rènao　　　（热闹）　　ránliào　　（燃料）　　rìlì　　　（日历）
9. nèiróng　　（内容）　　nǚrén　　　（女人）　　niúròu　　（牛肉）
   nánrén　　（男人）　　néngrén　　（能人）　　nán rěn　（难忍）
10. róngnà　　（容纳）　　rěnnài　　（忍耐）　　rùnnián　（闰年）
11. rénmín　　（人民）　　rèmén　　　（热门）　　róngmào　（容貌）
12. měi rì　　（每日）　　míngrì　　（明日）　　měi rén　（每人）
13. měinǚ　　　（美女）　　mónǐ　　　（模拟）

14. Rénmín Lù　（人民路）　　　rěnnàilì　　（忍耐力）
    lǎoniánrén　（老年人）　　　máolìrùn　　（毛利润）
    méi nénglì　（没能力）　　　niánlìrùn　　（年利润）
    nǎlǐ rén　　（哪里人）　　　míngrénlù　　（名人录）
15. nánrén mèilì　（男人魅力）　niúròu lāmiàn　（牛肉拉面）
    lǐmiàn rén ne?（里面人呢？）méi rén lǐ nǐ. （没人理你。）

四、朗读下列词语并在括号中写出下列词语的声母。

1. 两人（　）（　）　　2. 美丽（　）（　）
3. 法律（　）（　）　　4. 妇女（　）（　）
5. 楼房（　）（　）　　6. 来宾（　）（　）
7. 明亮（　）（　）　　8. 牢固（　）（　）
9. 辣椒（　）（　）　　10. 朗诵（　）（　）
11. 列车（　）（　）　　12. 龙年（　）（　）
13. 鸟类（　）（　）　　14. 热量（　）（　）
15. 热烈（　）（　）　　16. 哪里（　）（　）
17. 恋人（　）（　）　　18. 烂泥（　）（　）
19. 列入（　）（　）　　20. 难忍（　）（　）
21. 敏锐（　）（　）　　22. 烈日（　）（　）
23. 染料（　）（　）　　24. 美容（　）（　）
25. 联盟（　）（　）　　26. 浪漫（　）（　）
27. 人力（　）（　）　　28. 难免（　）（　）

五、熟读下列句子，注意其中声母 l 和 r 的发音。

1. Zhèxiē ránliào ránshāo shí huì fàng chū jùdà de rèliàng.
   这些 燃料 燃烧 时会 放 出 巨大 的 热量。

2. Wǒ mǎile liǎng běn rìlì, yì běn liú gěi zìjǐ, yì běn sòng gěi biérén.
   我 买 了 两 本日历，一本 留 给 自己，一本 送 给 别人。

3. Lín Lìběn yǒu hěn duō Rìběn péngyǒu.
   林 立本 有 很 多 日本 朋 友。

4. Wǒ zuìjìn láolèi guòdù, xūyào qù zuò lǐliáo.
   我 最近 劳累 过度，需要 去 做 理疗。

5. Rì luò xīshān, yèwǎn láilín.
   日 落 西山，夜 晚 来临。

6. Tā **yí** cuò zài cuò, réngrán bù gǎi, ràng rén wúfǎ róngrěn.
   他 一 错 再 错， 仍 然 不 改， 让 人 无 法 容 忍。

7. Nǐmen wū de shuǐguǎn lòu **bú** lòu?
   你们 屋 的 水管 漏 不 漏？

8. Yī lóu cāntīng mài niúròu, èr lóu cāntīng mài zhūròu,
   一 楼 餐 厅 卖 牛 肉， 二 楼 餐 厅 卖 猪 肉，
   sān lóu cāntīng **bú** mài ròu.
   三 楼 餐 厅 不 卖 肉。

六、练习读以下绕口令。

Niúláng Liàn Liúniáng

Niúláng liàn Liú niáng,

Liú niáng niàn niúláng,

Niúláng niú nián liàn liú niáng,

Liú niáng nián nián niàn niúláng,

Láng liàn niáng lái niáng liàn láng,

Niàn niáng liàn niáng niàn láng liàn láng,

Niàn liàn niáng láng, rào bù yūn nǐ suàn wǒ bái máng.

牛郎恋刘娘

牛郎恋刘娘，

刘娘念牛郎，

牛郎牛年恋刘娘，

刘娘年年念牛郎，

郎恋娘来娘恋郎，

念娘恋娘念郎恋郎，

念恋娘郎，绕不晕你算我白忙。

Lǚkè Hé Yǔyī

旅客 和 雨衣

Nán lǚkè līn zhe lán lǐng nán yǔyī,
男 旅客 拎 着 蓝 领 男 雨衣，
Nǚ lǚkè ná zhe lǜ lǐng nǚ yǔyī,
女 旅客 拿 着 绿 领 女 雨衣，

Nán lǔkè shuō nǔ lǔkè de lù lǐng nǔ yǔyī yīshān lánlǔ,
男 旅客 说 女 旅客 的绿 领 女 雨衣衣衫 褴褛,
Nǔ lǔkè shuō nán lǔkè de lán lǐng nán yǔyī yīshān lánlǔ.
女 旅客 说 男 旅客 的 蓝 领 男 雨衣衣衫 褴褛。

Mén Wài Yǒu Liǎng Liàng Chē
门 外 有 两 辆 车

Mén wài yǒu liǎng liàng chē, nǐ ài lā nǎ liàng jiù lā nǎ liàng.
门 外 有 两 辆 车,你爱拉哪 辆 就拉哪 辆。

3.2.3.6 送气辅音与不送气辅音

以上我们已经介绍完 21 个声母的发音部位和发音方法,这里,我们再从以下两个方面对汉语普通话的 21 个声母总结一下,以加深大家的印象。

从发音方法的第二方面**气流的强弱**来看,普通话的声母中塞音和塞擦音声母可以分为**送气的和不送气**的两类。发送气音时,气流比较强一些;发不送气音时,气流比较弱一些。

普通话送气的塞音与不送气的塞音是很整齐地对应的,共有三组 6 个音:

塞音	不送气	b [p]	d [t]	g [k]
	送气	p [p']	t [t']	k [k']

普通话送气的塞擦音与不送气的塞擦音也是很整齐地对应的,也共有三组 6 个音:

塞擦音	不送气	z [ts]	zh [tʂ]	j [tɕ]
	送气	c [ts']	ch [tʂ']	q [tɕ']

从以上对立的声母可以看出,汉语辅音的送气音与不送气音对立是很明显的特点。有的语言中辅音的送气与不送气不是明显对立特征,甚至在有的情况下不区别意义,英语就是这样的语言。所以有的外国学生开始学习汉语时,对送气辅音与不送气辅音的感知不敏锐。有两种方法可以使学生明显地感觉到送气辅音与不送气辅音之间的差别。第一个方法是拿一张纸放在嘴前面,分别发汉语的 dà(大)和 tà(踏),dì(地)和 tì(替),这样就可以感觉到发送气音时纸在动。第二个方法是把

手掌放在自己的嘴前面分别发 d [t] 和 t [t'], z [ts] 和 c [ts'], j [tɕ] 和 q[tɕ'], 也能很明显地感觉到气流的强弱的区别。

3.2.3.7 清辅音与浊辅音

从发音方法的第三方面**声带是否颤动**来看, 普通话的声母可以分为**清辅音**和**浊辅音**声母两类, 声带不颤动的是清辅音, 声带颤动的是浊辅音。普通话声母中浊辅音只有 m、n、l、r 4个。

在不同的语言中辅音系统是有差别的, 英语的清辅音与浊辅音的对立是很整齐的。例如:

清	浊
[f] 唇齿清擦音 far, leaf	[v] 唇齿浊擦音 very, have
[θ] 齿尖清擦音 thing, birth	[ð] 齿尖浊擦音 this, with
[s] 舌尖前清擦音 see, song	[z] 舌尖前浊擦音 zero, zoo
[ʃ] 舌叶清擦音 ship, fish	[ʒ] 舌叶浊擦音 measuer
[p] 双唇送气清塞音 put, map	[b] 双唇不送气浊塞音 book, club

3.2.4 外国学生声母学习提示

3.2.4.1 第一大常见偏误: z、c 和 zh、ch

外国学生学习汉语声母的第一大常见偏误就是舌尖前音 z [ts] 和 c [ts'] 以及舌尖后音 zh [tʂ] 和 ch [tʂ']。亚洲的韩国、日本、泰国学生以及不少欧美学生学习这几个音都比较容易出现偏误。

汉语有的双音节词, 一个音节声母是 z [ts], 另一个音节声母是 zh [tʂ], 有的韩国学生会把该读 z [ts] 的音节的声母读为 zh [tʂ]。汉语有的双音节词, 一个音节声母是 c [ts'], 另一个音节声母是 ch [tʂ'], 有的韩国学生会把该读 c [ts'] 的音节的声母读为 ch [tʂ']。如把"赞成"的"赞 (zàn)"读为"zhàn", 把"措施"的"措 (cuò)"读为"chuò"。

尽管很多语言都有 s [s] 这个辅音, 但是这些语言中拼写为 si 的音节 [s] 是与舌面元音 [i] 相拼的, 与普通话并不相同, 所以这些国家的学生看到汉语拼音 si 音节时, 很容易就读为 [si], 而不是读普通话的 [sɿ]。[1]例如

---

[1] 汉语很多方言中也有 [si] 这样组合, 这样组合起来的音节属于中国传统语音学所称的"尖音"。如有的方言把"西、媳"读为 [si], 这样的读音在汉语中就叫尖音。

泰语中的 s 能与舌面前元音［i］组合，如泰语中有音节［siːɛ］。所以有的泰国人读汉语普通话中的 si 音节时，会受母语的影响读为［siː］。以英语为母语的外国人学习汉语时，也都比较容易把汉语拼音的 si 音节读为［si］。

泰语中有［tɕ］、［tɕʻ］和［s］，但是没有汉语普通话的舌尖前塞擦音 z［ts］、zh［tʂ］和舌尖后送气塞擦音 c［tsʻ］、ch［tʂʻ］这两组声母，也没有舌尖后擦音声母 sh［ʂ］。泰国人一开始学汉语时分不清这些音之间的差别，在他们听起来以为是泰语中 จ［tɕ］、ช［tɕʻ］和 ซ［s］这三个辅音，发音时也会用这三个音来代替这些音。具体的偏误对应情况如下表所示。

汉语	泰语	泰语的国际音标
z［ts］		
zh［tʂ］	จ	［tɕ］
j［tɕ］		
c［tsʻ］		
ch［tʂʻ］	ช	［tɕʻ］
q［tɕʻ］		
s［s］		
sh［ʂ］	ซ	［s］
x［ɕ］		

泰国学生学习汉语一段时间之后，能够分辨出汉语的这几组音的差别，但是发音上还是有偏误。常见的偏误类型有以下几种：

泰语中没有汉语的舌尖前音 z、c、s，有的泰国学生发汉语 zi［tsɿ］、ci［tsʻɿ］和 si［sɿ］音节时，会受泰语语音的影响，韵母会发为泰语特有的元音［ɯː］，这个韵母与声母之间还会加入一个短的［ə］；ci［tsʻɿ］的偏误情况有两种，详细情况见下表①：

---

① ［ɯ］是舌面、后、高、不圆唇元音，符号ː表示是长元音。泰国学生的语音偏误是我们与博士生泰国学生思美琴、硕士生泰国学生陈宗真一起讨论总结出的。

表 3.2.4–1　泰国学生发汉语 zi、ci、si 偏误表

汉语音节	泰国人偏误	例字	说明
zi [tsɿ]	[tsᵊɯː]	字	声母 z 与开口呼 -i [ɿ] 相拼时，读 [tsᵊɯː]①
ci [tsʻɿ]	[tsʻᵊɯː]	词	声母 c 与开口呼 -i [ɿ] 相拼时，读 [tsʻᵊɯː]
si [sɿ]	[sᵊɯː]	四	声母 s 与开口呼 -i [ɿ] 相拼时，读 [sᵊɯː]

舌尖后音 zh、ch、sh、r 也是泰国学生学习汉语比较困难的音。泰语中没有这几个音，泰国学生发 zhi、chi、shi、ri 时有两种偏误的情况，偏误形式请看下表：

表 3.2.4–2　泰国学生发汉语 zhi、chi、si、ri 偏误表

汉语音节	泰国人偏误		例字	说明
zhi [tʂʐ]	偏误之一	[tsᵊɯː]	知	声母 zh 与开口呼 -i [ʐ] 相拼时，读 [tsᵊɯː]
	偏误之二	[tʃɯː]	知	声母 zh 与开口呼 -i [ʐ] 相拼时，读 [tʃɯː]②
chi [tʂʻʐ]	偏误之一	[tsʻᵊɯː]	吃	声母 ch 与开口呼 -i [ʐ] 相拼时，读 [tsʻᵊɯː]
	偏误之二	[tʃʻɯː]③	吃	声母 ch 与开口呼 -i [ʐ] 相拼时，读 [tʃʻɯː]
shi [ʂʐ]	偏误	[sᵊɯː]	师	声母 sh 与开口呼 -i [ʐ] 相拼时，读 [sᵊɯː]
ri [ʐʐ]	偏误之一	[jɯː]	日	声母 r 与开口呼 -i [ʐ] 相拼时，读 [jɯː]
	偏误之二	[lən]	日	声母 r 与开口呼 -i [ʐ] 相拼时，读 [lən]

---

① 其中加入了一个很短的 [ə]，用上标的国际音标来表示，以下与此相同。
② [tʃ] 是舌叶、清、不送气、塞擦音。
③ [tʃʻ] 是舌叶、清、送气、塞擦音。

3.2.4.2 第二大常见偏误：j、q、x

外国学生学习汉语声母的第二大常见偏误是汉语的 j、q、x 三个声母。日语、韩语和泰语中都没有汉语的这三个声母，所以这些国家的学生发这一组声母有一定的困难。

泰国学生发汉语舌面音构成的音节 ji、qi、xi 时，有时会受泰语语音的影响，把后面的元音变为长元音 [iː]；有的人会把声母 j [tɕ] 读为 [ts]，会把 q [tɕʻ] 读为 [tsʻ]，会把声母 x [ɕ] 读为 [s]。详细偏误情况见下表：

表 3.2.4–3 泰国学生汉语 ji、qi、xi 偏误情况表

汉语声母	泰国人偏误		例字
ji [tɕi]	偏误之一	[tɕiː]	鸡
	偏误之二	[tsiː]	
qi [tɕʻi]	偏误之一	[tɕʻiː]	七
	偏误之二	[tsʻiː]	
xi [ɕi]	偏误	[siː]	西

有的越南学生发舌面擦音 x 时容易和舌尖前擦音 s 相混，注意发 x 时舌面前部抬起使它接近硬腭，这时舌尖也就接触到下齿龈，舌尖放在下面。请比较以下两个声母发音的差别：

xī（西）——思（sī）　　xǐ（洗）——sǐ（死）　　xì（细）——sì（四）

有的韩国学生会把汉语的舌尖前声母 z、c、s 以及舌尖后声母 zh、ch、sh 与舌面音声母 j、q、x 混淆在一起。把声母 s、sh 与 x 相混的情况如：

"首尔"的"首（shǒu）"读接近 xǒu 的音
"扫地"的"扫（sǎo）"读接近 xǒu 的音
"相信"的"信（xìn）"读接近 shìn 的音
"箱子"的"箱（xiāng）"读接近 siāng 的音

这是因为受韩语ㅅ [s] 的影响，韩语的这个ㅅ [s] 舌尖抵住下齿背，舌面隆起，有些像汉语的 x [ɕ]，但阻碍比 x [ɕ] 多一些，发出来与汉语的 s [s]、sh [ʂ] 和 x [ɕ] 有一定相似之处，所以韩国学生会把汉

语的 s [s]、sh [ʂ] 和 x [ɕ] 相混淆。①

3.2.4.3　第三类常见偏误：r 和 l

汉语的舌尖后、浊、擦音声母 r [ʐ] 是外国学生学习汉语声母的第三大常见偏误。日语中没有汉语中的 r [ʐ]，也没有汉语中的边音 l [l]，只有和它们近似的ら [ra] 行假名中的辅音 [ɾ]（[ɾ] 是一个舌尖后闪音）。不少日本学生都比较容易把汉语中的 r [ʐ] 和 l [l] 发为日语中与这两个音相近似的闪音 [ɾ]，如把"肉"（ròu）读得听起来像"漏"（lòu），把"日"读得听起来像"力"。②要纠正以闪音来代替汉语边音 l 的错误，注意发音时，舌头要比较用力地抵住上齿龈或者硬腭前部，而不是像发闪音那样舌头很快地一弹就放松下来。

韩语中没有汉语中的 r [ʐ]，但韩语字母ㄹ有时读 [l]，有时读舌尖后闪音 [ɽ]，有时发 [n]，有的韩国学生读汉语的声母 r [ʐ] 时会用韩语中的闪音 [ɽ] 来代替。要注意的是汉语的 r [ʐ] 是擦音，不是闪音，舌尖不动。

3.2.4.4　第四类常见偏误：b 和 d

美国、英国、泰国以及印度尼西亚学生比较容易出现的一个语音偏误是把汉语的清辅音 b [p] 和 d [t] 分别发为浊辅音 [b] 和 [d]，这是受他们母语负迁移的影响。汉语普通话中的 b [p] 和 d [t] 是清辅音，发音时声带不颤动，而英语、泰语和印尼语的 [b] 和 [d] 是浊辅音，发音时声带要颤动。

3.2.4.5　其他偏误

初学汉语的泰国学生听汉语时分不清舌根音 k 和 h，容易混淆这两个音。另外，汉语的声母 h [x] 是舌面后的擦音，有的泰国学生发这个音时，常常容易用泰国语中的喉擦音 [h] 来代替，如读汉语"喝、和"等字的声母时舌位太靠后，错误地读为了 [h]。

韩语没有唇齿、清、擦音 f [f]，韩国初学汉语的学生会把汉语该读 f [f] 的音读为 b [p] 或者 p [pʻ]。例如把"房间"的"房"（fáng）读为"páng"，把"辅导"中的"辅"（fǔ）读为"pǔ"。

韩语没有汉语的舌根、清、擦音 h [x]，当 h [x] 后面跟 u 时，韩国学生发这个音的偏误是发成接近双唇送气擦音 [Φ]，这个音我们听起

---

① 此处分析参考了余诗隽（2007）的研究。
② 日本人之所以会这样是因为日语的闪音 [ɾ] 在后接不同的元音时音值会有所变化：当闪音后接元音 [i] 时，很接近汉语的边音 [l]；当闪音后接元音 [o] 时，又十分近似汉语舌尖后浊擦音 [ʐ]。参见申冬月、伏学凤（2006）。

来有点像 f [f]。例如发"窗户"的"户"听起来接近"复",发"回"听起来接近"fuí"。①

日语没有汉语中的唇齿擦音 [f] 和舌根擦音 [x],日语中有双唇擦音 [Φ] 和喉擦音 [h],所以有的日本学生会用日语中的擦音来代替汉语中的 [f] 和 [x]。例如把汉语中的"发福"[fʌfu] 读为 [ΦʌΦu],把汉语中的"海"[xaɪ] 读为 [haɪ]。

汉语有 6 组不送气音与送气音对立的声母,印尼语没有这样对立的声母。初学汉语的印尼留学生发的送气声母明显比中国人短,发的不送气音声母又比中国人长。日语中也没有送气音与不送气音的对立,所以有的日本人会把汉语的不送气音发得像日语的浊音,如"肚子疼"说得听起来像"兔子等",把"啤酒"说得听起来像"比酒"。越南语中只有 d [t] 和 t [t'] 这两个对立的辅音,所以越南学生发汉语其他送气音 p、k、q、c、ch 时送气力度不够,特别是发"词"这个音节问题比较突出。而有的学生在学习了一段时间汉语之后,又会矫枉过正,把这些送气音发得气流太强,听起来不太自然。

另外,越南语虽然有清辅音 [p],但它是作韵尾的,只在外来词中才作声母,越南语作声母的是浊辅音 [b],所以有的越南学生会把汉语的声母 b [p] 发为浊音 [b],如把"爸"bà [pʌ⁵¹] 发为 [bʌ⁵¹]。

思考与练习(13)

一、普通话声母按照发音方法可以分为哪几大类?
二、清辅音与浊辅音是怎么分出来的?
三、普通话浊音声母有哪几个?
四、哪些类别的声母存在送气音与不送气音的对立?
五、哪些声母是送气的?哪些声母是不送气的?
六、送气音从国际音标中看得出来吗?
七、请跟着录音读下列声母或音节,或者自己练习下列声母或音节的发音。

    1. b——p   2. j——q   3. zh——ch
    4. g——k   5. z——c   6. d——t
    7. jī——qī   鸡——七   8. gū——kū   姑——哭
    9. gōng——kōng   宫——空   10. bīn——pīn   宾——拼

---

① 此处参考了余诗隽(2007)的研究。

11. qún——jūn　　群——军　　12. jiàn——quàn　　建——劝

13. kǔn——gùn　　捆——棍　　14. diē——tiē　　爹——贴

八、请听下列音节，然后把声母记录下来。

1. 关——宽（　）（　）　　2. 兼——签（　）（　）

3. 顶——停（　）（　）　　4. 控——洞（　）（　）

5. 舔——点（　）（　）　　6. 蹲——吞（　）（　）

7. 塔——打（　）（　）　　8. 嘎——卡（　）（　）

九、朗读下列词语。

1. bèipàn（背叛）　　jiànquán（健全）　　guānkàn（观看）
   jīqíng（激情）　　qīnjìn（亲近）　　gōngkè（攻克）
   zhēnchéng（真诚）　　chūzhōng（初衷）　　zǐcài（紫菜）

2. jǐngqì（景气）　　biāopái（标牌）　　qiǎojì（巧记）
   pùbù（瀑布）　　qǐngkè（请客）　　píngbǐ（评比）
   cáizǐ（才子）　　zhùcè（注册）　　chóngzǔ（重组）

3. jiākuài（加快）　　jiào gāo（较高）　　jùbèi（具备）
   qiúgòu（求购）　　quèbǎo（确保）　　qīpàn（期盼）
   pīgǎi（批改）　　pèijiàn（配件）　　pínkùn（贫困）

4. píjiákè（皮夹克）　　qǔjǐngkuàng（取景框）
   guójìbù（国际部）　　páiqìkǒng（排气孔）
   pái kōngqì（排空气）　　kuàijìxué（会计学）
   píjiǔguàn（啤酒罐）　　jiānkòngqì（监控器）

5. gāokējì（高科技）　　zhuānjiāzǔ（专家组）
   zhìzuòzǔ（制作组）　　chéngzhǎngqī（成长期）
   chūzūchē（出租车）　　chūzīzhě（出资者）

6. zànchéngzhě（赞成者）　　zhào jìngzi（照镜子）
   qiǎngjiézuì（抢劫罪）　　chuān qúnzi（穿裙子）
   zhòngcáizhě（仲裁者）　　zhōngcānguǎn（中餐馆）

十、朗读下列词语并在括号中写出其声母。

1. 带头（　）（　）　　2. 感慨（　）（　）

3. 编排（　）（　）　　4. 机票（　）（　）

5. 走错（　）（　）　　6. 主持（　）（　）

7. 组长（　）（　）　　8. 操场（　）（　）

9. 最初（ ）（ ）	10. 赠品（ ）（ ）
11. 钻孔（ ）（ ）	12. 昨天（ ）（ ）
13. 珍藏（ ）（ ）	14. 质朴（ ）（ ）
15. 状况（ ）（ ）	16. 整体（ ）（ ）
17. 保存（ ）（ ）	18. 补充（ ）（ ）
19. 被骗（ ）（ ）	20. 博客（ ）（ ）
21. 本土（ ）（ ）	22. 干脆（ ）（ ）
23. 对策（ ）（ ）	24. 单纯（ ）（ ）

十一、熟读下列句子，注意读准句子中的声母 zh、ch、sh 与 z、c、s。

1. Gàosù háizimen zhèngquè de zīshì, ràng tāmen zhǎngwò
  告诉 孩子们 正 确 的 姿势，让 他们 掌 握
  duànliàn de zhīshi.
  锻 炼 的 知识。

2. Tā **yí** zài tuīcí, wǒmen de jìhuà zhǐ hǎo tuīchí.
  他 一 再 推辞，我们 的 计划 只 好 推迟。

3. Zhè shì shàngděng mùcái, **bú** shì shāohuǒ de mùchái.
  这 是 上 等 木材，不 是 烧 火 的 木柴。

4. Zhè shì qī chéng xīn de qī céng lóufáng.
  这 是 七 成 新 的 七 层 楼房。

5. Tā shì zhùmíng shīrén de sīrén mìshu.
  她 是 著名 诗人 的 私人 秘书。

6. Shānjiǎo xià yǒu **yí** gè sānjiǎo dìdài, fēngjǐng hěn měi.
  山 脚 下 有 一 个 三角 地带，风 景 很 美。

7. Wǒmen chǎng shēngchǎn chǐzi, tāmen chǎng shēngchǎn
  我们 厂 生产 尺子，他们 厂 生 产
  zhēng mántou de zhēnglóng.
  蒸 馒头 的 蒸 笼。

8. Tā xǐhuān shōucáng cíqì, wǒ xǐhuān shōují yuèqì.
  他 喜欢 收 藏 瓷器，我 喜欢 收 集 乐器。

十二、熟读下列句子，注意句中送气声母和不送气声母的区别。

1. Lǎohǔ èzhe dùzi zhǎo tùzi.
  老虎 饿着 肚子 找 兔子。

2. Háizi chī bǎole jiù pǎole.
孩子 吃 饱了 就 跑了。

3. Bàotíng **bú** mài biānpào, zhǐ mài bào. Mǎi fèn bàozhǐ lái bǎ
报亭 不 卖 鞭 炮, 只 卖 报。买 份 报纸 来 把
biānpào bāo, bāole biānpào wǒ jiù pǎo.
鞭炮 包, 包了 鞭 炮 我 就 跑。

4. Yínháng zhǐ duì kuǎn **bú** tuì kuǎn.
银行 只 兑 款 不 退 款。

5. Wǒ měi tiān yào dào túshūguǎn dúshū、kàn bào.
我 每 天 要 到 图书 馆 读书、看 报。

6. Zìcóng kǎo shàng wàiyǔ xuéyuàn, wǒ jiù gǎo shàngle fānyì.
自从 考 上 外语 学 院, 我 就 搞 上 了 翻译。

7. Tā qiāo mén shí nǐ bù gāi bù kāi.
他 敲 门 时 你 不 该 不 开。

8. Tào shàng jiàn wàitào, dào shang **yì** bēi rè chá hēle **yí** huìr,
套 上 件 外套, 倒 上 一 杯 热茶 喝了 一会儿,
wǒ hǎojiǔ cái nuǎnhuo guòlai.
我 好久 才 暖 和 过来。

十三、练习读以下绕口令。

Dǎ Cù Yòu Mǎi Bù　打醋又买布
Yǒu ge xiǎohái jiào Xiǎo Dù,
shàng jiē dǎ cù yòu mǎi bù.
Mǎile bù, dǎle cù,
huítóu kànjiàn yīng zhuā tù.
Fàng xià bù, gē xià cù,
shàng qián qù zhuī yīng hé tù,
fēile yīng, pǎole tù.
Sǎle cù, shīle bù.
有个小孩叫小杜,上街打醋又买布。
买了布,打了醋,回头看见鹰抓兔。
放下布,搁下醋,上前去追鹰和兔,
飞了鹰,跑了兔。洒了醋,湿了布。

十四、熟读下列名句名段。

Xué ér Shí Xí Zhī 学而时习之

Zǐ yuē："Xué ér shí xí zhī, **bú** yì yuè hū? Yǒu péng zì yuǎnfāng lái, **bú** yì lè hū? Rén bù zhī ér **bú** yùn, **bú** yì jūnzǐ hū?"

子曰："学而时习之，不亦说乎？有朋自远方来，不亦乐乎？人不知而不愠，不亦君子乎？"

Xún Zǐ 《Quàn Xué》 Xuǎn Duàn 荀子《劝学》选段

Jī tǔ chéng shān, fēng yǔ xīng yān. Jī shuǐ chéng yuān, jiāolóng shēng yān. Jī shàn chéng dé, ér shénmíng zì dé, shèng xīn bèi yān. Gù bù jī kuǐ bù, wú yǐ zhì qiān lǐ; Bù jī xiǎo liú, wú yǐ chéng jiāng hǎi. Qí jì **yí** yuè, bù néng shí bù; Nú mǎ shí jià, gōng zài bù shě. Qiè ér shě zhī, xiǔ mù bù zhé; Qiè ér bù shě, jīn shí kě lòu.

积土成山，风雨兴焉。积水成渊，蛟龙生焉。积善成德，而神明自得，圣心备焉。故不积跬步，无以至千里；不积小流，无以成江海。骐骥一跃，不能十步；驽马十驾，功在不舍。锲而舍之，朽木不折；锲而不舍，金石可镂。

Kǒng Zǐ Míngyán 孔子名言

Jūnzǐ shí wú qiú bǎo, jū wú qiú ān, mǐn yú shì ér shèn yú yán, jiù yǒu dào ér zhèng yān. Kě wèi hào xué yě yǐ.

君子食无求饱，居无求安，敏于事而慎于言，就有道而正焉。可谓好学也已。

Sān rén xíng, bì yǒu wǒ shī yān! Zé qí shàn zhě ér cóng zhī, qí **bú** shàn zhě ér gǎi zhī.

三人行，必有我师焉！择其善者而从之，其不善者而改之。

Wǎng zhě bù kě jiàn, lái zhě yóu kě zhuī.

往者不可谏，来者犹可追。

Wú shí yòu wǔ ér zhì yú xué, sānshí ér lì, sìshí ér **bú** huò, wǔshí ér zhī tiānmìng, liùshí ér ěr shùn, qīshí ér cóng xīn suǒ yù, bù yú jǔ.

吾十有五而志于学，三十而立，四十而不惑，五十而知天命，六十而耳顺，七十而从心所欲，不逾矩。

Xué ér bù sī zé wǎng, sī ér bù xué zé dài.

学而不思则罔，思而不学则殆。

Jiàn xián sī qí yān, jiàn bù xián ér nèi zìxǐng yě.
见贤思齐焉，见不贤而内自省也。
Sānjūn kě duó shuài yě, pǐfū bù kě duó zhì yě.
三军可夺帅也，匹夫不可夺志也。
Jūnzǐ chéng rén zhī měi, bù chéng rén zhī è; Xiǎorén fǎn shì.
君子成人之美，不成人之恶；小人反是。

3.3 韵母

3.3.1 韵母总表及韵母的分类

汉语的声母我们在上一节已经学完，声母是一个音节开头的辅音，那么韵母是什么呢？**韵母是一个音节中声母后面的部分**。普通话的韵母一共有 39 个。韵母主要由元音构成，但有的韵母既有元音又有辅音。韵母按照它的构成音素可以分为三类：单元音韵母、复元音韵母和带鼻音韵母，而按照音节开头的元音的口形可以分为四类：开口呼、齐齿呼、合口呼和撮（cuō）口呼。分别简称为"开"、"齐"、"合"、"撮"四呼。下面我们对这四呼分别进行解释：

开口呼　韵母不是 i [i]、u [u]、ü [y]，或者不是 i [i]、u [u]、ü [y] 开头的韵母属于开口呼；

齐齿呼　韵母是 i [i]，或以 i [i] 开头的韵母属于齐齿呼；

合口呼　韵母是 u [u]，或以 u [u] 开头的韵母属于合口呼；

撮口呼　韵母是 ü [y]，或以 ü [y] 开头的韵母属于撮口呼。

有几点需要注意：第一，《汉语拼音方案》规定，由于声母 j、q、x 只与齐齿呼或撮口呼组合为一个音节，本来"句""去""许"应当拼写为 jù、qù、xǔ，但是由于这三个声母从来不跟 u [u] 或以 u [u] 开头的合口呼韵母组合成一个音节，所以 j、q、x 声母后面的 ü 一律改用 u，上述三个字拼写为 jù、qù、xǔ。换言之，当看到 j、q、x 声母后面的字母是 u 时，那么要读 [y]，不能读 [u]。

表3.3.1-1　普通话韵母总表

按口形分 按结构分	开口呼	齐齿呼	合口呼	撮口呼
单元音韵母 10个	-i₁ [ɿ]	i [i]	u [u]	ü [y]
	-i₂ [ʅ]			
	a [A]	ia [iA]	ua [uA]	
	o [o]		uo [uo]	
	e [ɤ]			
	ê [ɛ]	ie [iɛ]		üe [yɛ]
	er [ər]			
复元音韵母 13个	ai [aɪ]		uai [uaɪ]	
	ei [eɪ]		uei [ueɪ]	
	ao [aʊ]	iao [iaʊ]		
	ou [əʊ]	iou [iəʊ]		
带鼻音韵母 16个	an [an]	ian [iɛn]	uan [uan]	üan [yɛn]
	en [ən]	in [in]	uen [uən]	ün [yn]
	ang [aŋ]	iang [iaŋ]	uang [uaŋ]	
	eng [əŋ]	ing [iŋ]	ueng [uəŋ]	
			ong [uŋ]	iong [yuŋ] / [iuŋ]

第二，与 z、c、s 三个声母相拼的是开口呼韵 -i₁[ɿ]，不是齐齿呼韵 i[i]；与 zh、ch、sh 三个声母相拼的是开口呼韵 -i₂[ʅ]，不是齐齿呼韵 i[i]。

第三，ong 和 iong 这两个韵母，《汉语拼音方案》按照它们第一个字母把 ong 归到开口呼中，把 iong 韵归到齐齿呼。但是从语音系统的整齐和实际读音两方面来看，大多数教材（黄伯荣、廖序东主编的《现代汉语》、北京大学中文系现代汉语教研室编的《现代汉语》、邵敬敏主编的《现代汉语通论》）把 ong 韵归入合口呼，把 iong 韵归入撮口呼，我们也对它们做这样的处理。

四呼的分类对于讲解汉语声母与韵母的拼合规律而言，是一种很有用的分类，韵母结构的分类对于我们学习韵母的发音和结构规律也是很有帮助的，下面我们介绍韵母的结构分类。

3.3.2 单元音韵母

普通话单元音韵母一共有 10 个。普通话的单元音韵母可以分为三类：7 个舌面元音、2 个舌尖元音、1 个卷舌元音。

在讲元音的发音之前，我们先了解一下分析元音发音的几个角度。

第一，分析口腔开口度的大小和舌面的高低。口腔开口度大小与舌面的高低是相关的，开口度小，舌面就抬得高；开口度大，舌面就低。按照舌面抬起来的位置的高低，单元音分为：高、半高、半低、低；从另一个角度，即开口度的大小来看，高元音就是闭元音，半高元音就是半闭元音，半低元音就是半开元音，低元音就是开元音。

第二，分析舌头是靠口腔前面还是靠口腔后面。这一般分为三种情况：舌位前；舌位后；舌位处在中间，一般称为"央"。

第三，分析嘴唇的形状。就是看看嘴唇是圆的还是不圆的。

3.3.2.1 舌面单元音韵母

普通话舌面单元音韵母有 7 个。

ɑ [A] 是**舌面、央、低、不圆唇**元音。

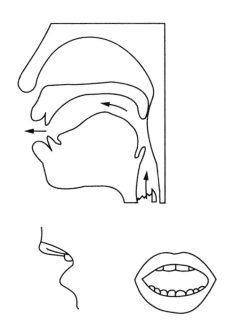

图 3.3.2-1　ɑ [A] 发音口形图

a [A] 发音时，开口度比较大，舌位低，舌头不前也不后，处在中间，软腭上升，小舌向后抬起，堵住鼻腔，不让气流从鼻腔里出来，整个口腔的肌肉比较松弛，显得很自然，气流上引，振动声带。例如："阿" ā、"他" tā、"拔" bá、"打" dǎ、"骂" mà。a [A] 是世界上大多数语言都有的一个音，发音比较简单，大多数人都能准确地发出这个音来。[A] 在国际音标舌面元音图上处在最下面中间的位置上，所以一般俗称"中a" [A]。需要注意的是，并不是每一个带字母 a 的韵母中的 a 都是发这个中阿 [A]，ian、ang、uang 和 iang 等韵母中的 a 字母都不读这个单元音韵母的中 [A]，而是读别的音素。

【听读练习】ā（阿）　cā（擦）　zá（杂）　kǎ（卡）
　　　　　　bà（爸）　pà（怕）　傻（shǎ）　ná（拿）

o [o] 是**舌面、后、半高、圆唇元音**。

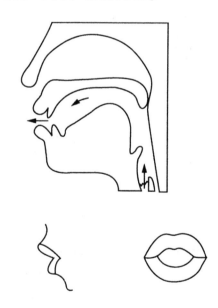

图3.3.2-2　o [o] 发音口形图

普通话 o 的发音实际上并不是与舌面标准元音图上的 [o] 完全一致的，普通话中的这个单元音韵母舌位要低一些，用严式国际音标表示应当是 o [o̞]。发音时嘴唇稍微有些圆，并且嘴唇有些向外突出，口腔张开一些，舌头向后缩，舌前部向下，舌后部向后隆起，软腭上升，小舌向后抬起，堵住鼻腔，不让气流从鼻腔里出来，气流上引，振动声带。

o［o］作为单韵母只有几个叹词。如"哦（ò），我想起来了。"单韵母的 o［o］只能与 b、p、m、f 这 4 个声母相拼，但是需要注意的是，它与这些声母相拼时，实际上并不是纯粹的单韵母，而是在它之前加上了比较短的［u］，也就是说它实际上是一个复合元音。实际是 buo、puo、muo、fuo。但是相对来说前面的［u］比较短，所以还是说这几个音节是由单韵母与声母相拼形成的，还是写成 bo、po、mo、fo。

【听读练习】ō（噢）　　ò（哦）　　bō（波）　　pō（坡）
　　　　　　mō（摸）　　fó（佛）　　bó（博）　　pò（破）
　　　　　　mó（磨）　　mò（末）

e［ɤ］是**舌面、后、半高、不圆唇元音**。

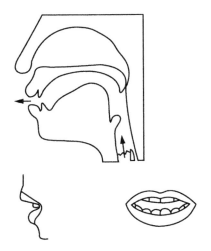

图3.3.2-3　e［ɤ］发音口形图

e［ɤ］是与 o［o］相对的一个不圆唇元音。发音时，嘴唇不圆，两个嘴角稍微向后，舌头向后缩，舌前部向下，舌后部向后隆起，软腭上升，小舌向后抬起，堵住鼻腔，不让气流从鼻腔里出来，气流上引，振动声带。

【听读练习】é（鹅）　　é（额）　　ěxīn（恶心）　è（饿）
　　　　　　gē（歌）　　ké（壳）　　kě（渴）　　sè（色）
　　　　　　zhě（者）　chē（车）　　cè（册）　　dé（德）
　　　　　　tè（特）　　hé（和）　　shé（舌）　　zé（泽）

i [i] 是**舌面、前、高、不圆唇元音**。

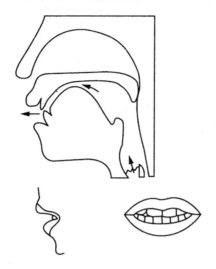

图3.3.2–4　i [i] 发音口形图

　　i [i] 发音时口腔开口度小，嘴唇不圆，舌头靠前，舌面比较高。这个音比较容易发，因为绝大多数语言中都有这个音。

　　【听读练习】yī（衣）　　yí（移）　　yǐ（椅）　　yì（义）
　　　　　　　　pí（皮）　　lǐ（理）　　qì（气）　　dì（地）

u [u] 是**舌面、后、高、圆唇元音**。

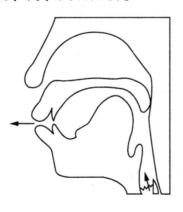

图3.3.2–5　u [u] 发音口形图

u [u] 发音时口腔开口度小，嘴唇圆而向外突出，双唇形成一个小孔，舌头向后缩，舌前部向下，舌后部向后隆起，软腭上升，小舌向后抬起，堵住鼻腔，不让气流从鼻腔里出来，气流上引，振动声带。

u [u] 前面没有声母，它单独构成零声母音节时，如果双唇收得太紧，气流出来时一般会有一点儿摩擦，很容易发成半元音 [w]。

有的外国学生需要注意这个音是圆唇音，不要发成与它相对的不圆唇元音 [ɯ]。

【听读练习】 wū（屋）　　wú（无）　　wǔ（五）　　wù（误）
　　　　　　 dú（读）　　gǔ（古）　　lù（路）　　tù（兔）

ü [y] 是**舌面、前、高、圆唇元音**。

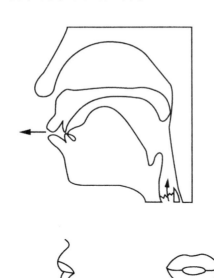

图3.3.2-6　ü [y] 发音口形图

ü [y] 发音时舌面抬得比较高，舌头靠前，开口度小，与 i [i] 不同的是 ü [y] 发音时嘴唇是圆的、向外突出的。

【听读练习】 ü [y] ——i [i]　　　　i [i] ——ü [y]
　　　　　　 nǚ（女）——nǐ（你）　　lǘ（驴）——lí（离）
　　　　　　 lǚ（铝）——lǐ（里）　　lǚ（旅）——lǐ（李）

lǜ（绿）——lì（力）　　　lǜ（虑）——lì（例）

ü [y] 是与 i [i] 对应的一个音，很多语言中都没有这个音，汉语有的方言中也没有这个音，这些方言是把普通话的这个音读为 i [i]。

【听读练习】yú（鱼）——yí（移）　　yǔ（语）——yǐ（椅）
　　　　　　jū（居）——jī（鸡）　　qū（区）——qī（七）
　　　　　　xū（需）——xī（西）

ê [ɛ] 是**舌面、前、半低、不圆唇元音**。

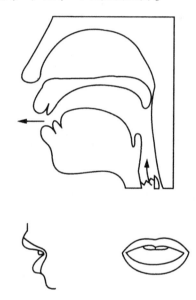

图 3.3.2-7　ê [ɛ] 发音口形图

ê [ɛ] 发音时口张得比 i [i] 要大得多，但是又比发 a [A] 张得要小，口半开，唇形不圆，舌面处于半低的位置，舌位靠前，舌尖接触着下齿背，软腭上升，小舌向后抬起，堵住鼻腔，不让气流从鼻腔里出来，气流上引，振动声带。

单独使用时仅有一个字"欸（ê）"，这是一个叹词，它有 4 个声调，表示不同的语义及语气。例如"欸！你刚才到哪儿去了？"ê [ɛ] 主要是出现在复韵母中，但在复韵母中又不写 ê，而是用字母 e。如韵母 ie 中 e 就是读这个音。

3.3.2.2 舌尖单元音韵母

舌尖韵母与舌面元音韵母不同，舌尖韵母发音时舌尖是抬起来的。普通话有两个舌尖元音韵母。

-i₁ [ɿ] 是**舌尖、前、高、不圆唇元音**。

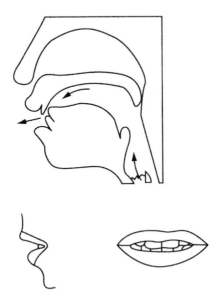

图 3.3.2-8　-i₁ [ɿ] 发音口形图

舌尖元音 -i₁ [ɿ] 是舌尖往上翘（qiào）起，对着上齿背（但不靠近它），气流振动声带发出来的元音。由于舌尖接近上齿背，空隙很小，会有一小点儿摩擦。-i₁ [ɿ] 只出现在舌尖前声母 z、c、s 后面。-i₁ [ɿ] 单独发不容易掌握，但只要发汉语普通话的"思"（sī）、"词"（cí）、"字"（zì）这几个字音，一直延长它，发出来的就是这个音。

【听读练习】　zī（姿）　　　cī（疵）　　　sī（思）
　　　　　　　zǐ（紫）　　　cǐ（此）　　　sǐ（死）
　　　　　　　sīzì（私自）　　cì sǐ（刺死）

-i₂ [ʅ] 是舌尖、后、高、不圆唇元音。

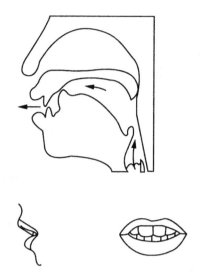

图 3.3.2-9　-i₂ [ʅ] 发音口形图

舌尖元音 -i₂ [ʅ] 是舌尖往上翘起，对着上齿龈（yín），但不靠近它，气流振动声带发出来的元音。-i₂ [ʅ] 只出现在舌尖后声母 zh、ch、sh、r 后面。-i₂ [ʅ] 单独发不容易掌握，但只要用汉语普通话发"知"（zhī）、"吃"（chī）、"师"（shī）这几个字音，一直延长它，发出来的就是这个音。

【听读练习】zhī（只）　　chī（吃）　　shī（师）
　　　　　　zhì（智）　　chì（翅）　　shì（是）　　rì（日）
　　　　　　Rìshí zhī shí zhírì shīzhí, jìnzhǐ chīshí shí rì.
　　　　　　（日食 之 时 值日 失职，禁止 吃食 十日。）

3.3.2.3　卷舌单元音韵母

er [ər] 是**卷舌、央、中、不圆唇元音**。

汉语拼音中的字母 r 表示卷舌的动作。er [ər] 严格说并不是一个单元音，而是一个复合元音，因为，标准的单元音发音时舌位、唇形、口腔的开口度是不变的，而发 er [ər] 时是有一定变化的。发音的第一步是：口腔半开半闭，舌头不前也不后，舌面放平，舌面中部稍微隆起一点儿，嘴唇不向外突出，气流经过声带使声带颤动，第一步先发出中央元音 [ə]；第二步，很快地舌尖轻巧地向后一卷，这样就发出了这个卷

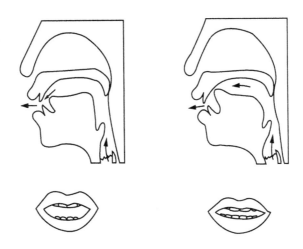

图 3.3.2–10　er［ər］发音口形图

舌元音。实际上发这个音时开口度要比发中央元音［ə］的开口度大，舌位要略低一些，发的是比［ə］低一点儿的央元音［ɐ］加上卷舌的动作。汉语很多南方方言中没有这个卷舌元音。很多人之所以不会发这个音，是因为他们不会做卷舌尖的动作。

【听读练习】　ér（儿）　　ěr（耳）　　èr（二）

3.3.3　外国学生单元音韵母学习提示

根据陈珺（2007）的研究，韩国学生学习汉语单韵母偏误率比较高的韵母依次是：o［o］、-i$_2$［ʅ］、-i$_1$［ɿ］、e［ɤ］和 u［u］。有不少韩国学生在发汉语 o 韵时唇太圆（汉语普通话的 o 并不太圆，唇形略有些扁）。有的韩国学生发 -i$_2$［ʅ］时会错误地发为后、高、不圆唇元音［ɯ］（韩语有这个音），少数人会发为［i］。有的学生发 -i$_1$［ɿ］时会发为［i］。有的学生发 e［ɤ］时会发为舌面、后、半低、不圆唇元音［ʌ］。有的学生发 u［u］时会发成 ü［y］。以上偏误在初级、中级和高级水平汉语学习者中都一定程度地存在，初级水平者出现偏误的比例高于中级和高级水平学习者。

有的韩国学生在读汉语 zh/ch/sh+e［ɤ］/u［u］这些音节时，受韩语负迁移的影响，会使舌尖抬起来一下，在元音后面加上辅音［l］，（余诗隽 2007）即：

把 zhè [tʂɤ]（这）读为 [tʂɤl]

把 chē [tʂ'ɤ]（车）读为 [tʂ'ɤl]

把 shé [ʂɤ]（蛇）读为 [ʂɤl]

把 zhū [tʂu]（猪）读为 [tʂul]

把 chù [tʂ'u]（处）读为 [tʂ'ul]

把 shù [ʂu]（树）读为 [ʂul]

有的越南学生发单韵母 a 时开口度不够大，舌位比较靠前。注意单韵母 a [A] 开口度大，舌头处在中间，不前也不后。

有的越南学生发单韵母 ü [y] 时容易发成二合元音 [uy]，注意 ü [y] 是单韵母，舌头靠前，圆唇。请读以下音节：

yǔ（语）　　jǔ（举）　　qù（去）　　xǔ（许）

有的越南学生发舌尖后单韵母 -i₂ [ʅ]（如"是、时、史"等音节的韵母）时比较容易与越南语中的后、高、不圆唇元音 [ɯ] 相混。注意 -i₂ [ʅ] 是舌尖元音，发音时舌尖往上翘起，对着上齿龈，但不靠近它。请读以下音节：

lǎoshī（老师）　　lìshǐ（历史）　　jiānshì（监视）
shìshí（事实）　　shíshī（实施）　　shíshí（时时）

撮口呼 ü [y] 韵母在很多语言中都没有，所以很多外国人学习它有一定的困难。例如日语、泰语和印尼语都没有 ü [y]，这些国家的学生发 ü [y] 都有一定的困难。韩语中是否有这个音是有争议的，但韩国学生和日本学生一样，感知这个音有一定困难（王韫佳 2001）。这两个国家的学生比较容易把 [y] 错误地听成不圆唇元音 [i]，有的是错误地听成圆唇的后元音 [u]。韩国学生发撮口呼 ü [y] 时有的会发成复合元音 [uɪ]。①如将"雨、语、与"读为 [uɪ]。李善熙（2010）对 34 名 70 年代后出生的首尔人的调查发现，他们的韩语中不存在前高圆唇元音 [y]，"没有汉语经验的韩国人判断汉语 /y/ 的相似性时出现几个不同的分类，但大多数人都把它听成韩语 [wi]。不仅如此，无论是初级还是高级学习

---

① [ɪ] 是比 [i] 低一点儿，比 [e] 高一点儿的舌面、不圆唇元音，常作韵尾。

者都将汉语 /y/ 发为韩语 [wi]。"

根据王韫佳、邓丹（2009）的研究，日本短期汉语学习者发汉语 u 时，在舌位高度与舌位前度上都与母语者有显著差异，日本汉语长期学习者虽然只在舌位高度上与母语者存在显著差异，但发音依然受到了母语相似对应音的影响。日本汉语短期学习者和长期学习者的元音 o [o] 也都受到了母语中单元音对应音的影响。日语没有 ü [y]，部分短期学习者的发音与母语者有差异，长期学习者的发音则与母语者没有区别。e [ɤ] 的情况与 ü [y] 相似，短期学习者在舌位前后位置上与母语者有显著差异，在舌位高度上与母语者也有差异显著，而长期学习者与母语者的发音则没有显著差异。

印尼语和泰语都没有汉语中的卷舌韵母 er [ər]，所以有的泰国学生和印尼学生学习卷舌韵母 er [ər] 有一定的困难。印尼语有颤音 [r]，有的印尼学生会用颤音 [r] 来代替汉语的卷舌韵母 er [ər]。李善熙（2010）认为汉语和韩语的 [u] 略有差别，韩语的 [u] 更靠后，"因而初级韩国学习者的汉语发音出现矫枉过正现象，从而使得他们发的汉语 [u] 比汉语母语者更靠前。"因此韩国学生要注意发汉语的 [u] 韵母时不能发得像韩语那么靠后，初学者也要注意不要矫枉过正，不要把汉语的 [u] 发得太靠前。

由于德语没有汉语的舌面后半高不圆唇元音 [ɤ]，德国学习者很难正确地习得这个音。有的人发这个音时，有翘舌现象，而有的人发 [ɤ] 时，舌头比较靠前，这大概受德语中只出现在轻声音节中的 [ə] 的发音的影响。（石锋、高玉娟2006a）

德国学生学习其母语中没有的汉语舌尖前元音 [ɿ] 和舌尖后元音 [ʅ] 时，发这两个音的舌尖的位置不稳定。（石锋、高玉娟2006a）法国学生也发不好这两个舌尖元音。我们认为发不好汉语的舌尖前元音 [ɿ] 和舌尖后元音 [ʅ] 与很多外国语言没有舌尖前声母 z、c 和舌尖后声母 zh、ch 有关系，因为这两个舌尖元音的发音与舌尖前声母 z、c 以及舌尖后声母 zh、ch 是不可分的。要学好这两个韵母应当与这四个声母结合起来学习。

石锋、高玉娟（2006b）对法国学生学习汉语单元音的情况进行调查以后提出几点建议：第一，法国学生在发汉语 ɑ [A] 的时候，舌位高于汉语标准音，所以法国学生在发汉语 ɑ [A] 时要降低舌位，嘴唇要形成自然状态；第二，法国学生学习汉语的后高元音 [u]，应该让舌位靠后一些；第三，发舌尖前元音 [ɿ] 和舌尖后元音 [ʅ] 时，它们是与前面声母同部位的较高位置上的元音，应当注意在声母发完之后，舌头应该继续保持紧张状态；第

四、由于母语负迁移的影响，法国学生在发汉语元音时，发音器官活动不积极，肌肉紧张程度不够，造成发音时舌位趋于中央。①

思考与练习（14）

一、什么是韵母？

二、汉语有多少个单元音韵母？

三、普通话有多少个舌面单元音韵母？

四、汉语拼音中的字母 i 代表的是一个韵母吗？

五、舌尖韵母和舌面韵母有什么区别？

六、普通话有几个舌尖韵母？

七、普通话的韵母按照音节开头元音的口形可以分为哪几类？

八、普通话的韵母按照结构来分可以分为哪几类？

九、读音练习。（请跟着录音读下列韵母和音节）

    1. a——o——e——i——u——ü

    2. bā（八）——bō（波）——bī（逼）

    3. pá（爬）——pó（婆）——pí（皮）——pú（仆）

    4. fá（罚）——fó（佛）——fú（福）

    5. dá（答）——dí（敌）——dé（德）

    6. dà（大）——tè（特）——tì（替）

    7. nǎ（哪）——nǐ（你）——nǔ（努）

    8. là（辣）——lè（乐）——lì（力）

    9. mǎ（马）——mǐ（米）——mǔ（母）

    10. kǎ（卡）——kě（渴）——kǔ（苦）

    11. hā（哈）——hē（喝）

    12. zhà（炸）——zhè（这）——zhì（至）——zhù（住）

    13. chà（差）——chè（彻）——chù（处）

    14. shá（啥）——shé（蛇）

    15. rè（热）——rì（日）

    16. zá（杂）——zé（则）——zī（资）

---

① 此处参考了石锋、高玉娟（2006b）的论述。

17. sì（四）——sè（色）——sù（素）
18. cè（册）——cù（醋）——cì（次）
19. jǔ（举）——qǔ（取）——xǔ（许）

十、朗读下列词语。

1. bù dú （不读）　hútu （糊涂）　pǔsù （朴素）
   kǔdú （苦读）　mǎpǐ （马匹）　pá pō （爬坡）
2. pígé （皮革）　shìshí （事实）　dàdì （大地）
   tèpī （特批）　nántí （难题）　nǎlǐ （哪里）
3. lèqù （乐趣）　lìtǐ （立体）　lǚtú （旅途）
   tòulù （透露）　gébì （隔壁）　héhū （合乎）
4. húpō （湖泊）　hǔpí （虎皮）　báo zhǐ （薄纸）
   zhǐshì （只是）　zhǐshì （指示）　shízhì （实质）
5. chūshì （出事）　chīshí （吃食）　shìchǐ （市尺）
   zhùzī （注资）　cízǔ （词组）　kèkǔ （刻苦）
6. chīlì （吃力）　shīdà （师大）　zhǐshì （只是）
   shí chǐ （十尺）　shì de （是的）　rìzi （日子）
7. jī chì （鸡翅）　zhìyú （至于）　èrshí （二十）
   èxí （恶习）　érshí （儿时）　érxì （儿戏）
8. yùxí （预习）　yǔjì （雨季）　yúchí （鱼池）
   zhìlì （智力）　shīcí （诗词）　rùxí （入席）
9. shì wú jù xì （事无巨细）　gè gè jī pò （各个击破）
   yì pín rú xǐ （一贫如洗）　jǔshì zhǔmù （举世瞩目）
10. wú kě nàihé （无可奈何）　wúlùn rúhé （无论如何）
    zhīshifènzǐ （知识分子）　zhēn shì fùzá （真是复杂）
11. zì shǐ zhì zhōng （自始至终）　zì yán zì yǔ （自言自语）
    bù cí ér bié （不辞而别）　bù zhī bù jué （不知不觉）
12. chú cǐ zhī wài （除此之外）　dà gōng wú sī （大公无私）
    dé bù cháng shī（得不偿失）　gé gé *bú* rù （格格不入）
13. gùquán dàjú （顾全大局）　zìsī zì lì （自私自利）
    hé qíng hélǐ （合情合理）　dúlì zìzhǔ （独立自主）
14. kě xiǎng ér zhī （可想而知）　míng fù qí shí （名副其实）
    rú zuì rú chī （如醉如痴）　sì shì ér fēi （似是而非）

15. wú qíng wú yì （无情无义）　　shí shì qiú shì （实事求是）
    yǔ cǐ tóng shí （与此同时）　　zhū rú cǐ lèi （诸如此类）
16. gè shì gè yàng （各式各样）
17. rěn **bú** zhù （忍不住）　　zhímíndì （殖民地）
    bālěiwǔ （芭蕾舞）　　yǐzhìyú （以至于）
18. bìmùshì （闭幕式）　　bǔzhù fèi （补助费）
    bùdéyǐ （不得已）　　fāpíqi （发脾气）
19. bù dī yú （不低于）　　chūfādiǎn （出发点）
    héwǔqì （核武器）　　jípǔchē （吉普车）
    jìyìlì （记忆力）　　shìyìtú （示意图）

十一、请听下列音节，然后把韵母记录下来。

1. 笔——补（　）（　）　　2. 爸——必（　）（　）
3. 怕——屁（　）（　）　　4. 地——度（　）（　）
5. 得——答（　）（　）　　6. 特——踏（　）（　）
7. 土——体（　）（　）　　8. 怒——那（　）（　）
9. 哈——喝（　）（　）　　10. 扎——猪（　）（　）
11. 出——叉（　）（　）　　12. 书——沙（　）（　）
13. 日——热（　）（　）　　14. 则——杂（　）（　）
15. 素——萨（　）（　）　　16. 马——亩（　）（　）

十二、朗读下列词语并在括号中写出其韵母。

1. 歌曲（　）（　）　　2. 机车（　）（　）
3. 打的（　）（　）　　4. 你的（　）（　）
5. 科举（　）（　）　　6. 主持（　）（　）
7. 骨科（　）（　）　　8. 克服（　）（　）
9. 破布（　）（　）　　10. 宿舍（　）（　）
11. 查出（　）（　）　　12. 杀毒（　）（　）
13. 土著（　）（　）　　14. 木马（　）（　）
15. 数码（　）（　）　　16. 儿科（　）（　）
17. 历史（　）（　）　　18. 诉苦（　）（　）
19. 露宿（　）（　）　　20. 处理（　）（　）
21. 夫妻（　）（　）　　22. 其他（　）（　）
23. 马路（　）（　）　　24. 记得（　）（　）

25. 耳目（   ）（   ）　　26. 古树（   ）（   ）
27. 积极（   ）（   ）　　28. 复合（   ）（   ）
29. 和睦（   ）（   ）　　30. 负责（   ）（   ）

十三、背诵以下诗歌。

Yǒng É　　　　　　　　咏鹅

Luò Bīnwáng　　　　　[唐] 骆宾王

É、é、é,　　　　　　　鹅、鹅、鹅，

Qū xiàng xiàng tiān gē.　　曲项向天歌。

Bái máo fú lǜ shuǐ,　　　白毛浮绿水，

Hóng zhǎng bō qīng bō.　红掌拨清波。

3.3.4　复元音韵母

3.3.4.1　复元音韵母及其分类

复元音韵母是由复元音构成的韵母，所谓复元音是由两个或三个元音构成的元音，它是在发音时舌位、唇形都有变化的元音。

普通话一共有 13 个复元音韵母：ai、ao、ei、ou、ia、ie、ua、uo、üe、iao、iou、uai、uei。

这 13 个复元音韵母如果按照其中元音的数量，可以分为两类：二合元音韵母和三合元音韵母。二合元音韵母有 9 个，三合元音韵母有 4 个。

复元音韵母如果按照发音时响亮度最高的音素的不同位置，可以分为三类：前响复元音韵母、后响复元音韵母和中响复元音韵母。

3.3.4.2　学习复元音韵母应注意的问题

复元音韵母是由两个或三个元音合成的韵母。学习复韵母之前，有几点是需要注意的。

第一，无缝连接与自然渐变。复韵母不是把不同的元音音素简单地加在一起。音素与音素之间没有停顿，不是一个音素跳到另一个音素，而是很自然地、无缝地滑动变化，口腔的形状、舌头的位置以及唇形都是逐渐地变化的。如韵母 iou 中三个音素不是简单地加在一起，而是无缝地滑动。

第二，响度的不均衡性及响度与主要元音的相关性。两个或三个元音音素复合形成的韵母，由于元音本身具有开口度大小的区别，不同的

元音响亮度就存在区别，低元音由于开口度大，响亮度就明显大于比它位置高的其他元音。如低元音［ɑ］必然比高元音［i］和［u］要响亮得多。那么不同的元音复合为一个韵母，其中总有一个音素的开口度要比其他的音素开口度大，开口度大的那个音素就必然要响亮一些，相比较而言，比较响亮的音素在这个韵母中就是主要元音。因此在复韵母中，元音的响度与主要元音具有相关性。例如：在韵母 ia［iA］中主要元音是低元音［A］；在 ei［eI］中主要元音是开口度相对比较大的半高的［e］；而在 ou［ou］中主要元音是开口度相对比较大的半高的［o］；在三合复韵母 iou［iou］中主要元音是开口度相对比较大的半高的［o］。

第三，个别音素的不稳定性。复韵母中，一般主要元音比较清晰，而非主要元音，特别是处于韵母后部的韵尾音素，在语流中的清晰度不够高，音值也不太稳定，常常只是代表一个滑动的方向。例如 ei［eI］、ai［aI］韵母中的韵尾［i］并不太清晰，音值也不太稳定，它只是代表一个滑动方向，并没有到［i］的位置上，只是到比它低的［I］或者更低一些的［e］的位置上。ai 读出来的音实际常常是［aI］，甚至是［ae］。

第四，音高对个别音素有一定的制约与影响。有的韵母音值会受音节音高的制约，在不同音高的音节中，音值会有一定的差别。最明显的如三合复韵母 iou 中的韵尾［u］在上声音节中圆唇度比较高，而在非上声音节中圆唇度就不那么高。如"有"［iou²¹⁴］由于是上声音节，其韵尾的圆唇度比较高，而"优"［iou⁵⁵］、"油"［iou³⁵］、又［iou⁵¹］由于不是上声音节，韵尾的圆唇度就不高。

3.3.4.3 二合复元音韵母
3.3.4.3.1 前响二合元音韵母

前响二合元音韵母的前面一个音素较为响亮，共有 4 个：ai、ao、ei、ou。

ai［aI］发音时从舌面、前、低、不圆唇元音，即一般俗称的"前阿"［a］向舌面、前、半高和高之间的元音［I］滑动，开始发音时是［a］的位置，口腔开口度一开始很大，舌位很低，然后口腔逐渐缩小，舌位上抬，向着前高元音［i］的位置滑动，一般停止于［I］，形成了复合元音［aI］。请看动程示意图：

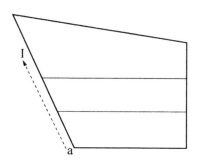

图 3.3.4–1　ai [aɪ] 动程示意图

ai [aɪ] 是发音动程比较大的音，其中 [a] 的开口度要大，这样发出来 ai [aɪ] 才显得元音比较饱满。

【听读练习】āi（哀）——ái（挨）——ǎi（矮）——ài（爱）
　　　　　àidài（爱戴）　mǎimai（买卖）　shài tàiyáng（晒太阳）
　　　　　dàidài xiāngchuán（代代相传）

ao [aʊ] 发音时从舌面、后、低、不圆唇元音，即一般俗称的"后阿"[a] 向舌面、后、半高和高之间的元音 [ʊ] 滑动。开始发音时口腔开口度很大，舌尖放在下面离开下齿龈一点儿，舌后部向后面靠，发出 [a]，然后口腔逐渐缩小，唇形逐渐变为圆唇，舌位上抬，向着后高元音 [u] 的方向滑动，但大概到了 [ʊ] 就停止了，这样就形成了复合元音 [aʊ]。请看动程示意图：

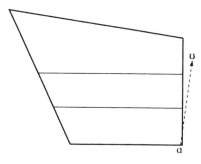

图 3.3.4–2　ao [aʊ] 动程示意图

【听读练习】āo（凹）——áo（熬）——ǎo（袄）——ào（傲）
　　　　　bāo（包）　　kǎo（考）　　mào（冒）
　　　　　nào（闹）　　shǎo（少）　　zǎo（早）

ei [eɪ] 发音时从舌面、前、半高、不圆唇的 [e] 向着比它高一些的元音［I］滑动，动程非常短。开始发音时的音［e］开口度不大，滑动到［I］时开口度更小。

需要注意的是，实际上 ei 的第一个音素不一定是舌面、前、半高、不圆唇的［e］，这与它前面是什么声母有一定的关系，如果它前面是舌根音 g 或 h 做声母，就发［əɪ］，因为舌根音本来舌头就靠后，所以带上 ei 时，韵母的起点就不可能是前元音［e］，而只可能是舌面、中央元音［ə］。例如"给"声母是 g，"黑"声母是舌根音 h，其中的韵母就是发的［əɪ］。请看动程图示意图：

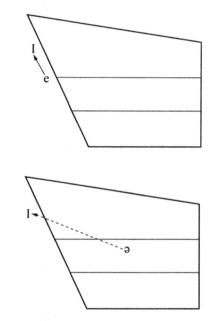

图 3.3.4-3　ei［eɪ］和［əɪ］动程示意图

【听读练习】bēi（杯）　　　běi（北）　　　bèi（背）
　　　　　　péi（赔）　　　léi（雷）　　　shéi（谁）
　　　　　　zéi（贼）　　　gěi（给）　　　hēi（黑）

ou［əʊ］发音时，从舌面、不圆唇、中央元音开始向着舌面、后、半高和高之间的元音［ʊ］滑动。其中的中央元音［ə］，是每种语言都可能有的一个很容易发出来的音，发音时舌头的位置不靠前，也不靠后，舌面不高也不低，口腔开口度适中，不大也不小。发出［ə］以后，舌头后部抬高，舌头向后缩，向着后高元音［u］的方向滑动，但不到

[u] 的位置，而是到比它低一点儿的 [ʊ] 就停止了，这样就形成了 ou [əʊ]。请看动程示意图：

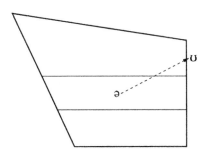

图3.3.4-4 ou [əʊ] 动程示意图

【听读练习】ōu（欧）　　ǒu（呕）
　　　　　　Lǎo gǒu chī ròu,　（老狗吃肉，
　　　　　　xiǎo gǒu chī ǒu,　 小狗吃藕，
　　　　　　qì zǒu Lǎo Zhōu.　 气走老周。）

3.3.4.3.2 后响二合元音韵母

后响二合元音韵母的后一个音素较为响亮，是从一个开口度比较小的元音向另一个开口度比较大的元音滑动。换言之，是从舌位比较高的元音向舌位比较低的元音滑动。后响二合元音韵母共有 5 个：ia、ua、ie、uo、üe。

ia [iA] 发音时是从舌面、前、高、不圆唇元音 [i] 向舌面、央、低、不圆唇元音，即一般俗称的"中 a" [A] 滑动，在开始发音时是 [i] 的位置，口腔开口度很小、舌位很高，然后口腔逐渐张大，舌位降低，滑动到 [A]，形成了复合元音 [iA]。请看动程示意图：

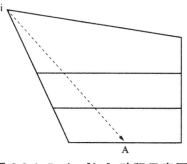

图 3.3.4-5 ia [iA] 动程示意图

【听读练习】yā（鸭）　yá（牙）　yǎ（哑）　yà（亚）
　　　　　　jiā（家）　qià（恰）　xià（下）

uɑ [uA] 发音时是从舌面、后、高、圆唇元音的 [u] 向舌面、央、低、不圆唇元音，即一般俗称的"中阿" [A] 滑动，在开始发音时舌位是 [u]，口腔开口度很小、舌位很高，舌头靠后，然后口腔逐渐张大，舌位降低，滑动到 [A]，形成了复合元音 [uA]。请看动程示意图：

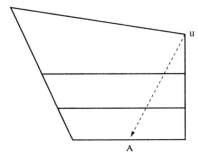

图 3.3.4-6　uɑ [uA] 动程示意图

【听读练习】wā（挖）　　wá（娃）　　wǎ（瓦）　　wà（袜）
　　　　　　Wáwa huà huā、shuǎ wā、wā guā.
　　　　　　（娃娃画花、耍蛙、挖瓜。）

ie [iɛ] 发音时是从舌面、前、高、不圆唇元音 [i] 向舌面、前、半低、不圆唇元音 [ɛ] 滑动，在开始发 [i] 时口腔开口度很小、舌位很高，然后口腔逐渐张大一些，舌位降低一些，滑动到 [ɛ]，形成了复合元音 [iɛ]。请看动程示意图：

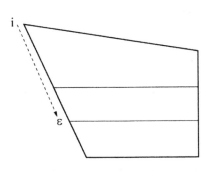

图 3.3.4-7　ie [iɛ] 动程示意图

【听读练习】yē（椰）　　yé（爷）　　yě（野）　　yè（叶）
　　　　　　Jiějie jiè yéye xié.（姐姐借爷爷鞋。）

uo ［uo］发音时从舌面、后、高、圆唇元音［u］向比它低一点儿的舌面、后、半高、圆唇元音［o］滑动。在开始发音时，［u］口腔开口度很小、舌位很高，舌头靠后，然后口腔逐渐张大一点儿，舌位降低一点儿，滑动到［o］，形成复合元音［uo］。特别需要注意的是这个音滑动的动程很短，后面的音素开口度不能大了，否则就会变成其他的音。请看动程示意图：

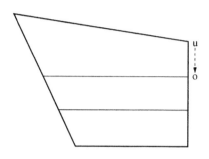

图3.3.4-8　uo［uo］动程示意图

【听读练习】wō（窝）　　wǒ（我）　　wò（握）
　　　　　　Wǒ shǒu luó, nǐ shǒu guō.（我守锣，你守锅。）

üe ［yɛ］发音时是从舌面、前、高、圆唇元音［y］向比它低的舌面、前、半低、不圆唇元音［ɛ］滑动。在开始发音时，［y］口腔开口度很小、双唇向外突出，形成圆形，舌位很高，然后口腔逐渐变大一些，双唇也逐渐展开，舌位降低，逐渐滑动到［ɛ］，形成复合元音［yɛ］。请看动程示意图：

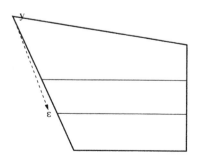

图3.3.4-9　üe［yɛ］动程示意图

【听读练习】　yuē（约）　　yuè（月）　　què（却）
　　　　　　　jué（决）　　xué（学）　　quē（缺）

注意，在实际的音节拼写形式中 üe 这个拼写形式只出现在 l 和 n 这两个声母后。按照汉语拼音的拼写规则，在前面没有声母的零声母音节中，ü 字母要变为 u，前面加上 y；而 üe 这个韵母只在 j、q、x 三个声母后面才出现，而以 u 为韵母或者以 u 开头的其他合口呼韵母从来不出现在这三个声母后面，所以汉语拼音拼写规则规定，j、q、x 后面的 ü 字母必须用 u 来代替。

思考与练习（15）

一、什么是复元音韵母？

二、普通话有多少个复元音韵母？有多少个二合元音韵母？有多少个三合元音韵母？

三、普通话的二合元音韵母中前响二合元音韵母有多少个？后响二合元音韵母有多少个？

四、读音练习。（请跟着录音读下列韵母和音节）

1. ai——ao——ei——ou——üe
2. ia——ua——ie——uo——üe
3. bǎi（百）——pāi（拍）——mài（迈）
   dāi（呆）——nǎi（乃）——lài（赖）
   cǎi（采）——kāi（开）——hái（还）
   zhǎi（窄）——zài（在）
4. bǎo（宝）——pào（泡）——gǎo（搞）
   dāo（刀）——tào（套）——hǎo（好）
   zhào（赵）——ráo（饶）——sǎo（嫂）
5. bèi（被）——mèi（妹）——fēi（非）
   děi（得）——nèi（内）——léi（雷）
   gěi（给）——hēi（黑）——zéi（贼）
6. mǒu（某）——dǒu（抖）——tóu（投）
   lòu（漏）——gōu（沟）——kòu（叩）

zhōu（周）──ròu（肉）──sōu（艘）

7. yá（牙）──liǎ（俩）──jiǎ（贾）
   qiǎ（卡）──xià（下）

8. yě（也）──bié（别）──piě（撇）
   dié（叠）──niè（聂）──jiě（姐）
   qiě（且）──xié（鞋）

9. wǎ（瓦）──guà（挂）──kuà（跨）
   huà（画）──zhuǎ（爪）──shuǎ（耍）

10. wǒ（我）──duǒ（躲）──huǒ（火）
    zhuō（桌）──shuō（说）──chuō（戳）

11. yuè（月）──lüè（略）──què（却）

12. jué（决）──jié（节）　qiè（窃）──juè（倔）

13. xuě（雪）──xiě（写）　lòu（漏）──luò（落）

14. bài（拜）──bèi（背）　lǎo（老）──lóu（楼）

15. sōu（艘）──suō（缩）　jiǎ（贾）──jiě（姐）

16. qià（恰）──qiè（切）　qiè（窃）──què（雀）

17. guā（刮）──guō（锅）　jiē（街）──yuē（约）

五、朗读下列词语。

1. rè'ài   （热爱）　bǎishè   （摆设）　èrbǎi   （二百）
   pài lái （派来）　mǎimài   （买卖）　àidài   （爱戴）
   nàilì   （耐力）　nǎilào   （奶酪）　gǎizào   （改造）
   kǎishū   （楷书）　hàipà   （害怕）　huǒchái （火柴）

2. bàodào （报道）　pǎobù   （跑步）　màohuǒ   （冒火）
   dàodá   （到达）　táopǎo   （逃跑）　nǎolì   （脑力）
   gǎo hǎo （搞好）　kǎobèi   （拷贝）　hǎoshì   （好事）
   zhǎo dào（找到）　ràolù   （绕路）　zǎocāo   （早操）
   Cáo Cāo （曹操）　máocǎo   （茅草）　lǎotàitai（老太太）

3. bēibāo （背包）　pèicài   （配菜）　méi kāi （没开）
   féizào （肥皂）　nèikē   （内科）　lèitái   （擂台）

4. Ōuzhōu （欧洲）　pōuxī   （剖析）　mǒu chù （某处）
   fǒujué （否决）　dǒu luò   （抖落）　tóuhào   （头号）
   lóudào （楼道）　gòu chī   （够吃）　kǒudài   （口袋）

| hòutái | （后台） | zhōudào | （周到） | róudào | （柔道） |

5. yābǎo （押宝）　yāzi （鸭子）　zánliǎ （咱俩）
   jiǎmào （假冒）　qiǎ zhù （卡住）　xià dǎo （吓倒）
6. wǎfáng （瓦房）　guàgōu （挂钩）　kǒutóu （口头）
   hòudao （厚道）　Zhōucháo （周朝）　chóumǎ （筹码）
7. yèwù （业务）　biēqì （憋气）　piē kāi （撇开）
   mièjué （灭绝）　diē dǎo （跌倒）　tiē hǎo （贴好）
   lièchē （列车）　jiéchū （杰出）　qièqǔ （窃取）
8. wòshǒu （握手）　duōshǎo （多少）　tuōlí （脱离）
   nuòruò （懦弱）　luòtuo （骆驼）　guónèi （国内）
9. yuèyù （越狱）　yuèyǔ （粤语）　juédòu （决斗）
   juéjì （绝迹）　nüèjí （疟疾）　lüèduó （掠夺）
10. xuědì （雪地）　quèqiè （确切）　chāoguò （超过）
    shǒushù （手术）　shàonǚ （少女）　guójì （国际）
11. qià dào hǎo chù （恰到好处）　luō li luōsuō （啰里啰唆）
    huò duō huò shǎo （或多或少）　jiā yù hù xiǎo （家喻户晓）
    tāotāo bù jué （滔滔不绝）　qí huā yì cǎo （奇花异草）
    wǎngluò sōusuǒ （网络搜索）　tǎo jià huán jià （讨价还价）
    xìng gāo cǎi liè （兴高采烈）　dà bāo dà lǎn （大包大揽）
    bào fēng zhòu yǔ （暴风骤雨）　réndào zhǔyì （人道主义）
    kāi tiān pì dì （开天辟地）　bǎi huā qí fàng （百花齐放）
    méiyìsi （没意思）　láodònglì （劳动力）
    gāoxuèyā （高血压）　pàichūsuǒ （派出所）

六、请听下列音节，然后把韵母记录下来。

1. 少——说（　）（　）　2. 杰——给（　）（　）
3. 谋——毛（　）（　）　4. 内——耐（　）（　）
5. 拜——派（　）（　）　6. 果——狗（　）（　）
7. 臭——绰（　）（　）　8. 包——瓜（　）（　）
9. 眉——节（　）（　）　10. 妹——鞋（　）（　）
11. 佳——接（　）（　）　12. 考——口（　）（　）

七、朗读下列词语并在括号中写出其韵母。

1. 走路（　）（　）　2. 凑齐（　）（　）

3. 卖出（　　）（　　）　　4. 首都（　　）（　　）
5. 采摘（　　）（　　）　　6. 瘦肉（　　）（　　）
7. 扩招（　　）（　　）　　8. 火烧（　　）（　　）
9. 扫除（　　）（　　）　　10. 赛车（　　）（　　）
11. 美国（　　）（　　）　　12. 透过（　　）（　　）
13. 购买（　　）（　　）　　14. 老太婆（　　）（　　）（　　）
15. 泄露（　　）（　　）　　16. 接待（　　）（　　）

八、熟读以下诗歌。

Yī jiǎn méi

Lǐ Qīngzhào

Hóng ǒu xiāng cán yù diàn qiū,
Qīng jiě luó cháng, dú shàng lán zhōu.
Yún zhōng shuí jì jǐn shū lái?
Yàn zì huí shí, yuè mǎn xī lóu.

Huā zì piāolíng shuǐ zì liú.
Yī zhǒng xiāngsī, liǎng chù xián chóu.
Cǐ qíng wú jì kě xiāochú.
Cái xià méitóu, què shàng xīntóu.

Tiān Jìng Shā　Qiū Sī

Mǎ Zhìyuǎn

Kū téng lǎo shù hūn yā,
Xiǎo qiáo liúshuǐ rén jiā,
Gǔ dào xīfēng shòu mǎ.
Xīyáng xī xià,
Duànchángrén zài tiānyá.

Jǐhài Zá Shī

Gōng Zìzhēn

Hào dàng lí chóu bái rì xié,
Yín biān dōng zhǐ jí tiānyá.

一剪梅

［宋］李清照

红藕香残玉簟秋，
轻解罗裳，独上兰舟。
云中谁寄锦书来？
雁字回时，月满西楼。

花自飘零水自流。
一种相思，两处闲愁。
此情无计可消除。
才下眉头，却上心头。

天净沙　秋思

［元］马致远

枯藤老树昏鸦，
小桥流水人家，
古道西风瘦马。
夕阳西下，
断肠人在天涯。

己亥杂诗

［清］龚自珍

浩荡离愁白日斜，
吟鞭东指即天涯。

Luò hóng **bú** shì wú qíng wù,　　落红不是无情物,
Huà zuò chūn ní gèng hù huā.　　化作春泥更护花。

3.3.4.4　三合复元音韵母

三合复元音韵母即是所谓的"中响复元音韵母",一般中间的一个元音最为响亮。一共有4个：iao［iɑʊ］、iou［iəʊ］、uai［uaɪ］、uei［ueɪ］。

iao［iɑʊ］是在二合复韵母 ao［ɑʊ］的基础上加上韵头［i］形成的。发音时从舌面、前、高、不圆唇元音［i］开始,开始发音时口腔开口度很小,嘴唇不圆,舌头靠前,舌面比较高,发出韵头［i］；然后很快地舌尖放在下面离开下齿龈一点儿的位置上,舌后部向后面靠,发出主要元音［ɑ］；紧接着口腔逐渐缩小,唇形逐渐变为圆唇,舌位上抬,向着后高元音［u］的方向滑动,但大概到了［ʊ］就停止了,这样就形成了复合元音 iao［iɑʊ］。请看动程示意图：

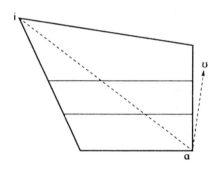

图3.3.4-10　iao［iɑʊ］动程示意图

【听读练习】yāo（腰）　　yáo（姚）　　yǎo（咬）　　yào（要）

uai［uaɪ］是在二合复韵母 ai［aɪ］前加上韵头［u］形成的。发音时从舌面、后、高、圆唇元音［u］开始,开始发音时口腔开口度很小,嘴唇是圆的,舌头靠后,舌面高,发出韵头［u］；然后口腔很快张大,唇形展开,舌头向前向下降,滑向舌面、前、低、不圆唇元音,即一般俗称的"前阿"［a］这个主要元音；最后口腔逐渐缩小,舌位上抬,向着前高元音［i］的方向滑动,大约到［ɪ］停住。这样就形成了三合复元音 uai［uaɪ］。请看动程示意图：

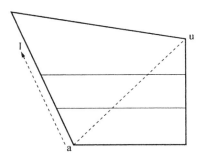

图 3.3.4–11 uɑi [uaɪ] 动程示意图

【听读练习】wāi（歪） wài（外） huái（怀） chuài（踹）
zhuài（拽） shuài（帅） guāi（乖） kuài（快）

iou [iəʊ] 是在二合复韵母 ou [əʊ] 前加上韵头 [i] 形成的。发音时从舌面、前、高、不圆唇元音 [i] 开始，开始时口腔开口度很小，嘴唇不圆，舌头靠前，舌面比较高，发出韵头 [i]；然后舌头放下一些，也稍微向后一些，到舌面不高也不低、口腔开口度适中的主要元音 [ə] 的位置；最后舌头后部抬高，舌头向后缩，向着后高元音 [u] 的方向滑动，滑到比它低一点儿的 [ʊ] 就停止了。这样就形成了三合复元音 iou [iəʊ]。请看动程示意图：

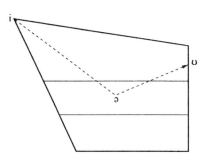

图 3.3.4–12 iou [iəʊ] 动程示意图

注意，按照汉语拼音的拼写规则，在实际的音节拼写形式中从来见不到 iou 这个拼写形式，因为在零声母音节中 i 字母要变为 y；而在有声母的音节中，代表中间主要元音的 o [ə] 必须省略，韵母写为 iu。所以看到 iu 时要注意不要忘了中间有一个主要元音 o [ə]。

【听读练习】yòu（又） jiù（就）
Xiǎo Niú diū xiùqiú gěi Xiǎo Liú.（小牛丢绣球给小刘。）

uei [ueɪ] 是在二合复韵母 ei [eɪ] 前加上韵头 [u] 形成的。发音时从舌面、后、高、圆唇元音 [u] 开始，开始发音时口腔开口度很小，嘴唇是圆的，舌头靠后，舌面高，发出韵头 [u]；然后口腔很快稍微张大一点儿，唇形展开，舌头向前向下降一点儿，滑向舌面、前、半高、不圆唇 [e] 这个主要元音；最后口腔逐渐缩小，舌位上抬，向着前高元音 [i] 的方向滑动，大约到 [ɪ] 停住。这样形成了三合复元音 uei [ueɪ]。请看动程示意图：

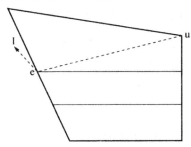

图 3.3.4–13　uei [ueɪ] 动程示意图

注意，按照汉语拼音的拼写规则，在实际的音节拼写形式中从来见不到 uei 这个拼写形式，因为在零声母音节中，u 字母要变为 w；而在有声母的音节中，中间的主要元音 e [e] 必须省略，韵母写为 ui，所以看到 ui 时，要注意不要忘了中间省略了一个主要元音 e [e]。

【听读练习】wěi（伟）　　kuī（亏）　　guī（归）
　　　　　　会（huì）　　duī（堆）　　shuǐ（水）

3.3.5　外国学生复韵母学习提示

韩国学生学习汉语的一些复合韵母有一定困难。有的韩国学生发的复韵母中的介音太短，比较模糊，听起来会觉得脱落了一个音素，"因为韩语复合元音和汉语的复合韵母的组合方法差异很大，韩语复合元音前面的介音段音长很短，而汉语复合韵母每一个元音发音时都要确保一定的长度。所以，韩国学习者发汉语复合韵母介音时不能确保足够的音长，中国人往往就认为韩国学习者脱落了复合元音中的一个元音。"（李善熙 2010）

韩国学生学习汉语复韵母偏误率比较高的韵母依次是：ou [əu]、uei [ueɪ]、uɑ [uA] 和 ie [iɛ]。（陈珺 2007）

韵母 ou [əu] 中的主要元音，汉语拼音用字母 o 表示，但实际发的是 [ə]。有的韩国学生把其中的主要元音 [ə] 发成圆唇的后高元音 [o]，或者是读为后、半低、圆唇元音 [ɔ]，有的学生则把这个韵母发为单元音［o］，少数学生则发为［iou］。

韩语没有三合元音韵母，汉语 uei［ueɪ］，韩国学生比较容易把这个三合元音韵母中的一个元音丢失，发为二合元音 ui［uɪ］。另外，也可能是由于汉语拼音的拼写规则规定在有声母的情况下，把 uei 韵省写为 ui 给学生造成了一定的误导。有的韩国学习者会把 uei［ueɪ］发为［ui］或者［ei］。

韵母 ua［uA］有的韩国学生错误地发为［uɑl］，一是主要元音舌位太靠后部，二是增加了一个韵尾（韩语中有的音节后面有［l］韵尾）。

韵母 ie［iɛ］有的韩国学生发主要元音时开口度太大，发成了［iæ］。

汉语普通话的撮口呼 ü［y］和其他撮口呼的复韵母很多语言都没有，因此以这些语言为母语的学生不容易发好这一组韵母。这些学生要特别注意撮口呼韵母的学习。例如日本、泰国和韩国学生要特别注意学好撮口呼复韵母。

泰语以 i- 为韵头的三个复元音韵母中有两个是长元音［iː］，所以泰国学生会把汉语 iao 中的［i］读成长元音［iː］，即把 iao［iɑʊ］读为［iːɑʊ］。

泰语中没有汉语韵母 ia 和韵母 ie，零起点和初级汉语水平者会把"家"和"街"都读为［tɕiæ］；部分越南学生也有类似偏误。

《汉语拼音方案》规定韵母 iou 和 uei 在前面有声母时，中间的主要元音要省写，分别写为 iu 和 ui，如"球"写为 qiú，"对"写为 duì，而有的外国学生受汉语拼音拼写形式的误导，不按照这两个韵母本来的读音读出其中的主要元音，读为三合复元音韵母，而是漏读了其中的主要元音，错误地读为二合复元音韵母。有的日本学生发 chūn（春）和 huì（会）时，就会丢失其中的主要元音。

日本学生发 huā（花）时会发得像日语的"フア"。他们发不好这个音是由于他们发汉语 u 的时候会发为日语的"ウ"。汉语的 u 比日语的"ウ"嘴唇要更小一点儿。发好了汉语的 u 才能发好 huā（花）这一音节。因此，日本学生要先学会发汉语的 u，再来学习发 huā（花）这一音节。①

思考与练习（16）

一、读音练习。（请跟着录音读下列韵母和音节）

1. iao——iou（iu）——uai——uei（ui）

---

① 此处参考了浅海雪绘（2010）的研究。

2. uei (ui)——uai——iou (iu)——iao

3. yāo（腰）——yáo（姚）——yǎo（咬）——yào（要）

4. biāo（彪）——piāo（飘）　　diào（掉）——tiào（跳）
   niào（尿）——liào（料）　　miǎo（秒）——niǎo（鸟）
   jiāo（交）——qiāo（敲）——xiāo（肖）

5. diāo（叼）——diū（丢）　　niǎo（鸟）——niǔ（扭）
   liáo（聊）——liú（刘）　　jiǎo（脚）——jiǔ（酒）
   qiáo（桥）——qiú（球）　　xiǎo（小）——xiǔ（朽）

6. diāo chūlai（叼出来）——diū chūlai（丢出来）
   ——tiāo chūlai（挑出来）
   xiǎo niǎo（小鸟）——xiǎo niú（小牛）
   liú *yi* xià（留一下）——liáo *yi* xià（聊一下）
   jiào chūlai（叫出来）——jiù chūlai（救出来）
   qiáo *yi* qiáo（瞧一瞧）——qiú *yi* qiú（求一求）
   xiāo hǎo（削好）——xiū hǎo（修好）

7. wài（外）——wèi（为）　　guāi（乖）——guī（归）
   kuài（快）——kuì（溃）　　huài（坏）——huì（会）

8. wài lái（外来）——wèilái（未来）
   tài guì（太贵）——tài guài（太怪）
   hěn huài（很坏）——hěn huì（很会）
   shuǎi le（甩了）——shuì le（睡了）
   zhuài xiàlai（拽下来）——zhuì xiàlai（坠下来）

二、朗读下列词语。

1. yāoqiú　　（要求）　　yáobǎi　　（摇摆）　　yàoshi　　（钥匙）
   biǎobái　　（表白）　　biāopái　　（标牌）　　piāomiǎo（缥缈）
   miǎobiǎo　（秒表）　　diàotóu　　（掉头）　　tiàogāo　（跳高）
   niǎolèi　　（鸟类）　　liào dào　 （料到）　　jiāodào　（交道）
   qiāozhà　　（敲诈）　　xiǎotōu　　（小偷）　　liáokuò　（辽阔）

2. yòumiáo　　（幼苗）　　miùwù　　　（谬误）　　diūshī　　（丢失）
   niúnǎi　　（牛奶）　　liúshuǐ　　（流水）　　jiǔshuǐ　（酒水）
   jiùhuǒ　　（救火）　　jiǔbēi　　（酒杯）　　qiúsài　　（球赛）
   qiúgòu　　（求购）　　xiūgǎi　　（修改）　　jiùyǒu　　（旧友）

3. wàiguó　　（外国）　　guǎi zǒu　　（拐走）　　kuàihuo　（快活）
   kuài zǒu　（快走）　　huàichù　　（坏处）　　shuǎi kāi（甩开）

4. suíshí suídì　　　（随时随地）　　tuī lái tuī qù　　（推来推去）
   dà yǒu kě wéi　　（大有可为）　　guī gēn dào dǐ　　（归根到底）
   yóu cǐ kějiàn　　（由此可见）　　mò míng qí miào　（莫名其妙）
   dà dà xiǎo xiǎo　（大大小小）　　dà tóng xiǎo yì　　（大同小异）
   gǎi xié guī zhèng（改邪归正）　　zhòng suǒ zhōu zhī（众所周知）
   qián suǒ wèi yǒu（前所未有）　　chuān liú bù xī　（川流不息）
   wēi bù zú dào　　（微不足道）

5. bólǎnhuì　　（博览会）　　jìngqiāoqiāo　（静悄悄）
   Jīdūjiào　　（基督教）　　kāiwánxiào　　（开玩笑）
   lìjiāoqiáo　（立交桥）　　liúxuéshēng　（留学生）
   suǒdéshuì　（所得税）　　sīyǒuzhì　　　（私有制）
   shuǐzhēngqì（水蒸气）

三、请听下列音节，然后把韵母记录下来。

1. 怪——贵（　）（　）　　2. 快——愧（　）（　）
3. 留——聊（　）（　）　　4. 酒——脚（　）（　）
5. 郊——加（　）（　）　　6. 秋——敲（　）（　）
7. 摔——说（　）（　）　　8. 甩——水（　）（　）
9. 贵——怪（　）（　）　　10. 硕——睡（　）（　）

四、朗读下列词语并在括号中写出其拼音。

1. 摔跤（　）（　）　　2. 药材（　）（　）
3. 回归（　）（　）　　4. 妙处（　）（　）
5. 球友（　）（　）　　6. 苗条（　）（　）
7. 休学（　）（　）　　8. 甩掉（　）（　）
9. 怀胎（　）（　）　　10. 退潮（　）（　）
11. 牛排（　）（　）　　12. 敲诈（　）（　）
13. 手球（　）（　）　　14. 娇气（　）（　）
15. 九岁（　）（　）　　16. 桥牌（　）（　）
17. 小巧（　）（　）　　18. 贵校（　）（　）
19. 教学（　）（　）　　20. 修改（　）（　）

五、 熟读下面笑话，注意以下几个韵母的读音：uei (ui)、iao、uai、iou (iu)。

Yīshēng wèile yào shuōmíng yǐn jiǔ de huàichù, bǎ liǎng tiáo xiǎo
医生 为了要 说 明 饮 酒的 坏处，把 两 条 小
chóngzi fēnbié fàng jìn zhuāng jiǔ hé zhuāng shuǐ de píngzi li. Fàng
虫 子分别 放 进 装 酒和 装 水的 瓶子里。放
zài jiǔ li de nà tiáo xiǎo chóngzi hěn kuài jiù sǐ le, fàng zài shuǐ li de
在 酒里的 那 条 小 虫 子很 快 就死了， 放 在 水里的
nà tiáo **yì** diǎnr shìr yě méi yǒu, yīshēng duì zhōuwéi de rén shuō:
那 条 一点儿事儿也 没 有，医生 对 周 围 的 人 说：
"Kànjiàn le ba, nǐmen cóng zhè **yí** xiànxiàng zhōng míngbáile shén
"看 见了吧，你们 从 这 一 现 象 中 明 白了什
me?" Rénqún zhōng yǒu **yí** gè jiǔtú dà shēng hǎn dào: "Hē jiǔ de
么？" 人 群 中 有 一 个 酒徒大 声 喊 道："喝酒的
rén dù zi li **bú** huì shēng zhè zhǒng chóngzi."
人 肚子里不会 生 这 种 虫子。"

六、 熟读下列绕口令，注意其中的韵母 ao 和 iao。

Bái Māo Hé Bái Miào　　白猫和白庙

Bái miào wài yǒu **yì** zhī bái māo, Bái miào nèi yǒu **yì** dǐng bái mào.
Bái miào wài de bái māo qiáo jiàn le bái mào,
Diāo zhe bái miào nèi de bái mào pǎo chū le bái miào.
白庙外有一只白猫，白庙内有一顶白帽。
白庙外的白猫瞧见了白帽，叼着白庙内的白帽跑出了白庙。

七、 熟读以下诗歌。

　　　Chūn Wàng　　　　　　春望

　　　Dù Fǔ　　　　　　［唐］杜甫

Guó pò shānhé zài,　　　　国破山河在，
Chéng chūn cǎomù shēn.　　城春草木深。
Gǎn shí huā jiàn lèi,　　　感时花溅泪，
Hèn bié niǎo jīng xīn.　　　恨别鸟惊心，
Fēnghuǒ lián sān yuè,　　　烽火连三月，
Jiāshū dǐ wàn jīn.　　　　家书抵万金。
Bái tóu sāo gèng duǎn,　　白头搔更短，
Hún yù **bú** shèng zān.　　浑欲不胜簪。

Huànxīshā　　　　　　　　　　浣溪沙
　　Yàn Shū　　　　　　　　　　　［宋］晏殊

Yī qǔ xīn cí jiǔ yì bēi,　　　　　一曲新词酒一杯，
Qùnián tiānqì jiù tíngtái,　　　　去年天气旧亭台，
Xīyáng xī xià jǐ shí huí.　　　　　夕阳西下几时回。
Wú kě nàihé huā luò qù,　　　　　无可奈何花落去，
Sì céng xiāngshí yàn guīlái.　　　似曾相识燕归来。
Xiǎo yuán xiāng jìng dú páihuái.　小园香径独徘徊。

3.3.6　鼻音韵母

3.3.6.1　鼻音韵母及其分类

普通话中的韵母完全由元音组成的有两类：单元音韵母、复元音韵母，除这两类之外，还有一类是由元音与鼻辅音组成的带鼻音的韵母，简称鼻韵母。现代汉语普通话中只有两个鼻辅音能够与元音组合成鼻音韵母，这两个鼻辅音是舌尖中鼻音 n [n] 和舌根鼻音 ng [ŋ]。它们的位置在音节的末尾，称为鼻音韵尾。舌尖鼻音 -n [n] 做韵尾一般简称为前鼻音韵尾，舌根鼻音 -ng [ŋ] 做韵尾一般简称为后鼻音韵尾。带前鼻音韵尾 -n [n] 的韵母一般简称为前鼻音韵母，带后鼻音韵尾 -ng [ŋ] 的韵母一般简称为后鼻音韵母。普通话的鼻韵母一共有 16 个，前鼻音韵母 8 个，后鼻音韵母 8 个。

前鼻音韵母	an [an]	ian [iɛn]	uan [uan]	üan [yɛn]
	en [ən]	in [in]	uen [uən]	ün [yn]
后鼻音韵母	ang [aŋ]	iang [iaŋ]	uang [uaŋ]	
	eng [əŋ]	ing [iŋ]	ueng [uəŋ]	
			ong [uŋ]	iong [yuŋ] / [iuŋ]

3.3.6.2　学习鼻音韵母应注意的问题

鼻音韵尾与它前面的元音组合是一种很自然的无缝连接与自然渐变。后面的鼻音韵尾与前面的元音音素不是简单地加在一起，音素与音素之间没有停顿，不是从一个元音音素跳到鼻音韵尾，它们是一个很自然的无缝的滑动变化，口腔的形状、舌头的位置以及唇形都是逐渐变化的。

另有一点需要注意的是，一般一个完整的辅音发音包括三个过程，

第一个过程是形成阻碍,即发音的部位形成一定的阻碍;第二是持续阻碍;第三是消除阻碍。但是鼻辅音做韵尾时,只有前面两步,没有最后的消除阻碍这一步,所以听起来比它做声母时声音要弱一些,特别是在语流中后面还有一个音节时。如果它后面是一个没有声母的零声母音节,那么鼻音韵尾更显得不清楚。

汉语中带鼻音韵母的字很多,汉语方言中,有的南方方言里前鼻音与后鼻音不分,有的地方都读为前鼻音韵尾 -n [n]。外国学生如果是在这些方言区学习汉语,有可能受当地汉语方言的影响,从而分不清这两组字的发音。所以要特别注意区分这两组字发音上的区别。

3.3.6.3　前鼻音 n [n] 与后鼻音 ng [ŋ] 的区别

n [n] 属于舌尖中、前鼻音。发音时,舌尖抬起,舌尖及舌尖前面一部分抵住上齿龈,形成阻碍,软腭和小舌下垂,打开鼻腔通道,气流上引,颤动声带,气流从鼻腔里出来形成鼻音。发 n [n] 时口腔张开得比较小。

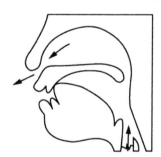

图 3.3.6-1　n [n] 发音示意图

ng [ŋ] 属于舌根鼻音,也称为"后鼻音"。发音时,舌尖放下,舌根(实际上是舌面后部)向后面隆起,与软腭形成阻碍,软腭和小舌下垂,打开鼻腔通道,气流上引,颤动声带,气流从鼻腔里出来形成鼻音。发 ng [ŋ] 时口腔展开得比发 n [n] 时要大一些。

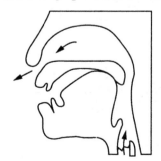

图 3.3.6-2　ng [ŋ] 发音示意图

唱歌时当一个音拖长时或者哼调时用的就是舌根鼻音 ng [ŋ]。大家可以自己哼一个歌的调，拖长了，体会一下。或者跟老师唱一下中国电影插曲《花儿为什么这样红》。

花儿为什么这样红
电影《冰山上的来客》插曲

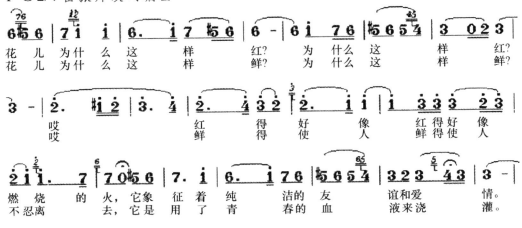

3.3.6.4 前鼻音韵母

前鼻音韵母一共有 8 个。下面我们一个一个地学习。

an [an] 发音时开口度大，舌位低，舌尖接触下齿龈，舌位靠前，先发出一般俗称的"前阿"[a]，紧接着口腔合拢，舌尖上抬，舌面也上升，舌尖抵住上齿龈，软腭和小舌下垂，打开鼻腔通道，气流从鼻腔里出来，发出韵尾 [n]，这样就形成了 an [an]。

注意 an [an] 发音时并不是简单地在单韵母 a [A] 的基础上加上韵尾 [n]。由于两个音素结合得比较紧密，人们惯常使用自然省力的原则，使其中一个音素发生一定的改变，以便使发音时的动作更加协调。所以人们在发 an [an] 时自然让前面的元音迁就后面的鼻音韵尾 [n]，不发为单韵母的"中阿"[A]，而是发"前阿"[a]，因为 [n] 发音时舌尖是抵住上齿龈的，舌头靠前，所以 [n] 的发音部位使得人们发 an 时协调前面的元音为"前阿"[a]。

有的学生发不好这个音，把舌头放得比较靠后，发得不像 an [an]。发这个音一定要注意，一开始发出的是 [a]，舌头是靠前的，特别是最后的韵尾是舌尖中、前鼻音［n］，舌尖要抵住上齿龈。自己可以检查一下，你发完音以后舌尖是不是抵住上齿背上面的上齿龈。请看动程示意图：

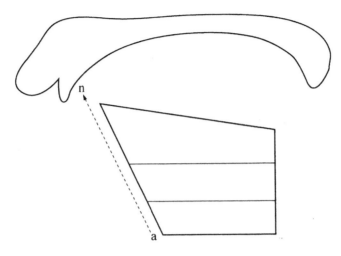

图 3.3.6-3　an［an］动程示意图

【听读练习】ān（安）　　ǎn（俺）　　àn（岸）
　　　　　　bān（班）　　lán（兰）　　gǎn（感）
　　　　　　kǎn（砍）　　dàn（淡）　　chǎn（产）
　　　　　　Ānnán Ānnà liǎng rén àn ànniǔ, nán a!
　　　　　　（安南安娜两人按按钮，难啊！）

　　en［ən］发音时一开始发的元音是中央元音［ə］，这个音很容易发，舌头不靠前也不靠后，舌位不高也不低，处在中间位置，开口度不大也不小，很自然地就可以发出它。发出中央元音［ə］以后，紧接着口腔合拢，舌尖上抬，舌面也上升，舌尖抵住上齿龈，软腭和小舌下垂，打开鼻腔通道，气流从鼻腔里出来发出韵尾［n］，这样就形成了 en［ən］。

　　注意 en［ən］发音时并不是简单地在单韵母 e［ɤ］的基础上加上韵尾［n］。单韵母 e［ɤ］是舌面、后、半高、不圆唇元音，而发 en 时人们为了发音的省力和自然，让前面的元音迁就后面的舌尖中鼻音，不再发舌位靠后的 e［ɤ］，而是发舌位较为靠前的中央元音［ə］，因为［n］发音时舌尖是抵住上齿龈的，舌头是靠前的。请看动程示意图：

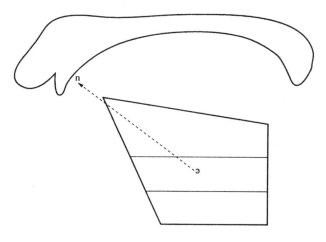

图 3.3.6–4　en [ən] 动程示意图

【听读练习】ēn（恩）　　èn（摁）　　běn（本）　　nèn（嫩）
　　　　　　kěn（肯）　　pén（盆）　　mén（门）　　fēn（分）
　　　　　　gēn（跟）　　hèn（恨）　　zhēn（真）　　chén（晨）
　　　　　　shēn（身）　　zěn（怎）　　sēn（森）

uan [uan] 发音时，口腔开口度小，嘴唇圆而向外突出，双唇形成一个小孔，舌头向后缩，舌前部向下，舌后部向后隆起，发出舌面、后、高、圆唇元音 [u]，但这个 [u] 很短，舌面快速降低，舌头向前移动，舌尖接触下齿龈，舌位靠前，先发出"前 a"[a]，口腔快速合拢，舌尖上抬，舌面也上升，舌尖抵住上齿龈，软腭和小舌下垂，打开鼻腔通道，气流从鼻腔里出来，发出韵尾 [n]，这样就形成了 uan [uan]。请看动程示意图：

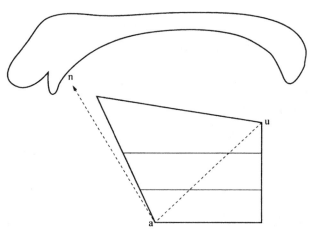

图 3.3.6–5　uan [uan] 动程示意图

【听读练习】 wān（弯）　　　wán（玩）
　　　　　　 wǎn（晚）　　　wàn（万）
　　　　　　 duān（端）　　　tuán（团）
　　　　　　 nuǎn（暖）　　　luàn（乱）
　　　　　　 guān（关）　　　kuān（宽）
　　　　　　 huán（环）　　　zhuàn（赚）
　　　　　　 chuàn（串）　　　shuān（拴）
　　　　　　 ruǎn（软）　　　zuàn（钻）
　　　　　　 cuàn（窜）　　　suān（酸）

　　uen [uən] 发音时，口腔开口度小，嘴唇圆而向外突出，双唇形成一个小孔，舌头向后缩，舌前部向下，舌后部向后隆起，发出舌面、后、高、圆唇元音 [u]，但这个 [u] 很短，舌面快速降低，舌头向后回缩一些，到达中间时发出主要元音央 [ə]，然后舌尖向上齿龈抬起，轻轻接触上齿龈发出韵尾 [n]。请看动程示意图：

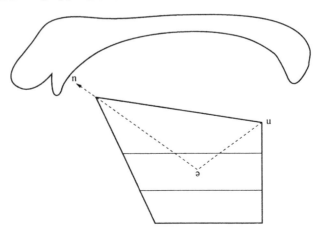

图3.3.6-6　uen [uən] 动程示意图

【听读练习】 wēn（温）　　wén（文）　　wěn（吻）　　wèn（问）
　　　　　　 cūn（村）　　dūn（吨）　　hùn（混）
　　　　　　 gǔn（滚）　　kùn（困）　　lùn（论）
　　　　　　 sūn（孙）　　tūn（吞）　　zūn（尊）

　　ian [iɛn] 发音时，口腔开口度小，嘴唇不圆，舌头靠前，舌面高，发出 [i]，紧接着把口腔张开，舌面下降到半高以下，过渡为主要元音

[ɛ]，然后口腔合拢一些，同时舌尖抬起，舌尖抵住上齿龈，软腭和小舌下垂，打开鼻腔通道，气流从鼻腔里出来，发出韵尾[n]，这样就形成了 ian[iɛn]。请看动程示意图：

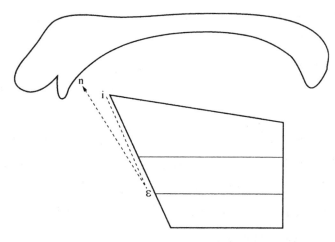

图3.3.6-7 ian[iɛn]动程示意图

【听读练习】yān（烟）　　yán（言）　　yǎn（演）　　yàn（艳）
　　　　　　jiānxiǎn（艰险）　miǎntiǎn（腼腆）　diànxiàn（电线）
　　　　　　liánnián（连年）　liǎnmiàn（脸面）　jiàn miàn（见面）
　　　　　　qiánxiàn（前线）　piàn qián（骗钱）

in[in] 发音时，口腔开口度小，嘴唇不圆，舌头靠前，舌面高，发出[i]，紧接着舌尖抵住上齿龈，软腭和小舌下垂，打开鼻腔通道，气流从鼻腔里出来，发出韵尾[n]，这样就形成了 in[in]。请看动程示意图：

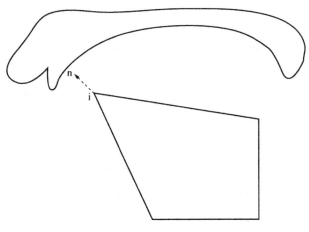

图3.3.6-8 in[in]动程示意图

对于 in [in] 这个音，也有一部分人发得比较长，中间加进一个很短的中央元音 [ə]，就是说，发出 [i] 之后，口腔再张大一些，舌面下降一些，后移一些，过渡到中央元音 [ə]，然后舌尖抬起，抵住上齿龈，软腭下降打开鼻腔通道，气流从鼻腔出来发出 [n]，最后形成的是 ien [iᵊn]。

【听读练习】yīn（音）　bīn（宾）　pǐn（品）　mǐn（敏）
　　　　　　nín（您）　lín（林）　jīn（金）　qín（琴）

üan [yɛn] 发音时，口腔开口度小，嘴唇圆，舌头靠前，舌面高，发出 [y]，紧接着口腔张开，舌面下降到半高以下，过渡到主要元音 [ɛ]，然后口腔合拢一些，同时舌尖抬起，舌尖抵住上齿龈，软腭和小舌下垂，打开鼻腔通道，气流从鼻腔里出来，发出韵尾 [n]，这样就形成了 üan [yɛn]。请看动程示意图：

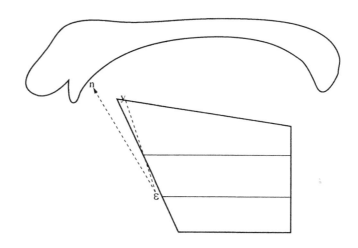

图 3.3.6-9　üan [yɛn] 动程示意图

注意实际上我们在音节拼写形式中从来见不到 üan 这个形式，因为按照汉语拼音的拼写规则，在前面没有声母的零声母音节中，ü 字母要变为 y；而 üan 这个韵母只在 j、q、x 三个声母后面出现，而以 u 为韵母或者以 u 开头的其他合口呼韵母从来不出现在这三个声母后面，所以汉语拼音拼写规则规定，j、q、x 后面的 ü 字母必须用 u 来代替。所以我们要注意 j、q、x 三个声母后面的字母 u 不能读 [u]，只能读舌面、前、高、圆唇元音［y］。

【听读练习】　yuǎn（远）　　　juàn（卷）

　　　　　　　quán（全）　　　xuǎn（选）

　　　　　　　yuánquān（圆圈）　yuānyuán（渊源）

ün［yn］发音时，口腔开口度小，嘴唇圆，舌头靠前，舌面高，发出［y］，紧接着舌尖抵住上齿龈，软腭和小舌下垂，打开鼻腔通道，气流从鼻腔里出来，发出韵尾［n］，这样就形成了ün［yn］。①请看动程示意图：

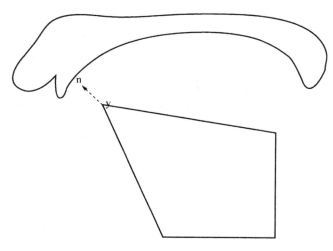

图3.3.6-10　ün［yn］动程示意图

【听读练习】　yún（云）　jūn（军）　qún（群）　xùn（迅）

3.3.6.5　后鼻音韵母

后鼻音韵母一共有8个。

ang［ɑŋ］发音时，口腔张大，舌头往后缩，舌位下降并且靠后，发出舌面、后、低、不圆唇元音［ɑ］，舌面很快地更往后靠，舌后部隆起，与软腭形成阻碍，软腭和小舌下垂，打开鼻腔通道，气流上引，颤动声带，气流从鼻腔里出来发出后鼻音［ŋ］。请看动程示意图：

---

① ün 也有少数北京人在中间加入一个比较短的［ə］，实际发为［yən］。

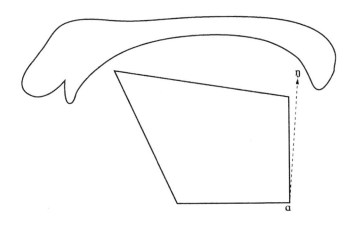

图 3.3.6-11　ang [ɑŋ] 动程示意图

【听读练习】áng（昂）　　gǎng（港）　　bāng（帮）　　páng（旁）
　　　　　　pàng（胖）　　làngdàng（浪荡）　　mángmáng（茫茫）
　　　　　　rāngrang（嚷嚷）　　shàng chǎng（上场）
　　　　　　Bāng bāng shāngchǎng chǎngzhǎng máng.
　　　　　　（帮帮商场场长忙）

注意 ang [ɑŋ] 虽然是单韵母发音 a 与后鼻音韵尾合成的一个韵母，但是发音时并不是简单地在单韵母 a [A] 的基础上加上韵尾 [ŋ]。

由于两个音素结合得比较紧密时，人们惯常使用自然省力的原则，使其中一个音素发生一定的改变，以便使发音时动作更加协调。所以人们在发 ang 时自然而然地让前面的元音迁就后面的后鼻音韵尾 [ŋ]，元音不发为单韵母的"中 a"[A]，而是发"后阿"[ɑ]，因为 [ŋ] 发音时舌后部是向后靠的，所以 [ŋ] 的发音部位使得人们发 ang 时协调前面的元音为"后阿"[ɑ]。

iang [iɑŋ] 发音时口腔开口度很小，舌位高，发一个短的舌面、前、高、不圆唇的 [i]，紧接着，口腔张大，舌头往后缩，舌位下降并且靠后，发出舌面、后、低、不圆唇元音 [ɑ]，舌面很快地更往后靠，舌后部隆起，与软腭形成阻碍，软腭和小舌下垂，打开鼻腔通道，气流上引，颤动声带，气流从鼻腔里出来发出后鼻音 [ŋ]，这样就形成了韵母 [iɑŋ]。请看动程示意图：

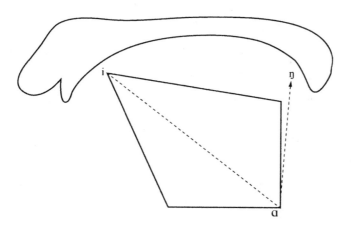

图 3.3.6-12 iang [iaŋ] 动程示意图

【听读练习】yāng（央）　　yáng（羊）　　yǎng（养）
　　　　　　yàng（样）　　jiāng（江）　　xiǎng（想）
　　　　　　qiāng（枪）　　niáng（娘）

uang [uaŋ] 发音时口腔开口度很小，嘴唇圆而向外突出，双唇形成一个小孔，舌头向后缩，舌前部向下，舌后部向后隆起，发出舌面、后、高、圆唇元音 [u]，但这个 [u] 很短，紧接着，口腔张大，同时舌面降低，并且靠后，发出舌面、后、低、不圆唇元音 [ɑ]，舌面很快地更往后靠，舌后部隆起，与软腭形成阻碍，软腭和小舌下垂，打开鼻腔通道，气流上引，颤动声带，气流从鼻腔里出来发出后鼻音 [ŋ]，这样就形成韵母 uang [uaŋ]。请看动程示意图：

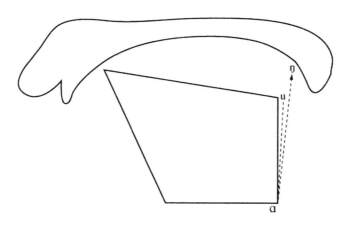

图3.3.6-13 uang [uaŋ] 动程示意图

ing [iŋ] 发音时口腔开口度很小，舌位高，发一个短的舌面、前、高、不圆唇的 [i]，紧接着，舌面往后靠，舌后部隆起，与软腭形成阻碍，软腭和小舌下垂，打开鼻腔通道，气流上引，颤动声带，气流从鼻腔里出来发出后鼻音 [ŋ]，这样就形成了韵母 [iŋ]。请看动程示意图：

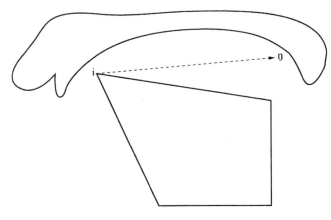

图3.3.6–14　ing [iŋ]　动程示意图

需要注意的是 ing [iŋ] 与前鼻音韵母 in [in] 不同，发完 ing [iŋ] 以后舌面隆起，舌面后部是靠着软腭的，舌尖放在下面离下齿龈还有一段距离的地方。而前鼻音韵母 in [in] 发完以后，舌尖是接触着上齿龈的。

【听读练习】tīng（听）　jīng（京）　青（qīng）　名（míng）
　　　　　qīngtīng（倾听）　píngxíng（平行）　míngxīng（明星）
　　　　　Míngxīng yīng qīngtīng.（明星应倾听。）

eng [əŋ] 发音时一开始发的元音是中央元音 [ə]，这个音很容易发，舌头不靠前也不靠后，舌位不高也不低，处在中间位置，开口度不大也不小，很自然地就可以发出它。发出中央元音 [ə] 以后，紧接着舌面往后靠，舌后部隆起，与软腭形成阻碍，软腭和小舌下垂，打开鼻腔通道，气流上引，颤动声带，气流从鼻腔里出来发出后鼻音 [ŋ]，这样就形成了韵母 eng [əŋ]。请看动程示意图：

---

① ing 也有也有部分北京人在两个音素之间加入一个比较短的 [ə]，发为 [iəŋ]。

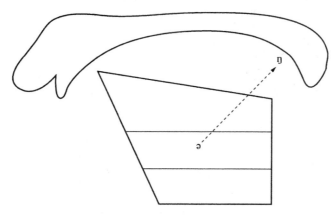

图3.3.6-15　eng [əŋ] 动程示意图

【听读练习】kēng（坑）　　　　　děng（等）
　　　　　　shèng（胜）　　　　　gèng（更）
　　　　　　gēngzhèng（更正）　　shēng lěng（生冷）
　　　　　　shēngchēng（声称）　　fēngshēng（风声）
　　　　　　lěng fēng（冷风）　　　chéngshèng（乘胜）
　　　　　　Shěngchéng fēng gèng lěng.（省城风更冷。）

　　ueng [uəŋ] 发音时口腔开口度很小，嘴唇圆而向外突出，双唇形成一个小孔，舌头向后缩，舌前部向下，舌后部向后隆起，发出舌面、后、高、圆唇元音 [u]，但这个 [u] 很短，紧接着，口腔张大一些，同时舌面降低一些，舌头也向前移动一点儿，舌头不靠前也不靠后，舌位不高也不低，处在中间位置，发出中央元音 [ə]，紧接着舌面往后靠，舌后部隆起，与软腭形成阻碍，软腭和小舌下垂，打开鼻腔通道，气流上引，颤动声带，气流从鼻腔里出来发出后鼻音 [ŋ]，这样就形成了韵母 ueng [uəŋ]。请看动程示意图：

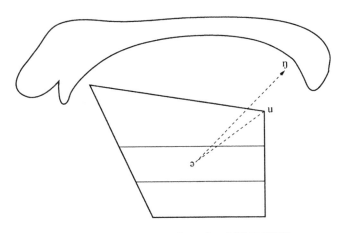

图3.3.6-16 ueng [uəŋ] 动程示意图

这个韵母在常用字中只有三个字"翁"、"嗡"和"瓮",另外还有一个"蕹"字。这个韵母不和任何声母组合。

【听读练习】wēng(翁)　wēngwēng(嗡嗡)　wèngcài(蕹菜)

ong [uŋ] 发音时口腔开口度很小,口腔开口度小,嘴唇圆而向外突出,双唇形成一个小孔,舌头向后缩,舌前部向下,舌后部向后隆起,发出舌面、后、高、圆唇元音[u],紧接着,舌面往后靠,舌后部隆起,与软腭形成阻碍,软腭和小舌下垂,打开鼻腔通道,气流上引,颤动声带,气流从鼻腔里出来发出后鼻音[ŋ],这样就形成了韵母[uŋ]。请看动程示意图:

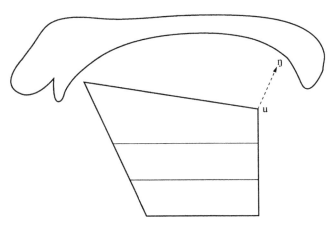

图3.3.6-17 ong [uŋ] 动程示意图

【听读练习】sòng（送）　　　tóng（铜）　　　dòng（动）
　　　　　　zhōngdōng（中东）　　　zǒnggòng（总共）
　　　　　　cóng zhōng（从中）　　　cōngcōng（匆匆）
　　　　　　tōnghóng（通红）　　　kōngdòng（空洞）
　　　　　　Gōngzhòng sòng zǒngtǒng.（公众送总统。）

iong [iuŋ] 发音时口腔开口度很小，舌位高，舌头靠前，嘴唇不圆，发一个短的舌面、前、高、不圆唇的 [i]，紧接着，舌往后缩，嘴唇变成圆的，发舌面、后、高的很短的元音 [u]，舌面很快往后靠，舌后部隆起，与软腭形成阻碍，软腭和小舌下垂，打开鼻腔通道，气流上引，颤动声带，气流从鼻腔里出来发出后鼻音 [ŋ]，这样就形成了韵母 [iuŋ]。请看动程示意图：

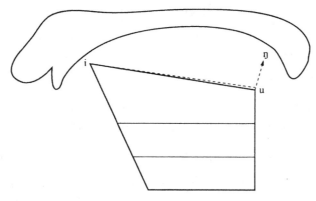

图3.3.6–18　iong [iuŋ] 动程示意图1

也有的是一开始就发前高圆唇的元音 [y]，然后，整个舌头向后缩，发一个很短的 [u]，紧接着发舌根鼻辅音 [ŋ]，这样发的就是 [yuŋ]。

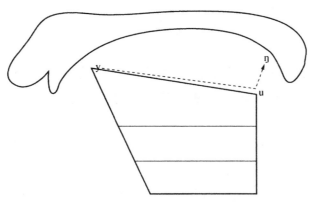

图3.3.6–19　iong [yuŋ] 动程示意图2

【听读练习】yōng（拥） yǒng（勇） yòng（用） qióng（穷）
jiǒngjiǒng yǒushén（炯炯有神）
bōtāo xiōngyǒng（波涛汹涌）
xióngxióng lièhuǒ（熊熊烈火）

3.3.7 外国学生鼻音韵母学习提示

带鼻音韵尾的韵母中 uen [uən] 是韩国学生比较容易发错的一个韵母。有的学习者丢失其中的主要元音 [ə]，发为 [un]，有的学生发为 [yn]。鼻音韵母 üan [yɛn] 有的韩国初学者也比较容易出错，读为 [ɥan]（陈珺 2007）。

有的韩国学生发前鼻音韵母 en [ən] 会受韩语的影响，发元音时开口度比较大，发鼻音韵尾时舌头比较靠后，有些发得像后鼻音 eng [əŋ]。

有的日本学生区分前鼻音 an 和后鼻音 ang 有一定困难。要注意的是发前鼻音韵母 an 时，主要元音是 [a]，舌面是靠前的，它的韵尾是 [n]，发完音时，舌尖轻轻接触着上齿龈；而发后鼻音 ang 时，主要元音是 [ɑ]，舌面是靠后的，韵尾是 [ŋ]，发完音时，舌面后部是靠着软腭的。

有的越南学生发后鼻音韵母 ang 舌根位置不到位，不够靠后。应注意这一韵母韵尾是 [ŋ]，发完音时，舌面后部是靠着软腭的。

有的越南学生发后鼻音韵母 ong 时，会受越南语 ung 的影响，发音时有闭唇动作。越南语 ung 是个唇化韵母，发音时有闭唇动作，而汉语没有这一韵母。

汉语的 an 韵，有的美国学生会受美国英语的影响，读为鼻化元音，即在读前面元音时鼻腔就同时出气发出 [n]，读为 [ã]。

思考与练习（17）

一、普通话前鼻音韵母有几个？普通话后鼻音韵母有几个？
二、读音练习。（请跟着录音读下列韵母和音节）

1. an——ang

ān（安）——āng（肮）　　sān（三）——sāng（桑）
bǎn（版）——bǎng（绑）　　pán（盘）——páng（旁）
mán（蛮）——máng（忙）　　fàn（饭）——fàng（放）

gǎn（敢）——gǎng（港）　　kàn（看）——kàng（抗）
hán（韩）——háng（杭）　　zhàn（占）——zhàng（帐）
chán（禅）——cháng（长）　　shān（山）——shāng（商）
rǎn（染）——rǎng（嚷）　　cān（餐）——cāng（苍）
zàn（赞）——zàng（藏）　　dǎn（胆）——dǎng（党）

2. en——eng

bèn（笨）——bèng（泵）　　pén（盆）——péng（棚）
mén（门）——méng（蒙）　　fēn（分）——fēng（风）
nèn（嫩）——néng（能）　　gēn（跟）——gēng（耕）
kěn（肯）——kēng（坑）　　hén（痕）——héng（横）
zhèn（镇）——zhèng（正）　　chén（陈）——chéng（程）
shěn（沈）——shěng（省）　　rén（人）——rēng（扔）
zěn（怎）——zēng（增）　　cén（岑）——céng（曾）
sēn（森）——sēng（僧）

3. in——ing

yīn（音）——yīng（英）　　bīn（宾）——bīng（兵）
pín（贫）——píng（平）　　mín（民）——míng（明）
nín（您）——níng（宁）　　lín（林）——líng（灵）
jǐn（紧）——jǐng（井）　　qín（琴）——qíng（晴）
xīn（心）——xīng（星）

4. ian——iang

yān（烟）——yāng（央）　　nián（年）——niáng（娘）
lián（连）——liáng（良）　　xiān（先）——xiāng（香）
jiàn（见）——jiàng（将）

5. ian——üan

yàn（燕）——yuàn（院）　　jiān（尖）——juān（娟）
qián（钱）——quán（权）　　xiǎn（显）——xuǎn（选）

6. uan——uang

wǎn（晚）——wǎng（网）　　guān（关）——guāng（光）
kuān（宽）——kuàng（框）　　huán（环）——huáng（黄）
zhuān（专）——zhuāng（装）　　chuán（船）——chuáng（床）
shuān（拴）——shuāng（双）

7. zhǔrénwēng （主人翁）　　　wèng zhōng zhuō biē （瓮中捉鳖）
8. dōngfāng　（东方）　　　nóngmín　（农民）
　　gōnggòng　（公共）　　　hóngguān　（宏观）
　　tiānkōng　（天空）　　　zhònggōng （重工）
　　chōng sàn　（冲散）　　　xíngróng　（形容）
　　zòngguān　（纵观）　　　yǒngyuǎn　（永远）
　　cóngqián　（从前）　　　qióngrén　（穷人）
　　huīxióng　（灰熊）

三、朗读下列词语。

1. ànqíng　（案情）　　　ānkāng　（安康）
   bānzhǎng　（班长）　　　pànduàn　（判断）
   màncháng　（漫长）　　　fánmáng　（繁忙）
   dānxīn　（担心）　　　tànqīn　（探亲）
   nánkàn　（难看）　　　lánbǎn　（篮板）
   gǎn shàng　（赶上）　　　kān mén　（看门）
   Hàndài　（汉代）　　　zhànmíng　（站名）
   chǎn méi　（产煤）　　　shānmài　（山脉）
   ránhòu　（然后）　　　zànměi　（赞美）
   cāntīng　（餐厅）　　　sān lóu　（三楼）
   fǎnwèn　（反问）　　　fǎngwèn　（访问）
   shuǐtán　（水潭）　　　shuǐtáng　（水塘）
2. ēnrén　（恩人）　　　běnnéng　（本能）
   pēnsǎ　（喷洒）　　　ménkuàng　（门框）
   fēn háng　（分行）　　　nènlǜ　（嫩绿）
   gēnyuán　（根源）　　　kěndìng　（肯定）
   hěn zāng　（很脏）　　　zhēnqiè　（真切）
   chénnián　（陈年）　　　shěnměi　（审美）
   rénmín　（人民）　　　zěnyàng　（怎样）
   sēnlín　（森林）
3. ángyáng　（昂扬）　　　bāngmáng　（帮忙）
   pángzhèng　（旁证）　　　dāngchǎng　（当场）
   mángguǒ　（芒果）　　　fángfàn　（防范）

Tángdài	（唐代）	lànghuā	（浪花）
gǎngwèi	（岗位）	kàngyì	（抗议）
hángxíng	（航行）	zhàngmù	（账目）
chǎngshāng	（厂商）	shàngshēng	（上升）
ràngxián	（让贤）	zāngwù	（赃物）
cángpǐn	（藏品）	sāngshù	（桑树）
yángguāng	（阳光）	gūniang	（姑娘）
liǎng háng	（两行）	jiāng'àn	（江岸）
qiángguāng	（强光）	xiánghé	（祥和）
4. ānquán	（安全）	āngzāng	（肮脏）
bànlǚ	（伴侣）	bàngwǎn	（傍晚）
pànwàng	（盼望）	pāndēng	（攀登）
màncháng	（漫长）	mǎngzhuàng	（莽撞）
fānyì	（翻译）	fāngxiàng	（方向）
hànzāi	（旱灾）	hángxiàn	（航线）
chǎnliàng	（产量）	chángshí	（常识）
ránliào	（燃料）	tǔrǎng	（土壤）
cánkuì	（惭愧）	cāngmáng	（苍茫）
sànbù	（散步）	sāngyè	（桑叶）
zànshǎng	（赞赏）	bǎozàng	（宝藏）
5. wànghuái	（忘怀）	guǎngchǎng	（广场）
guānglín	（光临）	kuàngchǎn	（矿产）
kuànggōng	（旷工）	chuāngshāng	（创伤）
zhuàngkuàng	（状况）	shuāng shǒu	（双手）
huāngmáng	（慌忙）	shuǎngkuài	（爽快）
6. wànwàn	（万万）	wǎnbào	（晚报）
wánmìng	（玩命）	wànnéng	（万能）
wǎncān	（晚餐）	wǎnxī	（惋惜）
wánshàn	（完善）	wánchéng	（完成）
duǎnxìn	（短信）	duànsòng	（断送）
duǎnzàn	（短暂）	tuányuán	（团圆）
chángduǎn	（长短）	fēn duàn	（分段）

nuǎnliú	(暖流)	lěngnuǎn	(冷暖)
guàncháng	(惯常)	guānzhòng	(观众)
kuānkuò	(宽阔)	huǎnhé	(缓和)
huánbǎo	(环保)	zhuǎnchē	(转车)
zhuānrén	(专人)	chuánbō	(传播)
shuān hǎo	(拴好)	ruǎnjiàn	(软件)
zuāntàn	(钻探)	táocuàn	(逃窜)
suāncù	(酸醋)	suànshù	(算术)
7. wǎnkuài	(碗筷)	wǎngluò	(网络)
guānjiàn	(关键)	guàngjiē	(逛街)
kuānsōng	(宽松)	kuàngcáng	(矿藏)
huánrào	(环绕)	huángdì	(皇帝)
zhuànqián	(赚钱)	zhuāngdìng	(装订)
chuánzhī	(船只)	chuángpù	(床铺)
8. yínháng	(银行)	yǐnjìn	(引进)
pīnyīn	(拼音)	pínpín	(频频)
pǐnmíng	(品名)	mǐngǎn	(敏感)
mínzhèng	(民政)	nín de	(您的)
línjū	(邻居)	jìnxíng	(进行)
jīnkuàng	(金矿)	qīnrén	(亲人)
xìnxī	(信息)	xīnkǔ	(辛苦)
9. yíngyǎng	(营养)	yīngmíng	(英明)
yīngdāng	(应当)	yínglì	(盈利)
yíngzào	(营造)	yíngfēng	(迎风)
bīngtáng	(冰糖)	bìngqiě	(并且)
bǐnggān	(饼干)	bìngcún	(并存)
bìngjù	(病句)	xìngbié	(性别)
píngpàn	(评判)	Míngdài	(明代)
míngpái	(名牌)	dìngcān	(订餐)
dǐngfēng	(顶峰)	dìngyì	(定义)
tīnglì	(听力)	tīngcóng	(听从)
níngjìng	(宁静)	níngjié	(凝结)

nìngkěn	（宁肯）	lǐngdǎo	（领导）
línghuó	（灵活）	língchén	（凌晨）
jīngtōng	（精通）	jìngpèi	（敬佩）
qīngzǎo	（清早）		
10. yìnshuā	（印刷）	yǐngpiān	（影片）
bīnlín	（濒临）	bīngyíng	（兵营）
pínkùn	（贫困）	píngkōng	（凭空）
línbié	（临别）	línglì	（伶俐）
jìnkǒu	（进口）	jǐngkǒu	（井口）
qínshēng	（琴声）	qīngshēng	（轻声）
xīnkǔ	（辛苦）	xīngkōng	（星空）
11. ēnqíng	（恩情）	běnfèn	（本份）
kǔmèn	（苦闷）	fěnhóng	（粉红）
xiānnèn	（鲜嫩）	gēnběn	（根本）
hénjì	（痕迹）	zhēnqíng	（真情）
shěnchá	（审查）	rényì	（仁义）
zěnme	（怎么）		
12. bēngdài	（绷带）	péngyou	（朋友）
měngrán	（猛然）	fēngjiàn	（封建）
děngdài	（等待）	téngtòng	（疼痛）
néngnài	（能耐）	léngjiǎo	（棱角）
nónggēng	（农耕）	kēngdào	（坑道）
héngxīng	（恒星）	zhēng xiān	（争先）
chéngjì	（成绩）	shēng qǐ	（升起）
réngrán	（仍然）	zēngjiā	（增加）
sēngrén	（僧人）		
13. bènzhuō	（笨拙）	bèng qǐlai	（蹦起来）
péndì	（盆地）	dàpéng	（大棚）
méntīng	（门厅）	tóngméng	（同盟）
fēndiàn	（分店）	fēngcháo	（风潮）
nénglì	（能力）	nèn de	（嫩的）
gēnyuán	（根源）	gèngjiā	（更加）

hěnxīn	（狠心）	héngxīn	（恒心）
zhēnchéng	（真诚）	zhēngqì	（蒸汽）
shēntǐ	（身体）	shēngtài	（生态）
rènwù	（任务）	rēng diào	（扔掉）
zěn néng	（怎能）	zèngsòng	（赠送）
14. yǎnguāng	（眼光）	yuǎn guān	（远观）
jiànshè	（建设）	juànshǔ	（眷属）
qiántú	（前途）	quántǐ	（全体）
xiánnéng	（贤能）	xuánmiào	（玄妙）
yǎnyuán	（演员）	yuànluò	（院落）
15. yīntiān	（阴天）	yúncǎi	（云彩）
jīngōng	（金工）	jūngōng	（军工）
qínkuài	（勤快）	qúntǐ	（群体）
xiǎnxiàn	（显现）	xuánzhuǎn	（旋转）
16. qiántou	（前头）	quántou	（拳头）
yèdú	（夜读）	yuèdú	（阅读）
qùwèi	（趣味）	qìwèi	（气味）
qiánlì	（潜力）	quánlì	（权力）
17. shēngchǎnlì	（生产力）	shēngmìnglì	（生命力）
zhǔrénwēng	（主人翁）	wàixiàngxíng	（外向型）
wàngyuǎnjìng	（望远镜）	shǒudiàntǒng	（手电筒）
fǎnzuòyòng	（反作用）	guànyòngyǔ	（惯用语）
guānjiéyán	（关节炎）	hòuxuǎnrén	（候选人）
qīnggōngyè	（轻工业）	tàiyángnéng	（太阳能）

18. xīngguāng cànlàn　　　（星光灿烂）
　　bǎijiā zhēngmíng　　　（百家争鸣）
　　céng chū bù qióng　　　（层出不穷）
　　chéng xīn chéng yì　　　（诚心诚意）
　　píng shuǐ xiāngféng　　　（萍水相逢）
　　gōng **bú** yìng qiú　　　（供不应求）
　　fèn fā tú qiáng　　　（奋发图强）
　　fāyáng guāngdà　　　（发扬光大）

jiānzhēn bù qū	（坚贞不屈）
dōng bēn xī zǒu	（东奔西走）
jīng dǎ xì suàn	（精打细算）
jīng yì qiú jīng	（精益求精）
jīng jīng yè yè	（兢兢业业）
gēn shēn dì gù	（根深蒂固）
hépíng gòngchǔ	（和平共处）
hōng hōng liè liè	（轰轰烈烈）
dǎn dà xīn xì	（胆大心细）
duàn duàn xù xù	（断断续续）
hào hào dàng dàng	（浩浩荡荡）
gè bèn qiánchéng	（各奔前程）
qín gōng jiǎn xué	（勤工俭学）
rè lèi yíng kuàng	（热泪盈眶）
tōnghuò péngzhàng	（通货膨胀）
xīn chén dàixiè	（新陈代谢）
xīn xīn xiàng róng	（欣欣向荣）
wàn shuǐ qiān shān	（万水千山）
jù jīng huì shén	（聚精会神）
xiǎng fāng shè fǎ	（想方设法）
bīn bīn yǒu lǐ	（彬彬有礼）
lǐ suǒ dāng rán	（理所当然）

四、请听下列音节，然后把韵母记录下来。

1. 见——将（   ）（   ）   2. 景——仅（   ）（   ）
3. 明——民（   ）（   ）   4. 安——肮（   ）（   ）
5. 简——讲（   ）（   ）   6. 韩——航（   ）（   ）
7. 广——管（   ）（   ）   8. 站——账（   ）（   ）
9. 悬——咸（   ）（   ）   10. 冠——逛（   ）（   ）
11. 您——宁（   ）（   ）   12. 良——连（   ）（   ）
13. 敢——港（   ）（   ）   14. 镇——郑（   ）（   ）
15. 根——耕（   ）（   ）   16. 窘——景（   ）（   ）
17. 宽——框（   ）（   ）   18. 秦——情（   ）（   ）

19. 身——声（　　）（　　）　　20. 帮——班（　　）（　　）

五、朗读下列词语并在括号中写出其韵母。

1. 情况（　　）（　　）　　2. 横行（　　）（　　）
3. 工程（　　）（　　）　　4. 清新（　　）（　　）
5. 狂奔（　　）（　　）　　6. 扬名（　　）（　　）
7. 然后（　　）（　　）　　8. 两千（　　）（　　）
9. 宏观（　　）（　　）　　10. 传颂（　　）（　　）
11. 软化（　　）（　　）　　12. 钻戒（　　）（　　）
13. 波浪（　　）（　　）　　14. 送客（　　）（　　）
15. 贫穷（　　）（　　）　　16. 凉鞋（　　）（　　）
17. 板子（　　）（　　）　　18. 本字（　　）（　　）
19. 山沟（　　）（　　）　　20. 深沟（　　）（　　）
21. 航向（　　）（　　）　　22. 横行（　　）（　　）
23. 金星（　　）（　　）　　24. 精心（　　）（　　）
25. 贫民（　　）（　　）　　26. 平民（　　）（　　）
27. 出生（　　）（　　）　　28. 出身（　　）（　　）
29. 清静（　　）（　　）　　30. 亲近（　　）（　　）

六、熟读下列对话，注意前鼻音与后鼻音的区别。

A：林丹阳，好久不见！
B：是你啊，真是好久不见！你最近怎么样，病好了吗？
A：好了，我现在健康得很！
B：那太好了，那你该回学校上课了吧？
A：我暂时不回去。
B：为什么呀？不上课，你干什么？
B：我最近经济状况不好，忙着在外面打工挣钱。
A：打工挣钱，你很缺钱吗？
B：是啊，现在看病真是太贵了，因为这场病，我花光了所有的钱，现在连圣诞节回家买飞机票的钱都没了。
A：唉，你可真可怜！中国那句俗话说的真对！"有什么别有病，没什么别没钱。"
B：所以，我想再请几周的假。
A：你也不能太累了，别又累出病来。

七、请读下列童谣，特别注意读准以下韵母的字：ian、uan、üan（yuan）、ang、iang 和 en。

Shénme jiān jiān jiān shàng tiān?	什么尖尖尖上天？
Shénme jiān jiān zài shuǐ biān?	什么尖尖在水边？
Shénme jiān jiān jiē shang mài?	什么尖尖街上卖？
Shénme jiān jiān gūniang qián?	什么尖尖姑娘前？
Bǎotǎ jiān jiān jiān shàng tiān,	宝塔尖尖尖上天，
Língjiǎo jiān jiān zài shuǐ biān,	菱角尖尖在水边，
Zòngzi jiān jiān jiē shang mài,	粽子尖尖街上卖，
Huā zhēnr jiān jiān gūniang qián.	花针儿尖尖姑娘前。
Shénme yuán yuán yuán shàng tiān?	什么圆圆圆上天？
Shénme yuán yuán zài shuǐ biān?	什么圆圆在水边？
Shénme yuán yuán jiē shang mài?	什么圆圆街上卖？
Shénme yuán yuán gūniang qián?	什么圆圆姑娘前？
Tàiyáng yuán yuán yuán shàng tiān,	太阳圆圆圆上天，
Héyè yuán yuán zài shuǐ biān,	荷叶圆圆在水边，
Shāobǐng yuán yuán jiē shang mài,	烧饼圆圆街上卖，
Jìngzi yuán yuán gūniang qián.	镜子圆圆姑娘前。
Shénme fāng fāng fāng shàng tiān?	什么方方方上天？
Shénme fāng fāng zài shuǐ biān?	什么方方在水边？
Shénme fāng fāng jiē shang mài?	什么方方街上卖？
Shénme fāng fāng gūniang qián?	什么方方姑娘前？
Fēngzheng fāng fāng fāng shàng tiān,	风筝方方方上天，
Sī wǎng fāng fāng zài shuǐ biān,	丝网方方在水边，
Dòufu fāng fāng jiē shang mài,	豆腐方方街上卖，
Shǒujīn fāng fāng gūniang qián.	手巾方方姑娘前。
Shénme wān wān wān shàng tiān?	什么弯弯弯上天？
Shénme wān wān zài shuǐ biān?	什么弯弯在水边？
Shénme wān wān jiē shang mài?	什么弯弯街上卖？
Shénme wān wān gūniang qián?	什么弯弯姑娘前？
Yuèliang wān wān wān shàng tiān,	月亮弯弯弯上天，
Bái ǒu wān wān zài shuǐ biān,	白藕弯弯在水边，

Huánggua wān wān jiē shang mài,　　黄瓜弯弯街上卖，
Mù shū wān wān gūniang qián.　　　木梳弯弯姑娘前。

八、请读绕口令《船和床》，注意区分韵母 uan 和 uang。

那边划来一艘船，这边漂去一张床，船床河中互相撞，不知船撞床，还是床撞船。

九、练习以下包含撮口呼韵母 üan 的绕口令。

Yuánquān yuán, quān yuánquān,　　圆圈圆，圈圆圈，
Yuányuan Juānjuan huà yuánquān.　　圆圆娟娟画圆圈。
Juānjuan huà de quān lián quān,　　娟娟画的圈连圈，
Yuányuan huà de quān tào quān.　　圆圆画的圈套圈。
Juānjuan Yuányuan bǐ yuánquān,　　娟娟圆圆比圆圈，
kàn kan shuí de yuánquān yuán.　　看看谁的圆圈圆。

十、熟读下列诗歌和短文。

Wútí　　　　　　　　　　　无题

Lǐ Shāngyǐn　　　　　　［唐］李商隐

Xiāng jiàn shí nán bié yì nán,　　相见时难别亦难，
Dōngfēng wúlì bǎi huā cán.　　东风无力百花残。
Chūn cán dào sǐ sī fāng jìn,　　春蚕到死丝方尽，
Là jù chéng huī lèi shǐ gān.　　蜡炬成灰泪始干。
Xiǎo jìng dàn chóu yún bìn gǎi,　　晓镜但愁云鬓改，
Yè yín yīng jué yuèguāng hán.　　夜吟应觉月光寒。
Péng shān cǐ qù wú duō lù,　　蓬山此去无多路，
Qīngniǎo yīn qín wéi tàn kàn.　　青鸟殷勤为探看。

Shuǐdiàogētóu

Sū Shì

Míngyuè jǐ shí yǒu? Bǎ jiǔ wèn qīngtiān. Bù zhī tiānshàng gōngquè, Jīnxī shì hé nián. Wǒ yù chéng fēng guīqù, yòu kǒng qióng lóu yù yǔ, gāochù **bú** shèng hán. Qǐ wǔ nòng qīng yǐng, hésì zài rénjiān.

Zhuǎn zhūgé, dī qǐ hù, zhào wú mián. Bù yīng yǒu hèn, hé shì cháng xiàng bié shí yuán. Rén yǒu bēi huān lí hé, Yuè yǒu yīn qíng yuán quē, cǐ shì gǔ nán quán. Dànyuàn rén chángjiǔ, qiān lǐ gòng chánjuān.

水调歌头
[宋] 苏轼

明月几时有？把酒问青天。不知天上宫阙，今夕是何年。我欲乘风归去，又恐琼楼玉宇，高处不胜寒。起舞弄清影，何似在人间。

转朱阁，低绮户，照无眠。不应有恨，何事长向别时圆。人有悲欢离合，月有阴晴圆缺，此事古难全。但愿人长久，千里共婵娟。

Duānwǔ Jié de Láilì

Duānwǔ Jié shì gǔlǎo de chuántǒng jiérì, shǐ yú liǎngqiān duō nián qián Zhōngguó Chūnqiū Zhànguó shíqī. Tā de yóulái yǔ chuánshuō hěn duō, yǐngxiǎng zuì dà de **yì** zhǒng chuánshuō shì yuán yú jìniàn Qū Yuán.

端午节的来历

端午节是古老的传统节日，始于两千多年前中国春秋战国时期。它的由来与传说很多，影响最大的一种传说是源于纪念屈原。

Qū Yuán shì Chūnqiū shíqī Chǔguó de dàchén. Tā chàngdǎo jǔ xián shòu néng, fùguó qiángbīng, lìzhǔ liánhé Qíguó dǐkàng Qínguó, zāo dào guìzú qiángliè fǎnduì, Qū Yuán zāo chán qù zhí, liúfàng dào Yuán、Xiāng liúyù. Tā xiě xiàle yōuguó yōumín de 《Lí Sāo》、《Tiān Wèn》、《Jiǔ Gē》 děng bùxiǔ shīpiān, yǐngxiǎng shēnyuǎn (yīn'ér, Duānwǔ Jié yě chēng Shīrén Jié). Gōngyuánqián 278 nián, Qín jūn gōngpò Chǔguó jīngdū. Qū Yuán yǎnkàn zìjǐ de zǔguó bèi qīnlüè, yú nónglì wǔ yuè wǔ rì, zài xiě xiàle juébǐ zuò 《Huái Shā》 zhīhòu, bào shí tóu Mìluó Jiāng shēnsǐ.

屈原是春秋时期楚国的大臣。他倡导举贤授能，富国强兵，力主联合齐国抵抗秦国，遭到贵族强烈反对，屈原遭谗去职，流放到沅、湘流域。他写下了忧国忧民的《离骚》、《天问》、《九歌》等不朽诗篇，影响深远（因而，端午节也称诗人节）。公元前278年，秦军攻破楚国京都。屈原眼看自己的祖国被侵略，于农历五月五日，在写下了绝笔作《怀沙》之后，抱石投汨罗江身死。

Chuánshuō Qū Yuán sǐ hòu, Chǔguó bǎixìng āitòng yìcháng, fēnfēn yǒng dào Mìluó Jiāng biān qù píngdiào Qū Yuán. Yúfū huá qǐ chuánzhī, zài jiāng shang dǎlāo tā. Yǒu wèi yúfū ná chū fàntuán、jīdàn děng shíwù, diū jìn jiāng li, shuō shì ràng yú lóng xiā xiè chī bǎo le, jiù **bú** huì qù yǎo Qū dàfū de shēntǐ le. Rénmen fēnfēn fǎngxiào. **Yí** wèi lǎo yīshī ná lai **yì** tán xiónghuángjiǔ dào jìn jiāng li, shuō shì yào yào yūn jiāolóng shuǐshòu, yǐmiǎn shānghài Qū dàfū. Hòulái wèi pà fàntuán bèi jiāolóng suǒ shí, rénmen xiǎng chū yòng liànshù yè bāo fàn, wài chán cǎi sī, hòu fāzhǎn chéng zòngzi.

　　传说屈原死后，楚国百姓哀痛异常，纷纷涌到汨罗江边去凭吊屈原。渔夫划起船只，在江上打捞他。有位渔夫拿出饭团、鸡蛋等食物，丢进江里，说是让鱼龙虾蟹吃饱了，就不会去咬屈大夫的身体了。人们纷纷仿效。一位老医师拿来一坛雄黄酒倒进江里，说是要药晕蛟龙水兽，以免伤害屈大夫。后来为怕饭团被蛟龙所食，人们想出用楝树叶包饭，外缠彩丝，后发展成粽子。

Yǐhòu, zài měinián de wǔ yuè chū wǔ, jiù yǒule lóngzhōu jìng dù、chī zòngzi、hē xiónghuángjiǔ de fēngsú, yǐ cǐ lái jìniàn àiguó shīrén Qū Yuán.

　　以后，在每年的五月初五，就有了龙舟竞渡、吃粽子、喝雄黄酒的风俗，以此来纪念爱国诗人屈原。

3.4 普通话的音节

3.4.1 什么是音节

　　在讲普通话的音节之前，我们得先对音节是什么有一个基本的了解。关于音节，一般的说法是**音节是语音的结构单位，是人们自然感觉到的最小的语音单位**。汉语的音节用汉字记录下来绝大多数是一个方块汉字（只有儿化音节有时在书面语中加上一个"儿"字，是两个字记录一个音节，例如"点儿"diǎnr），所以如果借助文字就更容易感知到汉语的音节。当然，不同母语的人对音节的感知可能会有差别。汉语有声调，声调是区别意义的，以汉语为母语的人觉得声调不同就是另外一个音节。如中国人听到 dī、dí、dǐ、dì 认为是四个不同的音节，而对于母语中音节的音高变化不区别意义的人来说，他们不太容易感知音高变化以后表示不同的音节。

3.4.2 普通话音节的结构构造

普通话的大多数音节可以分为声母、韵母和声调三个部分。但是要注意的是，声调不是单独独立出来的，声调是在读整个音节的时候表现出来的一定的音高及其音高的变化。

汉语的音节构造中声母比较简单，韵母有的简单，有的比较复杂。最简单的韵母是由一个元音音素构成的韵母，例如以下音节中的韵母都是由一个元音音素构成的：

妈（mā）、课（kè）、个（gè）、字（zì）、啊（ā）、里（lǐ）、鹅（é）、土（tǔ）、地（dì）、大（dà）、词（cí）、司（sī）、鸡（jī）、热（rè）

而有些韵母是由两个元音甚至三个元音构成的，有的除了元音以外还有辅音。最复杂的韵母由三个部分构成：韵头（又可以称为"介音"）、韵腹（又可以称为"主要元音"）和韵尾。

3.4.2–1　普通话音节结构表

韵母结构 例字	声母	韵母		韵尾		声调
		韵头 （介音）	韵腹 （主要元音）	元音韵尾	辅音韵尾	
chuáng（床）	ch	u	a		ng	阳平
yóu（油）		i	o	u		阳平
xiě（写）	x	i	e			上声
biàn（变）	b	i	a		n	去声
lín（林）	l			i		n	阳平
tú（图）	t		u			阳平
é（鹅）			e			阳平
ōu（欧）			o	u		阴平
dài（带）	d		a	i		去声
lüè（略）	l	ü	e			去声

从上表的举例分析中可以看出汉语音节结构有以下几个特点：

第一，普通话最复杂的音节由 4 个音素构成，如"chuáng（床）"，最简单的音节由 1 个音素构成，如"é（鹅）"；

第二，每个音节必须有一个韵腹，如果一个音节没有声母，韵母也只有一个元音，那么这个音节的韵腹就是这唯一的元音；

第三，一个音节可以没有声母；

第四，一个音节可以没有韵头（介音）；

第五，有的音节的韵尾是元音韵尾，有的音节的韵尾是辅音韵尾；

第六，普通话有三个高元音可以充当韵头，即 i、u、ü；

第七，普通话有两个元音韵尾，即 i 和 u；①

第八，普通话有两个辅音可以充当韵尾，即前鼻音韵尾 -n [n] 和后鼻音韵尾 -ng [ŋ]。

3.4.3 普通话的声母与韵母的拼合

普通话有 21 个声母（加上零声母 22 个），韵母有 39 个，声调有 4 个，如果每一个声母都能够与每一个韵母相拼合，并且拼合出来的每一个音节都有 4 个声调，那将可以构成 3276 个音节，如果每个韵母都能构成 4 个不同声调的没有声母的零声母音节，还会有 156 个音节，这样，普通话理论上讲会有 3432 个音节。而实际上，很多声母不能与有些韵母相拼合，所以，如果不计算声调的话，普通话的音节只有 401 个，②另外还有十几个音节是不常用的，有的是辅音构成的应答语，如"嗯" ng [ŋ]。而计算声调的话，普通话实际上大约只有 1200 多个音节。

声母与韵母拼合有些是有规律的，学习汉语普通话可以记住这些规律，这样普通话的音节就比较容易掌握。例如，舌面音声母 j、q、x 只能与齐齿呼和撮口呼韵母相拼，不能与开口呼和合口呼韵母相拼；再如，

---

① 音节 jiāo（交）的声母是 j，韵头是 i，韵腹是 a，韵尾实际是 u，普通话没有韵尾 o。汉语拼音设计者没有把 iao 韵母设计成 iau 是考虑如果韵尾选用字母 u，拼音连写时，可能会把 iau 写得像 ian，不好辨认，所以用了 o 字母代替 u；另外也考虑韵尾实际不会那么高，常常读的是比 [o] 高一点儿，又比 [u] 低一点儿的 [ʊ]。

② 如果不计算叹词 ê（欸）的这个音节，普通话音节总数是 400 个。

舌尖韵母 -i₁ [ɿ] 只能与舌尖前声母 z、c、s 三个声母相拼，-i₂ [ʅ] 韵母只能与舌尖后声母 zh、ch、sh、r 四个声母相拼；又如，前鼻音的 en 韵母不能与舌尖中音声母中 t、l 两个声母相拼，只有后鼻音韵母 eng 可以与这两个声母相拼。前鼻音的 en 只能与舌尖中音的 d 和 n 声母各拼出一个音节 nèn（嫩）和 dèn（扽），除此之外，与 d 和 n 相拼的都是后鼻音的 eng。韵母 ueng 不能与任何声母相拼，只能充当零声母音节。有些声母与有些韵母虽然可以相拼，但并不是四声的每个声调都有实际存在的音节，例如 n 与 in 相拼，只有第二声（阳平）的 nín（您），其他三个声调的音节都不存在；又如，唇齿音声母 f 与韵母 o 相拼只有第二声（阳平）的 fó（佛），其他三个声调的音节都不存在。

普通话的声母与韵母拼合规律请看声韵拼合简表。

3.4.3–1　普通话的声母与韵母拼合规律简表

声母＼韵母 拼合与否		开口呼	齐齿呼	合口呼	撮口呼
双唇音	b、p、m	+	+	只和 u 相拼	
唇齿音	f	+		只和 u 相拼	
舌尖中音	d、t	+	+	+	
	n、l				+
舌面音	j、q、x		+		+
舌根音	g、k、h	+		+	
舌尖前音	z、c、s	+		+	
舌尖后音	zh、ch、sh、r	+		+	
零声母	∅	+	+	+	+

注：表中提到的开口呼、齐齿呼、合口呼和撮口呼请参看 3.3.1 普通话韵母的分类部分的介绍。表中的"+"表示能够拼合起来构成音节。

上表只是一个比较简要的表，哪一个声母能与哪一个韵母相拼合，拼出来的音节有几个声调，可以参看后面的附录二。

3.4.4 普通话音节的拼读

在学习声母时，由于纯粹的辅音响亮度太低，不容易听见，所以，教师教学生时都在辅音后面加了一个元音，这样读出的音是所谓的"呼读音"。而在真正要把声母和韵母拼合在一起，读出一个正常的普通话音节时，就必须用纯粹的辅音与后面的韵母直接拼起来。前面部分的声母要读得既轻又短，后面的韵母要读得响亮，音素之间不能有任何停顿，同一个音节中的各个音素应当自然地、快速地过渡，过渡的过程形成一个音流，而不是由一个音素跳跃到另一个音素。在音节的发音过程中，发音器官的运动应当是连续、自然的。

3.4.5 汉语拼音拼写规则

我们在前面讲韵母的发音时，有时为了解释某些韵母的拼写形式，涉及到汉语拼音的一些拼写规则，但是没有系统地讲，为了使大家能写出正确的汉语拼音，我们有必要较为系统地学习一下汉语拼音的拼写规则。

3.4.5.1 如何标声调符号

声调符号的标注原则是标在主要元音之上。一个韵母中主要元音就是开口度比较大的那个元音，按照普通话韵母可能出现的单元音来说，a 的开口度是最大的，其次是 e 和 o，由于 e 和 o 不可能出现在同一个韵母中，所以如果有 a 字母就标在它上面，没有 a 字母，如果有 e 或者 o，就标在 e 或者 o 的上面；有的韵母主要元音被省略了，如 uen 省写为 un，iou 省写为 iu，uei 省写为 ui，拼写规则规定 un 调号写在 u 字母上面，iu 和 ui 这两个韵母一律写在后面的一个字母上面。标调的规则可以总结为下面的顺口溜：

　　a 母出现莫放过，
　　没有 a 母找 e、o，
　　iu、ui 两韵标在后，
　　其他标在元音上，
　　i 上标调把点抹。

由于现在已经进入计算机时代，受键盘的限制，在计算机上输入汉语拼音声调还是很不方便，特别是在发电子邮件时，如果对方电脑里没有汉字字库或者没有你所使用的汉字字库，我们就需要发汉语拼音的信件，这时可以用数字式标调法来代替字母上的声调符号。用数字式的标调法也可以加快拼音输入的速度。所谓数字式标调法是在拼音后面加上数字来代表声调。具体的办法是：阴平音节后面加 1，阳平音节后面加 2，上声音节后面加 3，去声音节后面加 4，轻声不加（有的是加 5，我们主张不用加数字 5）。例如：

Zhu4 ni3 jia1ting2 xing4fu2 shen1ti3 jian4kang1!
（祝你家庭幸福身体健康！）
Wo3men mai3 le *yi*4 zhang1 zhuo1zi.（我们买了一张桌子。）

另外为了输入方便，特别是在网络上发电子邮件、聊天时，可以用字母 v 代替字母 ü，这样可以大大提高输入速度。例如：zhan4 lve4（战略）、nv3xing4（女性）、lv4shi1（律师）、lv4se4（绿色）。

3.4.5.2 字母 y 和 w 的使用规则

为了使音节界限清楚，《汉语拼音方案》规定零声母开头的音节，在有的情况下要使用字母 y 或者 w。

第一，i 改为 y。i 行韵母做零声母音节，当 i 字母后面还有其他元音字母时，i 要改为 y。以下零声母音节拼写时需要变化：

ia→yā（鸭）　　ian→yān（烟）　　ie→yě（也）　　iao→yāo（腰）
iang→yàng（样）　　iou→yōu（优）　　iong→yōng（拥）

第二，i 前加 y。i 行的韵母做零声母音节，当 i 字母后面没有其他元音字母时，i 前面要加上 y。以下零声母音节拼写时需要变化：

i→yī（衣）　　in→yīn（因）　　ing→yīng（英）

第三，ü 改 u，前加 y。ü 行韵母做零声母音节，ü 字母改为 u 字母，前面再加 y。以下零声母音节拼写时需要变化：

ü→yǔ（雨）　　üe→yuē（约）　　üan→yuán（元）　　ün→yún（云）

第四，u 改为 w。u 行韵母做零声母音节，当 u 字母后面还有其他元音字母时，u 要改为 w。以下零声母音节拼写时需要变化：

ua→wā（蛙）　　uo→wō（窝）　　　uai→wāi（歪）
uan→wān（弯）　uang→wāng（汪）　uei→wēi（威）
uen→wēn（温）　ueng→wēng（翁）

第五，u 前加 w。u 行零声母音节，当 u 字母后面没有其他元音字母时，u 前面要加上 w。只有一个韵母需要变化：

u→wú（无）

3.4.5.3 iou、uei、uen 韵母的省写

iou、uei、uen 这三个韵母和声母相拼时，要去掉中间的元音字母，省写为 iu、ui、un。例如：

niú（牛）　　guī（归）　　lún（轮）

而这三个韵母作为零声母音节出现时，按照 y 和 w 的使用规则，分别写为 you、wei、wen。这样一来 iou、uei、uen 三个韵母在实际的拼音中是不可能出现的，只是理论上存在于韵母表中的形式；另外在分析韵母或音节的结构时，才还原它的理论上的形式，使用 iou、uei、uen，因为它们属于三合复元音韵母，被省略的中间的元音是主要元音。

3.4.5.4 ü 字母的使用

出现了 ü 的撮口呼韵母能和舌面音声母 j、q、x 以及舌尖中音声母 n、l 五个声母相拼。舌面音声母 j、q、x 可以与出现了 ü 的撮口呼韵母相拼，但是不能与 u 行韵母相拼。为了减少 ü 的出现频率，《汉语拼音方案》规定，当 j、q、x 和撮口呼相拼时，ü 上的两点要省去，写成 u。例如：

"居、区、虚"韵母都是 ü，但分别写为 jū、qū、xū
"捐、圈、宣"韵母都是 üan，但分别写为 juān、quān、xuān
"军、群、讯"韵母都是 ün，但分别写为 jūn、qún、xùn
"绝、缺、学"韵母都是 üe，但分别写为 jué、quē、xué

而 n、l 既可以和 u 行的声母相拼，又可以和撮口呼韵母 ü 和 üe 相拼，所以当 n、l 和撮口呼韵母 ü 和 üe 相拼时，ü 上的两点不能省去。例如：

"铝、女"分别写为 lǚ、nǚ
"略、虐"分别写为 lüè、nüè

由于零声母音节中出现字母ü的音节也改用u代替，也就是说在汉语拼音实际写出来的音节形式中，带字母ü的音节只有这4个：lü、nü、lüe、nüe。

3.4.5.5 隔音符号的使用

当a、o、e开头的零声母音节出现在别的音节后面连写时，由于没有声调符号，会发生音节界限混淆的问题，这时就要用隔音符号"'"标在音节开头字母a、o、e的左上方。例如：

fan'an（翻案）——fanan（发难）
fang'an（方案）——fangan（反感）
ku'ai（酷爱）——kuai（块）
ming'e（名额）——minge（民歌）
xi'an（西安）——xian（先）
yu'e（余额）——yue（月）
pi'ao（皮袄）——piao（飘）

需要注意的是，有的音节加上声调符号以后尽管是连在一起的，但它们不会发生混淆，这样就不必再加隔音符号。例如上面的音节中"piǎo（皮袄）"、"yúé（余额）"、"kùai（酷爱）"这三个词加上声调符号以后音节界限不会发生混淆，所以就不必加隔音符号。另外，如果是在一个词的开头，不存在音节界限不清的问题，就不能使用隔音符号，例如áoxiáng（翱翔）。

3.4.5.6 汉语拼音正词法简介

《汉语拼音方案》只规定了普通话音节的拼写规则，而没有涉及到分词连写、人名地名等其他一些拼写和书写规则。1996年1月22日，中国国家技术监督局批准、发布中华人民共和国国家标准《汉语拼音正词法基本规则》（GB/T 16159—1996）。"本标准规定了用《汉语拼音方案》拼写现代汉语的规则。内容包括分词连写法、成语拼写法、外来词拼写法、人名地名拼写法、标调法、移行规则等。为了适应特殊的需要，同时提出一些可供技术处理的变通方式。本标准适用于文教、出版、信息处理及其他部门，作为用《汉语拼音方案》拼写现代汉语的统一规范。"我们在下面简要地介绍其中的几条。

拼写普通话基本上以词为书写单位。例如：

rén（人）　　　　qiǎokèlì（巧克力）　　péngyou（朋友）
yuèdú（阅读）　　dìzhèn（地震）　　　niánqīng（年轻）

表示一个整体概念的双音节和三音节结构连写。例如：

duìbuqǐ（对不起）　　　chīdexiāo（吃得消）
zǒulái（走来）

汉语地名中的专名和通名分写，每一分写部分的第一个字母大写。

Běijīng Shì（北京市）　　　Héběi Shěng（河北省）
Yālù Jiāng（鸭绿江）　　　Tài Shān（泰山）
Dòngtíng Hú（洞庭湖）　　Táiwān Hǎixiá（台湾海峡）

动词和"着"、"了"、"过"连写。

kànzhe（看着）　　　jìnxíngzhe（进行着）
kànle（看了）　　　 kànguo（看过）

句末的"了"，分写。例如：

Huǒchē dào le（火车到了。）

声调一律标原调，不标变调。例如：

yī jià（一架）　　　　　bù qù（不去）
yī wǎn（一碗）　　　　 yī tiān（一天）
bā gè（八个）　　　　　qī wàn（七万）
qīshàng bāxià（七上八下）　bù duì（不对）
bùzhìyú（不至于）　　　yī tóu（一头）

但是在语音教学时可以根据需要按变调标写。
注：除了《汉语拼音方案》规定的符号标调法以外，在技术处理上，也可根据需要采用数字或字母作为临时变通标调法。
汉语人名按姓和名分写，姓和名的开头字母大写。笔名、别名等，按姓名写法处理。例如：

Dù Fǔ（杜甫）　　Bái Jūyì（白居易）　　Zhào Yuánrèn（赵元任）
Lǔ Xùn（鲁迅）　　Zhūgě Kǒngmíng（诸葛孔明）

3.4.6　外国学生声韵配合学习提示

普通话声母舌尖前音声母 z [ts] 和 c [ts'] 很多语言中没有，有些国家的学生比较容易用其他元音来代替经常与这两个声母组合的舌尖元音 -i₁ [ɿ]。例如泰语中没有这两个声母，当普通话声母 z [ts] 与声母 -i₁ [ɿ] 相拼时，如读"字、自、资、紫"这些字的音节时，不少初学汉语的泰国学生会读为[tsʰɯː]。而普通话中的 c [ts'] 与 -i₁ [ɿ] 相拼时，如读以下音节"词、此、次"时，不少初学汉语的泰国学生会读为 [ts'ʰɯː] 或 [tɕ'iɯː]。

汉语普通话中声母 s [s] 不能与舌面元音 [i] 相拼，而有些外国学生会把这两个音相拼。如有的泰国学生把"喜欢"中的"喜" xǐ [ɕi²¹⁴] 读为 [siː²¹⁴]。

虽然泰语中有与 j [tɕ] 和 q [tɕ'] 类似的音，但泰语中没有撮口呼韵母 ü [y]，有的泰国学生在读拼音 ju、qu、xu 和 yu 时，会把其中的 ü [y] 读为 [u]。另外泰国学生读 ji、qi、xi 时会把后面的元音读为长元音，汉语的 ji [tɕi] 泰国学生会读为 [tɕiː]，汉语的 qi [tɕ'i] 会读为 [tɕ'iː]，汉语的 xi [ɕi] 会读为 [ɕiː]。

思考与练习（18）

一、什么是音节？

二、普通话不算声调大约有多少个音节？

三、包括不同声调的音节，普通话大约有多少个音节？

四、普通话的韵尾有几个？

五、普通话的韵头有几个？

六、判断以下说法是否正确。

　　1. 普通话的音节中可以没有元音。（　　）

　　2. 普通话的音节中可以没有辅音。（　　）

　　3. 普通话的音节中有的声母是两个辅音音素连在一起的，如"shēn"。
（　　）

4. 普通话的音节不能没有主要元音。（　　）

5. 普通话的音节最短的只有一个元音。（　　）

6. 普通话的音节最长的有5个音素。例如"chuáng（床）"。（　　）

7. 普通话只有辅音韵尾，没有元音韵尾。（　　）

8. 普通话辅音只能出现在音节的开头，不能出现在音节的末尾。（　　）

9. 普通话声母j、q、x不能与韵母u相拼。（　　）

10. 普通话声母j、q、x不能与韵母a相拼。（　　）

11. 普通话声母j、q、x不能与韵母o相拼。（　　）

12. 普通话声母t、l能够与韵母en相拼。（　　）

13. 普通话声母z、c、s和zh、ch、sh能够与韵母i [i]相拼。（　　）

14. 普通话声母z、c、s和zh、ch、sh能够与韵母a相拼。（　　）

15. 普通话声母z、c、s和zh、ch、sh能够与韵母u相拼。（　　）

16. 普通话声母g、k、h不能与韵母i相拼。（　　）

17. 普通话声母g、k、h不能与韵母ü相拼。（　　）

18. 双唇音声母b、p、m能够与四呼所有的韵母相拼。（　　）

七、把下列能够拼合的声母和韵母用线条连接起来。

1. (1) z　　　　　(7) o
   (2) sh　　　　(8) ua
   (3) f　　　　　(9) –i [ɿ]
   (4) k　　　　　(10) –i [ʅ]
   (5) d　　　　　(11) iang
   (6) l　　　　　(12) ing

2. (13) m　　　　(19) üan
   (14) n　　　　(20) ong
   (15) g　　　　(21) en
   (16) j　　　　(22) iao
   (17) s　　　　(23) ai
   (18) r　　　　(24) ua

八、请按照韵母四呼的分类给下列拼音归类，把汉字写到相应的位置上。

铝（lǚ）、开（kāi）、谷（gǔ）、爱（ài）、轮（lún）、礼（lǐ）、软（ruǎn）、令（lìng）、灯（dēng）、家（jiā）、先（xiān）、卷（juǎn）、句（jù）、类（lèi）、选（xuǎn）、略（lüè）、完（wán）、

越（yuè）、雨（yǔ）

1. 开口呼：

2. 齐齿呼：

3. 合口呼：

4. 撮口呼：

九、以下词语按照拼写规则和《汉语拼音正词法基本规则》的要求或者一般的惯例应该如何拼写？请把正确的拼写形式写在括号中。

    1. 拼写下列人名：

    （1）曹雪芹（　　　　）   （2）梁思成（　　　　）

    （3）罗贯中（　　　　）   （4）丁声树（　　　　）

    2. 拼写下列地名：

    （5）上海（　　　　）   （6）广州（　　　　）

    （7）昆明（　　　　）   （8）成都（　　　　）

第四章

音　变

4.1 轻声

4.1.1 什么是轻声

一般说来，普通话的绝大多数音节都有一个本来的声调，例如"来 lái"、"去 qù"、"头 tóu"、"不 bù"，但是有的音节当它作为一个语素出现在某个词的后面或者中间时，或者是它作为一个词出现在其他词语后面，或者是句子的末尾时，它原有的语音形式会发生变化，最常见的变化是整个**音节变得既轻又短，音高变得不太稳定并有些模糊，有时甚至声母、韵母也发生了变化**，这种音变现象就是轻声。但轻声并不是除了四声之外的另一个声调。例如以上所举的四个音节，它们在以下情况下语音发生了变化，读的就是轻声。

当"来 lái"、"去 qù"、"头 tóu"作为构词语素构成下列词时就读轻声：

上来（shànglai）　下来（xiàlai）　出来（chūlai）
上去（shàngqu）　下去（xiàqu）　出去（chūqu）
石头（shítou）　　木头（mùtou）　里头（lǐtou）
外头（wàitou）　　来头（láitou）　念头（niàntou）

当"来 lái"、"去 qù"作为趋向补语时也常常读轻声。例如：

拿来（ná lai）　要来（yào lai）　拿去（ná qu）　端来（duān lai）
端去（duān qu）

当"不"构成"VP 不 VP①"结构时读轻声。例如：

看不看 (kàn bu kàn)　买不买 (mǎi bu mǎi)
走不走 (zǒu bu zǒu)　玩不玩 (wán bu wán)
好不好 (hǎo bu hǎo)　美不美 (měi bu měi)

4.1.2　轻声的语音特点

轻声在语音上的变化有可能涉及到语音属性的各个方面。

4.1.2.1　轻声在音高上的变化

轻声最明显的变化体现在音高上，轻声音节的调值都发生了变化，它的调值不再是原来的那个本调，也不是一个固定的调值，而是根据它前面音节的调值来确定它的音高。换言之，轻声音节的音高是不稳定的，但是也是有规律的，阴平音节后的轻声音节音高大约为 2，阳平音节后面的轻声音节音高大约为 3，上声音节后面的轻声音节音高大约为 4，去声音节后面的轻声音节音高大约为 1。例如：

前字（阴平）+ 轻声音节，轻声音高为：2。如：妈妈、桌子、衣服、功夫
前字（阳平）+ 轻声音节，轻声音高为：3。如：爷爷、脖子、明白、拿来
前字（上声）+ 轻声音节，轻声音高为：4。如：姐姐、本子、眼睛、脑袋
前字（去声）+ 轻声音节，轻声音高为：1。如：爸爸、凳子、豆腐、地方

轻声放弃了原来的调值，它的音高与前面音节的调值相关。总的来说，除了上声后面的轻声音节音高比较高之外，跟在其他三个声调后面的轻声音节的音高都低于前一个音节的音高。总的原则是以前面的音节的音高为起点或比它低一点，然后读出一个较短的音节。

阴平调的调值虽说是 55，但是根据实验语音学的分析，它并不是一直都是高的，而是后段有点儿下降，跟在阴平后面的轻声略比前面的音节低一点，并且因为它下面有较大的空间可以下降，所以调值为 41。② 情况如下图所示：

---

① VP 代表动词性或形容词性成分。
② 关于轻声的调值，我们参考了林茂灿、颜景助（1980）、曹剑芬（1986）、王韫佳（1996）对于轻声调值的讨论。他们的意见略有分歧，但基本的调型是一致的。本书倾向于王韫佳的看法。

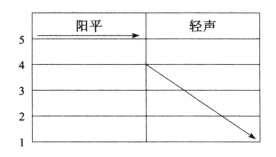

前面音节为阳平，后面跟轻声的，由于阳平的调值是35，它后面的轻声以前面音节的音高为起点，降下去，调值约为52。情况如下图所示：

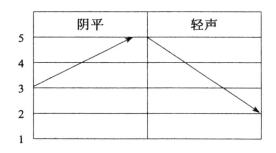

前面的音节是上声，上声是214，但常常升不到4，所以它后面轻声音节就从比前面低一点的音高位置开始，读一个短的44调。情况如下图所示：

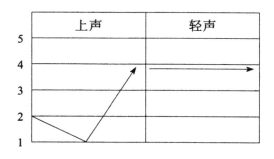

前面是去声，后面跟轻声的，前面的去声是高降调型，调值是51，但是由于后面还有音节，所以去声一般也不会降到最低点，它后面的轻声接着前一个音节下降的位置，发出一个低降调，调值大约是21。情况如下图所示：

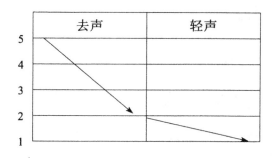

4.1.2.2 轻声在音长上的变化

轻声除了音高有变化，最主要的变化是音节发音的时长缩短了一半左右。（林茂灿、颜景助 1980）

4.1.2.3 轻声在音强上的变化

学者们认为轻声音节不一定比非轻声音节在音强上弱，轻声音节总的特点是能量弱，跟正常重音音节相比，它的能量大约减弱了百分之六十左右（林茂灿、颜景助 1980）。这种能量的减弱是整个音节语音简缩的结果，是音长、音高、音强和音色四要素变化的综合效应（曹剑芬 1986）。

4.1.2.4 轻声在声母、韵母上的变化

轻声音节并不是只有音高一种形式的变化，有的轻声读得比一般的轻声音节更短，有的轻声音节甚至其声母的发音部位或者发音方法都有了一些变化，或者在发韵母时口形或者舌位发生了一些变化。

轻声在韵母上的变化最常见的是其他位置的元音变为央元音。例如：

哥哥 [kɤ] → [kə]　　　头发 [fA] → [fə]
棉花 [xuA] → [xuə]　　懂得 [tɤ] → [tə]

有的轻声的复元音韵母会变为单元音韵母。例如：

念头 [tʻəu] → [tʻo]　　出来 [laɪ] → [lɛ]
眉毛 [mɑʊ] → [mɔ]

轻声音节有时读得太短就可能造成由清辅音声母变成一定程度的浊辅音声母，也就是所谓的清音浊化。清音浊化发生在不送气的清塞音声母 b [p]、d [t] 和 g [k] 以及不送气的塞擦音声母 z [ts]、zh [tʂ] 和 j [tɕ] 这6个声母上。例如：

听见 [tɕiæn] → [dʑiæn]　　　　人家 [tɕiA] → [dʑiA]

大多数轻声音节声母发生浊化的同时韵母也发生了变化。例如：

走吧 [pA] → [pə] → [bə]　　　我的 [tɤ] → [tə] → [də]

轻声音节并不是只有一种音变形式，有的轻声读得比一般的轻声音节更短，这样就会造成不同程度差别的轻声音节。例如"豆腐"一词，轻声的第一步是变成一个一般的轻声音节，调值发生变化；第二步是轻声音节的元音变为了一个央元音，即 [fu] → [fə]；第三步是元音脱落，[fə] → [f]。换言之，有的轻声音节有三种音变形式。而有三种不同程度轻声的音节又可以分为以下三类。

第一类：一般轻声→元音央化→元音脱落
　　如：豆腐 [fu] → [fə] → [f]
第二类：一般轻声→元音脱落→辅音浊化
　　如：凳子 [tsɿ] → [ts] → [dz]
第三类：一般轻声→元音央化→辅音浊化
　　如：走吧 [pA] → [pə] → [bə]
　　　　我的 [tɤ] → [tə] → [də]
　　　　哥哥 [kɤ] → [kə] → [gə]

有的只有两类变化形式，第一种是音高的变化，第二种是韵母的脱落。例如：

故事 [ʂɿ] → [ʂ]　　　　东西 [ɕi] → [ɕ]

4.1.3　轻声的功能

轻声绝不是一个单纯的语音问题，它是一个与语法、语义都有关联的语言现象。

4.1.3.1　区别词义

普通话中有时同样的音节，轻声与非轻声具有区别意义的功能。例如：

兄弟 xiōngdì（哥哥和弟弟）——兄弟 xiōngdi（弟弟）
主义 zhǔyì（如"资本主义"）——主意 zhǔyi（主见，办法）
汉字 hànzì（记录汉语的文字）——汉子 hànzi（男子）
文字 wénzì（记录语言的书写符号）——蚊子 wénzi（一种昆虫，吸人畜的血液，会传播疾病。）
孙子 sūnzǐ（战国时一位著名的军事家）——孙子 sūnzi（儿子的儿子）

上述轻声词是必读轻声的词，外国学生应当掌握。

4.1.3.2 区别词性和意义

普通话中有的轻声可以区别词性和词义。这可以分为以下几种：

A. 非轻声为名词，轻声为动词。例如：

活动 huódòng［名词］为了达到某种目的而采取的行动。如"校庆那天学校要举行很多活动。"
活动 huódong［动词］运动。如"我明天要到球场上去活动一下。"
言语 yányǔ［名词］说的话。如"这人言语粗俗。"
言语 yányu［动词］说，说话（北京话）。如"如果要我帮忙，你言语一声。"

B. 非轻声为名词，轻声为形容词。例如：

大意 dàyì［名词］主要的意思。如"把这篇文章的大意概括出来。"
大意 dàyi［形容词］疏忽，不注意。如"他太大意了，睡前忘了锁门。"

C. 非轻声为形容词，轻声为名词。例如：

对头 duìtóu［形容词］正确；正常；合得来。如"这方法对头，效率就高。""你的脸色不对头。""他俩不对头，有矛盾。"
对头 duìtou［名词］仇敌，对手。如"他俩是死对头。"

D. 非轻声为动词，轻声为名词或形容词。例如：

运气 yùnqì［动词］把气集中到身体的某一部分，属于武术或气功的一种方法。如"那气功师一运气，用手掌把几块砖砍断了。"
运气 yùnqi［名词］命运。如"我运气不好。"［形容词］幸运。如

"你真运气，中了大奖。"

4.1.3.3 区别语言单位的性质——使某些短语变为词

有的双音节非轻声的语言单位是短语，而轻声的则为词。例如：

干事 gàn shì ［短语］做事情。如"他在这儿不干事，就知道玩。"
干事 gànshi ［名词］专门负责某项事务的工作人员。如"他是我们单位的宣传干事，负责宣传工作。"
东西 dōng xī ［短语］东边和西边。如"这个小天井东西长50米。"
东西 dōngxi ［名词］物件。如"你要买什么东西？"

4.1.4 轻声词的范围

轻声词的数量比较多，有一部分词是一定要读轻声的，这与它们的语法性质相关，所以这也可以证明轻声不是单纯的语音问题，而是与语法密切相关的一个综合的语言问题。下面我们看一看主要有哪些形式必读轻声。

4.1.4.1 某些具有特定语法功能的词或语法形式

第一类，语气词"吗、呢、吧、嘛、呗、着呢、喽、啊"读轻声。例如：

(1) 你去吗？　　(2) 我的手机呢？　　(3) 你去吧！
(4) 你来嘛！　　(5) 你自己看呗！　　(6) 那地方远着呢。
(7) 饭好喽！　　(8) 住在这儿多好啊！

第二类，结构助词"的、地、得"。例如：

(9) 我的。　　(10) 好好地学。　　(11) 在这里吃得舒服。

第三类，动态助词"了、着、过"读轻声。例如：

(12) 我看了一半。(13) 他做着饭。　　(14) 我去过丽江。

第四类，方位名词及双音节方位名词后面的语素"上、下、里、面、边儿"。例如：

墙上　　地下　　屋里　　海里　　后面　　里边儿

第五类，单音节动词重叠式后面的语素。例如：

看看　　试试　　想想　　尝尝　　烫烫　　听听　　调调　　瞧瞧

第六类，趋向动词在以下句法位置上读轻声。

①双音节趋向动词"上来、上去、下去、进来、出来、出去、回来、回去、起来"中的后一个语素读轻声。

②"上、下、来、去、进、出、回、起、上来、上去、下去、进来、出来、出去、回来、回去、起来"充当趋向补语时读轻声。例如：

带上　　放下　　拿来　　送去　　抬进　　拿出　　带回　　提起
端上来　　贴上去　　倒下去　　拿进来　　取出来　　卖出去
跑回来　　收回去　　存起来

③"起来、下来、下去"放在动词、形容词后面表示动态时也读轻声。① 例如：

(15) 才喝了一小杯酒，他的脸就红起来了。
(16) 这事儿说起来容易，做起来难。
(17) 这些课程全部学下来要多少钱？
(18) 我准备接着学下去。

第七类，否定副词"不"在以下句法位置上读轻声。
①"VP 不 VP"正反结构中的"不"读轻声。例如：

来不来　　去不去　　学不学　　卖不卖　　愿不愿　　出不出去
好不好　　香不香　　贵不贵　　远不远　　紧不紧　　漂不漂亮

②可能补语中的"V 不 C"中的"不"读轻声。例如：

看不清　　打不开　　卖不掉　　吃不了　　学不会　　听不懂

---

① 关于"起来、下去"在动词和形容词后面用于表示动态，参看丁崇明《现代汉语语法教程》(2009) 第 60、189-191 页。

第八类，"V一V"重叠式中的"一"读轻声。例如：

试一试　　尝一尝　　调一调　　用一用　　听一听　　擦一擦

第九类，部分双音节形容词重叠式中的第二个音节读轻声。例如：

高高兴兴　　大大方方　　体体面面　　随随便便
和和气气　　扎扎实实　　干干净净　　规规矩矩

4.1.4.2　某些有明显标志的词语中的某个音节

第十类，某些词缀。包括一般名词后缀"—子、—头、—巴"，表示复数的后缀"—们"，状态形容词的中缀"—里—、—不—"。例如：

桌子　　椅子　　凳子　　　　石头　　　　木头
哑巴　　结巴　　孩子们　　　老师们　　　你们
傻里傻气　　糊里糊涂　　苦里呱叽
黑不溜秋　　傻不愣登　　酸不溜丢

第十一类，双音节叠音亲属称谓中后面的语素。例如：

爷爷　　奶奶　　爸爸　　妈妈　　姐姐　　妹妹　　哥哥　　弟弟
伯伯　　叔叔　　姨姨　　姑姑　　舅舅　　公公　　婆婆　　婶婶

4.1.4.3　部分一般的双音节词

现代汉语中双音节轻声词数量比较多。根据朱宏一（2008）对《现代汉语词典》第5版的分析统计，[①]该词典共收入轻声词2592个，其中包含可读轻声词440个，必读轻声词2150个（包括带词缀"子"的轻声词），双音节轻声词2272个。总的来说现代汉语常用词中轻声词数量是比较多的，但是一般没有明显标志的词中哪些词读轻声，哪些词不读轻声，影响因素很复杂。一般的轻声词，特别是那些必须读轻声的词没有规律可循，只有经常读，经常用才能掌握。中国很多南

---

① 对于现代汉语中的轻声词数量，学者们的统计意见分歧比较大，有的学者尺度比较宽。北京话的轻声词比较多，而普通话中的轻声词要少一些。张洵如编的《北京话轻声词汇》（1957）包括单音节、双音节、三音节、四音节轻声词共4351条，该词典把一些可以读轻声也可以不读轻声的词也收入其中。而徐世荣主编《普通话轻声词汇编》（1963）则只收录双音节轻声词1028条。

方方言没有轻声这种语言现象，这些地方的人学普通话也要通过逐渐地学习才能掌握常用的轻声词。大多数轻声词是使用频率很高的常用词，我们在附录"常用轻声词词表"中列出了常用轻声词，供学生练习使用。为了使你的普通话说得标准，说得地道，有必要花一些时间练习一下这些常用的轻声词，这些词并不需要死记硬背，只要多读几遍，养成一种发音的习惯，以后说起话来自然该读轻声的音节就会读轻声了。这里我们举少数常用的轻声词供大家练习一下：

名词：先生、消息、眼睛、爱人、丈夫、萝卜、意见、窗户
动词：打听、答应、商量、告诉、打发、打量、咳嗽、耽误
形容词：结实、新鲜、大方、客气、凉快、老实、机灵、漂亮

思考与练习（19）

一、什么是轻声？
二、轻声有哪些功能？
三、必读轻声的词主要有哪些？
四、熟读以下轻声词。

逻辑	馄饨	固执	北边	小气	知识	帽子	模糊	点子
豆腐	尾巴	黄瓜	月亮	本事	尺子	告诉	蘑菇	爷爷
他们	师傅	那里	星星	扎实	枕头	休息	动静	厉害
胳膊	抽屉	姑娘	孙子	苍蝇	朋友	亲家	在乎	记得
心思	便宜	后头	刀子	洒脱	哆嗦	那边	别扭	时候

4.2 儿化

4.2.1 什么是儿化

普通话39个韵母中er是一个比较特殊的单韵母，它不能与声母相拼，也不能同其他音素构成复韵母，但可以构成零声母音节。由它构成的音节形成了"而(ér)、儿(ér)、耳(ěr)、尔(ěr)、二(èr)"等几个常用的词。

er除了构成这几个常用词之外，还有一个十分重要的功能，那就是它不再作为一个独立的音节，而是把 **er 的卷舌特征融入前一个音节的韵**

尾或韵腹中，使这个音节发生变化，成为一个带卷舌动作的音节，这就是儿化。儿化后的韵母称为儿化韵。

在文字上表示儿化的方法是在后面加"儿"，但有的书面语不加"儿"字，所以不能以书面语中是否有"儿"来判定是不是儿化词。① 有的词典用下标的"儿"表示儿化韵，为的是与并不表示儿化韵的"儿"区别开来。《现代汉语词典》就是这样表示儿化韵的，如"花儿匠"。有的口语中的儿化词书写时也不加"儿"字，例如"动物园"。《汉语拼音方案》规定拼写儿化韵是在原来的韵母上加上字母 r，如"花儿"（huār）。

4.2.2　儿化的功能

4.2.2.1　改变词性和词义，构成一个新词，或者形成一个构词语素

儿化具有一定的构词功能，有的非儿化的词，经过儿化以后词性发生了变化，语义也发生了变化，形成了一个新的词，或者形成一个儿化语素。例如：

A. 动词→名词

错→错儿　　　盖→盖儿　　　钩→钩儿
卷→卷儿　　　圈→圈儿　　　扣→扣儿
坠→坠儿　　　画→画儿　　　塞→塞儿
活→活儿　　　套→套儿

动词→名词性语素

有的动词儿化以后变为名词性语素。例如：

闷→解闷儿　　扣→活扣儿　　架→衣架儿
偷→小偷儿　　靠→有靠儿（生个孩子，自己老了也有靠儿。）

有的词儿化以后既是一个词，同时也是一个构词语素。例如：

印→印儿（你来看这儿有个印儿）、脚印儿
圈→圈儿、圆圈儿

---

① 著名作家老舍是北京人，他的小说中存在实际上是儿化词但没有加"儿"字的情况。例如"我一会就回来，你等一等！"（老舍《无名高地有了名》）其中"一会"是必读儿化词，但是并没有加"儿"字。

B. 形容词→名词

尖→尖儿　　　　　圆→圆儿　　　　　弯→弯儿

黄→黄儿、双黄儿蛋

破烂→破烂儿　　　好→好儿（好处；恩惠；问好的话）

形容词→名词性语素

有很多形容词儿化以后变为名词性语素。例如：

干→豆腐干儿、葡萄干儿

丑→小丑儿　　　清→蛋清儿

鲜→尝鲜儿　　　小→家小儿

C. 动词→量词

捆→捆儿　　　截→截儿　　　串→串儿

下→下儿　　　挑→挑儿　　　拨→拨儿（又来了一拨儿客人）

D. 量词→名词

个→个儿　　　粒→粒儿（米粒儿、饭粒儿）

条→条儿（写个条儿再拿走）

4.2.2.2　区别词义

有少数的名词儿化以后词义变化，构成了一个新的名词。例如：

信（信件）→信儿（消息）

末（最后）→末儿（细碎的或呈粉状的东西）

门→门儿（门径：刷漆这活儿我现在摸出点儿门儿来了。）

地→地儿（坐或立的地方，容纳的空间：这儿没地儿了。）

头（脑袋）→头儿（领导：我们的头儿今天不在。）

4.2.2.3　儿化作为一个构词语素，把不成词的语素变成一个名词[①]

这类儿化主要是把一个名词性的不成词语素转化为一个可以单独使

---

① 语素是语言中最小的声音和意义的结合体。语素可以分为成词语素和不成词语素两种，成词语素本身就是一个词。不成词语素必须与其他语素合起来构成词以后才能进入句子。

用的名词。① 例如：

伴→伴儿	脖→脖儿	凳→凳儿
柜→柜儿	纽→纽儿	桌→桌儿
影→影儿	稿→稿儿	袖→袖儿
枣→枣儿	杏→杏儿	桃→桃儿

以上不成词语素多数可以加上名词词缀"子"构成同样意义的名词。例如"脖子"、"凳子"、"柜子"、"桌子"、"影子"、"稿子"、"桃子"、"枣子"。

4.2.2.4 表示小称的语法意义

儿化所表示的语法意义概括地说是小称。具体来说，它所表示的语法意义可以分为以下几种：

A. 表示**客观量小**的语法语义。即表示所指称的事物的确在物理的量上是小的。例如：

钱儿　事儿　牌儿　缝儿　口袋儿　坑儿　球儿　药水儿

B. 表示**主观量小**的语法意义。所谓主观量小不是表示所指称的事物物理上的尺寸数量的大小，而是表示可爱、轻松、温婉的感情色彩。② 例如：

人儿　大婶儿　玩儿　慢慢儿　好好儿　悄悄儿
影片儿　媳妇儿　土豆儿　干劲儿　八成儿　床单儿

4.2.3 儿化韵的发音

普通话有 39 个韵母，除了单韵母 ê 和本来就已经是卷舌的单韵母 er 不能儿化以外，其余的 37 个韵母均能够形成儿化韵。

儿化韵的发音并不完全一致，普通话韵母儿化分为以下 7 类：

第一类，**直接儿化**。韵母是 a、o、e、u 和以 -a、-o、-e、-u 结尾的音节，主要元音不变，几乎在发前面元音的同时舌尖往上抬起就形成了儿化韵。

---

① 此小节参考刘雪春（2003）、刘照雄（2003）。
② 关于儿化表示客观小量、主观小量参考了方梅（2007）的论述。

表 4.2.3-1　第一类儿化韵表

原韵母	儿化韵	举例	实际音变情况
a	ar	刀把儿 bàr	[pA] → [pAr]
o	or	坡儿 pōr	[pʻo] → [pʻor]
e	er	盒儿 hér	[xɤ] → [xɤr]
u	ur	珠儿 zhūr	[tʂu] → [tʂur]
ia	iar	一下儿 xiàr	[ɕiA] → [ɕiAr]
ua	uar	花儿 huār	[xuA] → [xuAr]
ao	aor	勺儿 sháor	[ʂɑʊ] → [ʂɑʊr]
iao	iaor	鸟儿 niǎor	[niɑʊ] → [niɑʊr]
uo	uor	小说儿 shuōr	[ʂuo] → [ʂuor]
ie	ier	半截儿 jiér	[tɕiɛ] → [tɕiɛr]
üe	üer	主角儿 juér	[tɕyɛ] → [tɕyɛr]
ou	our	封口儿 kǒur	[kʻəʊ] → [kʻəʊr]
iou (iu)	iur	小妞儿 niūr	[niəʊ] → [niəʊr]

第二类，**删 -i 尾、-n 尾，元音央化儿化**。韵尾为 i 或 n 的音节（除了 in 和 ün 两个韵母），儿化时去除韵尾，主要元音一定程度央化同时舌尖向上翘起，形成儿化韵。

表 4.2.3-2　第二类儿化韵表

原韵母	儿化韵	举例	实际音变情况
ai	air	名牌儿 páir	[pʻaɪ] → [pʻɐr]
uai	uair	一块儿 kuàir	[kʻuaɪ] → [kʻuɐr]
ei	eir	宝贝儿 bèir	[peɪ] → [pər]
uei (ui)	uir	一会儿 huìr	[xuei] → [xuər]
an	anr	老伴儿 bànr	[pan] → [pɐr]
ian	ianr	尖儿 jiānr	[tɕiɛn] → [tɕiɐr]
uan	uanr	茶馆儿 guǎnr	[kuan] → [kuɐr]
üan (uan)	uanr	手绢儿 juànr	[tɕyɛn] → [tɕyɐr]
en	enr	根儿 gēnr	[kən] → [kər]
uen (un)	unr	冰棍儿 gùnr	[kuən] → [kuər]

第三类，**删前鼻韵尾加 [ə] 儿化**。in 和 ün 两个韵母儿化时，删去前鼻音韵尾 -n，然后加上 ə 同时卷舌儿化。

表 4.2.3-3　第三类儿化韵表

原韵母	儿化韵	举例	实际音变情况
in	inr	口信儿 xìnr	[ɕin] → [ɕiər]
ün（un）	unr	花裙儿 qúnr	[tɕ'yn] → [tɕ'yər]

第四类，加 [ə] 儿化。当韵母是单韵母 i [i] 或 ü [y] 时，在韵母后面加上[ə]，在读 [ə] 的同时舌尖向上翘起，就形成了儿化韵。

表 4.2.3-4　第四类儿化韵表

原韵母	儿化韵	举例	实际音变情况
i	ir	小鸡儿 jīr	[tɕi] → [tɕiər]
ü（u）	ür（ur）	毛驴儿 lǘr	[ly] → [lyər]
		小曲儿 qǔr	[tɕ'y] → [tɕ'yər]

第五类，**删后鼻音韵尾，元音鼻化儿化**。后鼻音韵尾韵母（除 ing 外）儿化是删去后鼻音韵尾-ng [ŋ]，主要元音变为鼻化元音，发鼻化元音的同时舌尖上翘。

表 4.2.3-5　第五类儿化韵表

原韵母	儿化韵	举例	实际音变情况
ang	angr	药方儿 fāngr	[faŋ] → [fãr]
iang	iangr	花样儿 yàngr	[iaŋ] → [iãr]
uang	uangr	蛋黄儿 huángr	[xuaŋ] → [xuãr]
eng	engr	提成儿 chéngr	[tʂ'əŋ] → [tʂ'ə̃r]
ueng	uengr	瓮儿 wèngr	[uəŋ] → [uə̃r]
ong	ongr	抽空儿 kòngr	[k'uŋ] → [k'ũr]
iong	iongr	小熊儿 xióngr	[ɕiuŋ] → [ɕiũr]

第六类，**删后鼻音韵尾，加鼻化[ə̃] 儿化**。ing 韵母儿化时，删去后鼻韵尾，然后加上鼻化元音 [ə̃] 同时儿化。

表 4.2.3-6　第六类儿化韵表

原韵母	儿化韵	举例	实际音变情况
ing	ingr	门铃儿 língr	[liŋ] → [liə̃r]

第七类，**韵母变音儿化**。所谓韵母变音儿化是指儿化时原来的韵母变为另一个元音然后再儿化的变化。具体来说普通话中的舌尖元音韵母 -i₁ [ɿ] 和 -i₂ [ʅ] 这两个韵母儿化时韵母要变为中央元音 [ə]，而发元音 [ə] 时舌尖又上翘形成儿化韵。具体音变情况见下表：

表 4.2.3-7　第七类儿化韵表

原韵母	儿化韵	举例	实际音变情况
-i [ɿ]	-ir	没词儿 cír	[tsʻɿ] → [tsʻər]
-i [ʅ]	-ir	果汁儿 zhīr	[tʂʅ] → [tʂər]

4.2.4　外国学生儿化韵学习提示

汉语普通话中的卷舌韵母 er 很多语言中没有，所以这些语言的学生读儿化韵有一定的困难。例如日语、泰语中没有卷舌韵母 er，所以有的日本学生和泰国学生除了发 er 韵母有困难之外，读儿化韵也有困难。

思考与练习（20）

一、儿化的语法意义概括地说是什么？
二、熟读下列儿化词语。

第一类

原韵母	儿化词语			
a	刀把儿 dāobàr	号码儿 hàomǎr	戏法儿 xìfǎr	
o	上坡儿 shàngpōr	媒婆儿 méipór		
e	饭盒儿 fànhér	挨个儿 āigèr	小车儿 xiǎochēr	模特儿 mótèr
u	珠儿 zhūr	面糊儿 miànhúr	纹路儿 wénlùr	媳妇儿 xífùr
ia	一下儿 yí xiàr	豆芽儿 dòuyár		
ua	鲜花儿 xiānhuār	豆花儿 dòuhuār	娃儿 wár	香瓜儿 xiāngguār
ao	勺儿 sháor	手稿儿 shǒugǎor	岔道儿 chàdàor	好好儿 hǎohāor
iao	鸟儿 niǎor	走调儿 zǒudiàor	面条儿 miàntiáor	豆角儿 dòujiǎor
uo	小说儿 xiǎoshuōr	干活儿 gànhuór	被窝儿 bèiwōr	大伙儿 dàhuǒr
ie	半截儿 bànjiér	锅贴儿 guōtiēr	台阶儿 táijiēr	
üe	主角儿 zhǔjuér			
ou	封口儿 fēngkǒur	裤兜儿 kùdōur	老头儿 lǎotóur	土豆儿 tǔdòur
iou (iu)	小妞儿 xiǎoniūr	小牛儿 xiǎo niúr	抓阄儿 zhuājiūr	一溜儿 yí liùr

第二类

原韵母	儿化词语			
ai	名牌儿 míngpáir	鞋带儿 xiédàir	小孩儿 xiǎoháir	小菜儿 xiǎocàir
uai	一块儿 yí kuàir			
ei	宝贝儿 bǎobèir	上辈儿 shàngbèir	刀背儿 dāobèir	
uei (ui)	一会儿 yí huìr	墨水儿 mòshuǐr	跑腿儿 pǎotuǐr	有味儿 yǒuwèir
an	盘儿 pánr	收摊儿 shōutānr	包干儿 bāogānr	门槛儿 ménkǎnr
ian	尖儿 jiānr	聊天儿 liáotiānr	差点儿 chàdiǎnr	刀片儿 dāopiànr
uan	饭馆儿 fànguǎnr	好玩儿 hǎowánr	药丸儿 yàowánr	转弯儿 zhuǎnwānr
üan (uan)	烟卷儿 yānjuǎnr	圆圈儿 yuánquānr	人缘儿 rényuánr	绕远儿 ràoyuǎnr
en	根儿 gēnr	老本儿 lǎoběnr	纳闷儿 nàmènr	刀刃儿 dāorènr
uen (un)	冰棍儿 bīnggùnr	打盹儿 dǎdǔnr	皱纹儿 zhòuwénr	一顺儿 yí shùnr

第三类

原韵母	儿化词语			
in	口信儿 kǒuxìnr	实心儿 shíxīnr	音儿 yīnr	松劲儿 sōngjìnr
	有劲儿 yǒujìnr	脚印儿 jiǎoyìnr	送信儿 sòngxìnr	
ün (un)	花裙儿 huāqúnr	合群儿 héqúnr		

第四类

原韵母	儿化词语			
i	玩意儿 wányìr	小鸡儿 xiǎojīr	空地儿 kòngdìr	理儿 lǐr
	小米儿 xiǎomǐr	垫底儿 diàndǐr		
ü (u)	小曲儿 xiǎoqǔr	毛驴儿 máolǘr	孙女儿 sūnnǚr	有趣儿 yǒuqùr

第五类

原韵母	儿化词语		
ang	香肠儿 xiāngchángr	药方儿 yàofāngr	瓜瓤儿 guārángr
iang	这样儿 zhèyàngr	花样儿 huāyàngr	长相儿 zhǎngxiàngr
uang	有望儿 yǒuwàngr	蛋黄儿 dànhuángr	筐儿 kuāngr
eng	吭声儿 kēngshēngr	提成儿 tíchéngr	撒酒疯儿 sājiǔfēngr
ueng	瓮儿 wèngr		
ong	响动儿 xiǎngdòngr	抽空儿 chōukòngr	鱼虫儿 yúchóngr
	胡同儿 hútòngr		
iong	小熊儿 xiǎoxióngr	哭穷儿 kūqióngr	

第六类

原韵母	儿化词语		
ing	起名儿 qǐmíngr	门铃儿 ménlíngr	人影儿 rényǐngr

第七类

原韵母	儿化词语			
-i [ɿ]	枪子儿 qiāngzǐr	没词儿 méicír	松子儿 sōngzǐr	咬字儿 yǎozìr
	瓜子儿 guāzǐr	石子儿 shízǐr	挑刺儿 tiāocìr	
-i [ʅ]	树枝儿 shùzhīr	记事儿 jìshìr	墨汁儿 mòzhīr	消食儿 xiāoshír
	锯齿儿 jùchǐr			

三、请选择适当的形式填在横线上。

1. 你吃完以后，请把饭菜用（A）_____（B）_____好，爸爸下班回来以后还要吃呢。（盖、盖儿）

2. 我买了一幅徐悲鸿（A）_____的马的（B）_____。（画、画儿）

3. 他这人心_____不好，对人不善良。（眼、眼儿）

4. 我_____不好，你来帮我穿一下针。（眼、眼儿）

5. 你出去（A）_____帮我去邮局寄一封（B）_____。（顺道、顺道儿，信、信儿）

6. 他托人捎_____回来说，让家里放心，他在那儿很好，让你们不要惦记他。（信、信儿）

7. 大（A）_____一起动手把这（B）_____（C）_____干完了好（D）_____下班。（伙、伙儿，点、点儿，活、活儿，早点、早点儿）

8. 明天的_____吃什么？（早点、早点儿）

9. 这桌子的质量不好，你看，桌面已经裂了一条_____了。（缝、缝儿）

10. 我的衣服破了，你能帮我_____一下吗？（缝、缝儿）

11. 我的衣服晒_____了。（干、干儿）

12. 我想买点新疆的特产葡萄_____带回去。（干、干儿）

13. 吃清蒸鱼要买_____鱼回来做才行，死鱼做出来的清蒸鱼味道不好。（活、活儿）

14. 那么多_____，我们今天下班前干不完，明天早晨再来干吧。（活、活儿）

15. 这_____不是我负责的，你问我，我不知道，你去问他们吧。（事、事儿）

16. 你的鞋_____松了，赶快系一下。（带、带儿）

17. 你要_____我们去哪儿去？我怎么从来没来过这地方？（带、带儿）

18. 这条河河（A）_____没有种树，风景不好；我们家（B）_____那条河河（C）_____种了很多树，风景很好。（边、边儿，北边、北边儿；边、边儿）

19. 你来帮我用绳子_____一下这个箱子。（捆、捆儿）

20. 我的_____疼，应该吃什么药？（头、头儿）

21. 我们的（A）_____今天出去开会了，所以我们今天比较自由，可以聊（B）_____天。（头、头儿，会、会儿）

22. 你的_____脏了，得洗了，我帮你洗一洗。（手绢、手绢儿）

23. 他们话剧_____最近在演老舍的话剧《四世同堂》。（团、团儿）

24. 那么多人吃饺子，这（A）_____面不够，还得再和（B）_____面。（点、点儿）

四、熟读下列词语，观察分析下列各组词中儿化词与非儿化词之间的差异（可以查词典）。

1. 眼——眼儿　　　　2. 空——空儿

3. 尖——尖儿　　　　4. 头——头儿
5. 卷——卷儿　　　　6. 串——串儿
7. 个——个儿　　　　8. 塞——塞儿
9. 钩——钩儿　　　　10. 破烂——破烂儿
11. 弯——弯儿　　　　12. 偷——小偷儿
13. 摊——摊儿　　　　14. 圈——圈儿
15. 盘——盘儿　　　　16. 包——包儿
17. 花——花儿　　　　18. 活——活儿
19. 黄——蛋黄儿　　　20. 管——管儿
21. 招——招儿　　　　22. 仁——仁儿

五、熟读下列对话和句子，注意其中的儿化词的发音。

1. 小对话（场景：王林在学校南门遇见李阳，李阳手里拎着一个塑料袋儿）

   王林：李阳，你干嘛去了？

   李阳：我买冰棍儿去了。

   王林：你买的冰棍儿是什么口味儿的？

   李阳：别提了，没买成！刚一出南门儿，钱包儿就被小偷儿偷走了！

   王林：那你的塑料袋儿里装的是什么呀？

   李阳：兜儿里还剩五毛钱，只能买点儿瓜子儿了！

2. 他这人就那样儿，你别和他较真儿。

3. 那儿围着一圈儿人在干什么？原来是用手绢儿变戏法儿。

4. 在胡同儿口儿那家饭馆儿吃火锅儿挺好，除了有各种肉片儿之外，还有豆芽儿、粉条儿、菜花儿、豆角儿等几十种菜，主食有米饭、水饺儿、面条儿、肉包儿，还免费赠送春卷儿、瓜子儿，还提供消食儿的小菜儿，而且要价儿也合理。

5. 您喝点儿果汁儿吧。

4.3　连读变调

汉语每个音节都有一个固定的声调，一般称为本调。汉语的音节单独出现时读它的本调（字典中标注的是本调），而有的音节与某些特定声调的音节连在一起读的时候，受到其他音节声调的影响，它的调值发生了变化，这种现象就是连读变调。例如"武"的本调是上声，单念时读wǔ，在合成词"英武、威武"中也读wǔ，而当它出现在"老师"这个词之前，我们称呼一位姓武的老师"武老师"时，实际发的音是"wúlǎoshī"，听起来像称呼"吴老师"。又如"百（bǎi）"和"米（mǐ）"连起来读实际发音为báimǐ，听起来就和"白米"一样。

4.3.1 上声的变调

上声字的变调比较复杂一些，有下列几种情况：

第一，两个上声字相连，前面一个字的声调变为阳平（35）。例如：

古（gǔ）典（diǎn）读为：gúdiǎn

理（lǐ）想（xiǎng）读为：líxiǎng

手（shǒu）表（biǎo）读为：shóubiǎo

草（cǎo）稿（gǎo）读为：cáogǎo

美（měi）好（hǎo）读为：méihǎo

勇（yǒng）敢（gǎn）读为：yónggǎn

鲁（lǔ）老（lǎo）师（shī）读为：lúlǎoshī

以下词语中前面的上声字都要变为阳平的调值35：

领导	粉笔	厂长	总理	组长	稿纸	早点
鼓掌	手掌	洗脸	久仰	有雨	武老师	楚老师
伍老师	鲁老师	葛老师	尹老师	米老师	贾老师	

第二，上声+轻声（原调为上声），有两种变调的情况：

A. 前一个音节变为阳平（35）。例如：

小姐　想起　讲讲　等等　找找　考考　买买　哪里　水里　可以

B. 前一个音节变为21调。例如：

毯子　耳朵　嫂子　姐姐

第三，上声+非上声，前面的音节读为21，末尾不再上升。例如：

上声+阴平：体贴　跑开　主张　老师　小家
上声+阳平：旅游　伙食　紧急　理财　海洋
上声+去声：准备　产假　很快　反对　走路

第四，很多上声字在语流中间实际上不读214，而是读为21的调值。如"他有什么事要告诉我的吗？"中"有、我"是上声字，但是在语流中这两个字都不读214，而读为21。

总之，上声字单独出现时或者在语句的末尾时读214，大多数情况下不读214。例如下列语句中加点的字变为21调值，而下面加横线的字才读本调：

(1)　——你有钱吗？　——有。
(2)　我想骑马。
(3)　那儿远不远？
(4)　——你想家吗？　——想。

第五，三个上声字相连，有几种情况：

A．（上声+上声）+上声。如果两个关系比较紧密的上声语素与另一个上声语素组合在一起时，一般前面两个关系比较紧密的上声音节都变为阳平的调值（35）。即为（35+35）+214。例如：

勇敢者　洗澡水　展览馆　手写体　洗脚水

有时三个语素是在一个层次上组合起来的，也是前面的两个音节变为阳平的调值。例如：

软懒散

B．上声+（上声+上声）。有的三个上声音节组合而成的词语，后面两个语素组合得更为紧密一些，后面两个语素组合以后再与前面的语素组合。读这样的三个音节的上声词语时，由于第一个音节与后面的音节之间有一个短暂的停顿，所以第一个音节读21，第二个音节变为阳平即为35，第三个音节读214。即为：21+（35+214）。例如：

跑百米　　　　　史小姐　　　　　冷处理

C. 很多后面两个语素先组合再与前面的语素组合的三个上声音节的词语有两种读法，一种是快读的，前面两个音节读为阳平的调值（35），即为：（35+35+214）；另一种是第一个音节之后有短暂的停顿，第一个音节读为 21 的调值，第二个音节读为阳平 35 的调值，第三个音节读上声，即为：（21+35+214）。例如：

快读（35+35+214）：很古老　　小老虎　　很勇敢　　老厂长
　　　　　　　　　　小雨伞　　有理想　　李厂长　　找保姆
慢读（21+35+214）：很古老　　小老虎　　很勇敢　　老厂长
　　　　　　　　　　小雨伞　　有理想　　李厂长　　找保姆

而前面两个语素组合以后再与后面的语素组合的，有的也可以有以上两种不同的变调模式。例如：

往里走　　往北走
往里走　　往北走

第六，多个上声音节相连，可以前面的几个音节变为阳平调，也可以分组变调，但音节太多时还是分组变调。例如：

岂有此理（qǐ yǒu cǐ lǐ）读为：qí yóu cí lǐ
岂有此理（qǐ yǒu cǐ lǐ）也可以读为：qí yǒu cí lǐ
到我厂有九百米 dào wǒ chǎng yǒu jiǔ bǎi mǐ
读为：dào wó chǎng yǒu jiú bái mǐ

4.3.2 "一"、"不"的变调

数词"一"和副词"不"是普通话中变调比较突出的两个词。

4.3.2.1 "一"的变调

"一"的本调是阴平。"一"在以下四种情况下读本调 yī：

第一，单独出现。如："一"。
第二，在数数（shǔ shù）字时。如："一、二、三"、"二零一一年"。

第三，在序数中。如："第一名"、"二十一楼"。

第四，在词语或句子末尾。如："统一"、"我是一，你是二"。

"一"变调的情况请看下表。

表 4.3.2-1 "一"的变调的情况表

出现环境	变调情况	举例
去声之前	yī→yí	一个　一律　一下　一片　一次　一视同仁
阴平、阳平、上声之前	yī→yì	一般　一些　一斤　一篇　一丘之貉 一直　一台　一群　一条　一堂课　一毛不拔 一米　一百　一里　一表人才　一览无遗
"V一V"重叠式中	yī→轻声	看一看　练一练　走一走　试一试　尝一尝 听一听　停一停　查一查　理一理　翻一翻

4.3.2.2　"不"的变调

"不"的本调是去声 bù。它在以下情况中变调：

表 4.3.2-2 "不"的变调情况表

出现环境	变调情况	举例
去声之前	bù→bú	不要　不进　不够　不卖　不论　不翼而飞
"VP不VP"中、中补短语中[①]	bù→轻声	要不要　红不红　好不好　买不买　关不关 买不起　切不动　提不起　说不完　拿不走

4.3.3　变调口诀

实际上汉语主要的变调规律说起来也比较简单，我们可以用以下口诀来总结以上所讲的普通话的主要变调规律：

上上相连前变阳（35），
轻声之前"上"变阳（35），
去前"一"、"不"变阳平（35），
"一"后非去，"一"变去（51），
"一""不"重叠居中读轻声。

[①] "VP"代表动词或形容词性词语。

4.3.4 形容词的变调

形容词的种类有很多,有的能变调,有的不能变调,下面我们介绍形容词变调的情况。

4.3.4.1 单音节形容词重叠式的变调

单音节形容词大多数可以重叠,但是重叠之后变调的并不多,根据我们的调查,有以下几个单音节形容词重叠式儿化以后变调:①

表 4.3.4-1 单音节形容词重叠变调情况表

	重叠并儿化	重叠儿化以后变读为第一声
好	好好儿 (hǎohǎor) 吃一顿	好好儿 (hǎohāor) 吃一顿
远	躲得远远儿 (yuǎnyuǎnr) 的	躲得远远儿 (yuǎnyuānr) 的
饱	吃得饱饱儿 (bǎobǎor) 的	吃得饱饱儿 (bǎobāor) 的
慢	慢慢儿 (mànmànr) 走	慢慢儿 (mànmānr) 走
早	早早儿 (zǎozǎor) 地睡了	早早儿 (zǎozāor) 地睡了

根据我们的调查总结出以下规律:

第一,大多数非阴平调的单音节形容词能够重叠,但是不变调,只有几个非阴平调的单音节形容词重叠式儿化以后变为阴平调;

第二,能够变调的单音节形容词重叠式其后一个音节都要儿化,如"好好儿 (hǎohāor)";

---

① 《现代汉语八百词》收入单音节形容词 AA 重叠式 133 个,作者认为:"北京口语中第二个 A 一般读阴平调,儿化。"(637 页)而根据我们的语感,北京话中单音节形容词重叠 AA 式后面的 A 变为阴平调的只是少数,这样的形式大多不变调。普通话以北京语音为标准音,所以我们首先应当对北京人这种情况的变调有一个清楚的认识,这样才能给外国学生一个明确的、正确的说法。为此,我们把《现代汉语八百词》举出的能够重叠的单音节形容词中 57 个非阴平调(阳平、上声和去声)设计了一个调查表,在北京年轻一代新北京人中进行调查。这些调查对象均是在北京生长的 19 至 26 岁的年轻一代北京人。根据调查,只有 5 个单音节形容词重叠式被调查对象比较一致地认为应当儿化并且变调。由于《现代汉语八百词》的 133 个单音节形容词中有 76 个是阴平调的,占 57.1%,它们不变调,读本调;再加上老一代北京人非阴平调的重叠式儿化以后读变调的要比现在年轻人略多一些,所以容易形成后面的 A 多数读阴平的假象。根据我们的调查,正确的结论是:一半以上 AA 形容词重叠式读本调阴平调,只有少数几个非阴平调的单音节形容词重叠以后儿化并变为阴平调。《现代汉语八百词》编于 20 世纪 70 年代末,编写人员中有的当时是中年北京人,也可能《现代汉语八百词》代表的是 30 多年前的北京话,而现在有些词的读音发生了变化。

第三，极个别非阴平调的单音节形容词重叠并儿化以后，可以不变调，也可以变为阴平调。如"远远儿（yuǎnyuǎnr）"读的是原调，也可以变调读为"远远儿（yuǎnyuānr）"；

第四，极个别非阴平调的单音节形容词重叠并儿化以后不变为阴平调。如"鼓鼓儿（gǔgǔr）"。

第五，年纪大的老北京人在儿化以后读变调的情况要多一些，而年轻一代北京人，特别是父母不是北京人的新北京人大多数的发音习惯是仅儿化不变调。

根据以上情况，我们认为，外国人学习汉语，应当学习年轻一代的发音。具体来说就是对于单音节形容词 AA 重叠式的变调，只需要掌握上面表中的几个就可以了。因为语言发展的趋势是这类重叠式儿化以后变调的情况越来越少了。

4.3.4.2 双音节形容词重叠式的变调

双音节形容词重叠式 AABB 有的后面的 BB 的声调要变为阴平的调值（55）。例如"痛痛快快"后面的两个音节要变为阴平调。北京话变调的重叠式要比普通话多一些，但根据学者的调查，这种变调重叠式的数量近些年在北京人中有逐渐下降的趋势，普通话中变调的数量就更少了。

《现代汉语八百词》中标明 BB 读阴平的，根据我们的调查，其中很多不读阴平。例如：

安安静静　白白净净　富富裕裕　厚厚道道　勉勉强强
清清静静　富富泰泰　地地道道　清清楚楚　勤勤快快

《现代汉语八百词》中标明 BB 读阴平的，根据我们的调查，的确读阴平的：

痛痛快快　规规矩矩　老老实实　漂漂亮亮　啰啰唆唆
别别扭扭　结结实实　客客气气　溜溜跶跶　马马虎虎
模模糊糊　顺顺当当　踏踏实实　稳稳当当　严严实实
迷迷糊糊　支支吾吾　亮亮堂堂　晃晃荡荡　糊糊涂涂
机机灵灵　孤孤零零　密密实实　哆哆嗦嗦　利利落落
正正当当　懵懵懂懂　利利索索　含含胡胡　凉凉快快
对对付付　疙疙瘩瘩　豁豁亮亮　敦敦实实　欢欢实实

4.3.4.3　ABB 式状态形容词的变调

ABB 式状态形容词有的后面的词缀变调，有的不变调。变调的如"沉甸甸、白蒙蒙、碧油油、汗淋淋、黑糊糊"，不变调的如"赤裸裸、恶狠狠、黑沉沉、光灿灿"。

表 4.3.4–2　常用 ABB 式状态形容词声调情况表

音序	BB 读原调	BB 本调为阴平	BB 非阴平→阴平
a		矮墩墩	
b	白茫茫	白花花	白皑皑　白蒙蒙 白晃晃　碧油油
c	赤裸裸　赤条条	颤巍巍　臭烘烘　臭乎乎　喘吁吁 脆生生	沉甸甸
e	恶狠狠		
f		肥奓奓（dā）	
g	孤零零　光灿灿 亮闪闪	干巴巴　光溜溜　光秃秃	
h	黑沉沉　黑茫茫 红艳艳　黄灿灿 灰沉沉	汗津津　好端端　黑压压　红扑扑 厚墩墩　虎彪彪　虎生生　灰溜溜 活生生　黑黢黢（qū）	汗淋淋　黑油油 火辣辣　黑糊糊 黄澄澄　黑洞洞 黑黝黝　红彤彤 灰蒙蒙　黑蒙蒙
j	金灿灿　金闪闪	急巴巴　急匆匆　假惺惺　尖溜溜 娇滴滴　紧巴巴　紧绷绷　静悄悄	金煌煌　金晃晃
k	空荡荡　空洞洞 空落落		
l	乐陶陶　泪涟涟 亮闪闪	辣乎乎　辣丝丝　辣酥酥　蓝晶晶 乐呵呵　乐滋滋　泪汪汪　冷冰冰 冷清清　冷森森　冷丝丝　冷飕飕 凉丝丝　凉飕飕　亮光光　亮晶晶 亮铮铮　绿生生　乱纷纷　乱哄哄 乱糟糟	蓝盈盈　懒洋洋 亮堂堂　绿茸茸 绿油油　乱蓬蓬 乱腾腾　绿莹莹
m	闷（mēn）沉沉 闷（mèn）沉沉 明闪闪	满当当　满登登　慢悠悠　毛烘烘 毛乎乎　美滋滋　木呆呆	慢腾腾　明晃晃 毛茸茸
n	暖融融　暖洋洋	闹哄哄　蔫呼呼　怒冲冲　暖烘烘 暖呼呼	闹嚷嚷

续表

音序	BB 读原调	BB 本调为阴平	BB 非阴平→阴平
p	平展展	胖墩墩　胖乎乎	
q	气昂昂	气冲冲　气呼呼　气吁吁　怯生生 轻飘飘　轻悠悠	清凌凌
r		热烘烘　热乎乎	热辣辣　软绵绵 热腾腾
s		傻呵呵　水汪汪　酸溜溜	湿淋淋　水淋淋 湿漉漉
t		甜津津　甜丝丝	
u	雾沉沉		文绉绉　雾茫茫
x	喜洋洋 香馥馥（fù）	稀溜溜　喜冲冲　喜滋滋　咸津津 香喷喷　响当当　笑哈哈　笑呵呵 笑眯眯　笑嘻嘻　笑吟吟　血糊糊 雄赳赳　兴冲冲	血淋淋　羞答答 笑咧咧
y	圆鼓鼓　圆滚滚	眼巴巴　眼睁睁　硬邦邦　油乎乎	
z		醉醺醺	
总计	32 个	96 个	41 个
比例	18.93%	56.8%	24.26%
比例	读非阴平　18.93%	读阴平　81.07%	

注：声调根据《现代汉语词典》（2002 年增补本）。

从上表中可以看出，169 个常用的 ABB 状态形容词中，只有 41 个要变为阴平调，变调占 24.26%，但是由于有 96 个 ABB 状态形容词的词缀本来就是读原调阴平调的，所以 169 个词中有 137 个词读阴平调，占 81.07%。但是也应当指出，《现代汉语词典》要变调为阴平调的词中，根据我们的调查现在很多北京人也不变调，而读为原调。如"雾茫茫、碧油油、沉甸甸、绿油油、火辣辣、毛茸茸、懒洋洋、血淋淋"等很多词语北京人也不变调。[①]所以实际 ABB 状态形容词变调的并不多。

[①] 根据李志江（1998）对北京地区的大中小学生的调查，《现代汉语词典》（1997 年修订本）中 ABB 式重叠形容词 BB 标注为变调的，大多数调查者已不变调，而以读本调为主。李小梅（2000）对《现代汉语词典》（修订本）所收的单音节形容词叠音后缀的调值进行了统计，发现大多数单音节形容词的叠音后缀不发生音变，只有少数可以变为 55。根据李莺（2001）的考察，1978 年版的《现代汉语词典》BB 词缀注为阴平的"白茫茫、孤零零、黑沉沉、空落落、喜洋洋、香馥馥"这 6 个词，1997 年版《现代汉语词典》已经改注为读原调；"赤裸裸、赤条条、恶狠狠、空荡荡、直挺挺"这 5 个词 1978 年版《现代汉语词典》注了两个声调，1997 年版则改为不再变调，读原调。

思考与练习（21）

一、听辨下列词语。

懒散（lǎnsǎn）——烂伞（làn sǎn）

母语（mǔyǔ）——沐浴（mùyù）

海岛（hǎidǎo）——海盗（hǎidào）

旅馆（lǚguǎn）——铝罐（lǚ guàn）

广场（guǎngchǎng）——广昌（Guǎngchāng）

首长（shǒuzhǎng）——手杖（shǒuzhàng）

简短（jiǎnduǎn）——剪断（jiǎn duàn）

粉笔（fěnbǐ）——分币（fēnbì）

小组（xiǎozǔ）——小卒（xiǎozú）

减少（jiǎnshǎo）——渐少（jiàn shǎo）

稿纸（gǎozhǐ）——告知（gàozhī）

鼓掌（gǔzhǎng）——故障（gùzhàng）

手指（shǒuzhǐ）——收纸（shōu zhǐ）——收支（shōuzhī）

二、朗读下列词语，注意上声字变调的情况。

1. 感慨（gǎnkǎi）　　保险（bǎoxiǎn）　　保养（bǎoyǎng）

　鼓舞（gǔwǔ）　　本领（běnlǐng）　　引导（yǐndǎo）

　语法（yǔfǎ）　　古老（gǔlǎo）　　敏感（mǐngǎn）

　产品（chǎnpǐn）　　永远（yǒngyuǎn）　　老板（lǎobǎn）

　口语（kǒuyǔ）　　岛屿（dǎoyǔ）　　母语（mǔyǔ）

　懒散（lǎnsǎn）　　水井（shuǐjǐng）　　远景（yuǎnjǐng）

　北海（běihǎi）　　首长（shǒuzhǎng）　　尽管（jǐnguǎn）

　拇指（mǔzhǐ）　　简短（jiǎnduǎn）　　饱满（bǎomǎn）

　辅导（fǔdǎo）　　反感（fǎngǎn）　　古典（gǔdiǎn）

　两口子（liǎngkǒuzi）　　农产品（nóngchǎnpǐn）

2. 上声 + 上声 + 上声 → 上声 +（阳平 + 上声）

　李小姐（Lǐ xiǎojiě）　　跑百米（pǎo bǎimǐ）

3. 上声 + 上声 + 上声 →（阳平 + 阳平）+ 上声

　演讲稿（yǎnjiǎnggǎo）　　跑马场（pǎomǎchǎng）

　管理组（guǎnlǐzǔ）　　水彩笔（shuǐcǎibǐ）

蒙古语（měnggǔyǔ）　　　左手指（zuǒshǒuzhǐ）
九九表（jiǔjiǔbiǎo）　　　九百桶（jiǔbǎi tǒng）
总统府（zǒngtǒngfǔ）　　　管理者（guǎnlǐzhě）

4. 上声＋上声＋上声 → $\begin{cases}（阳平＋阳平）＋上声\\[6pt]上声＋（阳平＋上声）\end{cases}$

很勇敢（hěn yǒnggǎn）　　　小老虎（xiǎo lǎohǔ）

三、朗读下列词语，注意其中"一"和"不"的声调变化。（需要变调的音节已经按照实际变调的情况标注声调）

1. 不是（**bú** shì）　　　不错（**bú** cuò）　　　不赖（**bú** lài）
   不测（**bú** cè）　　　不干（**bú** gàn）　　　不妙（**bú** miào）
   不看（**bú** kàn）　　　不累（**bú** lèi）　　　不怕（**bú** pà）
   不跳（**bú** tiào）　　　不要（**bú** yào）　　　不叫（**bú** jiào）
   不骂（**bú** mà）　　　不被（**bú** bèi）　　　不去（**bú** qù）
   不便（**bú** biàn）　　　不必（**bú** bì）　　　不定（**bú** dìng）
   不论（**bú** lùn）　　　不愧（**bú** kuì）　　　不料（**bú** liào）
   不用（**bú** yòng）　　　不对（**bú** duì）　　　不断（**bú** duàn）
   不过（**bú** guò）　　　不嫁（**bú** jià）　　　不顾（**bú** gù）
   不但（**bú** dàn）　　　不利（**bú** lì）　　　不上（**bú** shàng）
   不下（**bú** xià）　　　不漏（**bú** lòu）

2. 不见得（**bú** jiànde）　　　不要紧（**bú** yàojǐn）
   不像话（**bú** xiànghuà）　　　不自量（**bú** zìliàng）
   不锈钢（**bú** xiùgāng）　　　不过意（**bú** guòyì）
   不至于（**bú** zhìyú）　　　不道德（**bú** dàodé）
   不尽然（**bú** jìnrán）　　　不用功（**bú** yònggōng）
   不动产（**bú** dòngchǎn）

3. 不管不顾（bù guǎn **bú** gù）　　　不动声色（**bú** dòng shēngsè）
   不近人情（**bú** jìn rénqíng）　　　不速之客（**bú** sù zhī kè）
   不三不四（bù sān **bú** sì）　　　不闻不问（bù wén **bú** wèn）
   不义之财（**bú** yì zhī cái）　　　不翼而飞（**bú** yì ér fēi）
   不计其数（**bú** jì qí shù）　　　不露声色（**bú** lù shēng sè）
   不大不小（**bú** dà bù xiǎo）　　　不折不扣（bù zhé **bú** kòu）

不即不离（bù jí bù lí） 不痛不痒（bú tòng bù yǎng）
不上不下（bú shàng bú xià） 不甚了了（bú shèn liǎo liǎo）
不共戴天（bú gòng dài tiān） 不伦不类（bù lún bú lèi）
不置可否（bú zhì kě fǒu） 不可一世（bù kě yí shì）
不名一文（bù míng yì wén） 不拘一格（bùjū yì gé）
不卑不亢（bù bēi bú kàng） 不堪一击（bùkān yì jī）
按兵不动（àn bīng bú dòng） 爱不释手（ài bú shì shǒu）
按捺不住（ànnà bú zhù） 参差不一（cēncī bù yī）
毁誉不一（huǐyù bù yī） 一衣带水（yì yī dài shuǐ）
一蹴而就（yí cù ér jiù） 一帆风顺（yì fān fēng shùn）
荟萃一堂（huìcuì yì táng） 无微不至（wú wēi bú zhì）
从容不迫（cóngróng bú pò） 一路平安（yí lù píng'ān）

4. 不成器（bùchéngqì） 不成文（bùchéngwén）
不值钱（bù zhíqián） 不等式（bùděngshì）
老一套（lǎoyítào） 不至于（búzhìyú）
不明不白（bù míng bù bái） 不屈不挠（bùqū bù náo）
不白之冤（bù bái zhī yuān） 不成比例（bù chéng bǐlì）
不耻下问（bù chǐ xià wèn） 不甘寂寞（bùgān jìmò）
不偏不倚（bù piān bù yǐ）

5. 一致（yízhì） 一再（yízài） 一定（yídìng）
一律（yílǜ） 一瞬（yíshùn） 一共（yígòng）
一带（yídài） 一向（yíxiàng） 一色（yísè）
一道（yídào） 一并（yíbìng） 一路（yílù）
一趟（yí tàng） 一样（yíyàng） 一面（yímiàn）
一类（yí lèi） 一阵（yízhèn） 一贯（yíguàn）

6. 一早（yìzǎo） 一晚（yì wǎn） 一心（yìxīn）
一生（yìshēng） 一齐（yìqí） 一同（yìtóng）
一瞥（yìpiē） 一览（yì lǎn） 一连（yìlián）
一些（yìxiē） 一般（yìbān） 一举（yìjǔ）
一晃（yí huàng） 一起（yìqǐ） 一时（yìshí）
一群（yì qún） 一条（yì tiáo） 一行（yìxíng）
一天（yì tiān） 一批（yì pī） 一家（yì jiā）

一体（**yì**tǐ） 　　一经（**yì**jīng） 　　一瓶（**yì**píng）
一直（**yì**zhí）

7. 走一走（zǒu **yi** zǒu） 　　遛一遛（liù **yi** liù）
写一写（xiě **yi** xiě） 　　想一想（xiǎng **yi** xiǎng）
读一读（dú **yi** dú） 　　看一看（kàn **yi** kàn）
试一试（shì **yi** shì） 　　说一说（shuō **yi** shuō）
买不买（mǎi **bu** mǎi） 　　来不来（lái **bu** lái）
让不让（ràng **bu** ràng） 　　要不要（yào **bu** yào）
吃不吃（chī **bu** chī） 　　想不想（xiǎng **bu** xiǎng）
去不去（qù **bu** qù） 　　气不气（qì **bu** qì）
卖不卖（mài **bu** mài） 　　好不好（hǎo **bu** hǎo）

四、请按照变调以后的实际声调给以下词语注上声调。

1. 忍不住（ren bu zhu） 　　2. 不好意思（bu haoyisi）
3. 不是吗（bu shi ma） 　　4. 不要紧（bu yaojin）
5. 不论（bulun） 　　6. 不过（buguo）
7. 不必（bubi） 　　8. 不大（bu da）
9. 不但（budan） 　　10. 不断（buduan）
11. 差不多（cha bu duo） 　　12. 一丝不苟（yi si bu gou）
13. 一丝不挂（yi si bu gua） 　　14. 一朝一夕（yi zhao yi xi）
15. 一窍不通（yi qiao bu tong） 　　16. 一尘不染（yi chen bu ran）
17. 一蹶不振（yi jue bu zhen） 　　18. 一文不值（yi wen bu zhi）
19. 一手一足（yi shou yi zu） 　　20. 一起一落（yi qi yi luo）
21. 一去不返（yi qu bu fan） 　　22. 一字不漏（yi zi bu lou）
23. 一望无际（yi wang wu ji） 　　24. 一无是处（yi wu shi chu）
25. 一日千里（yi ri qian li） 　　26. 一步登天（yi bu deng tian）
27. 一板一眼（yi ban yi yan） 　　28. 一反常态（yi fan chang tai）
29. 一贫如洗（yi pin ru xi） 　　30. 一门心思（yi men xinsi）
31. 一鸣惊人（yi ming jing ren） 　　32. 一念之差（yi nian zhi cha）
33. 一往情深（yi wang qing shen） 　　34. 一天到晚（yi tian dao wan）
35. 一泻千里（yi xie qian li） 　　36. 一针见血（yi zhen jian xie）
37. 一五一十（yi wu yi shi） 　　38. 一视同仁（yi shi tong ren）
39. 一知半解（yi zhi ban jie） 　　40. 表里如一（biao li ru yi）

41. 言行一致（yanxing yizhi） 　　42. 一落千丈（yi luo qian zhang）
43. 一概而论（yigai er lun） 　　44. 一干二净（yi gan er jing）
45. 一哄而散（yi hong er san） 　　46. 一技之长（yi ji zhi chang）
47. 一度（yidu）　　48. 一概（yigai）　　49. 一味（yiwei）
50. 一共（yigong）　　51. 一切（yiqie）　　52. 一半（yiban）
53. 一旦（yidan）　　54. 一亿（yi yi）　　55. 一台（yi tai）
56. 一笑（yi xiao）　　57. 一回（yi hui）　　58. 一身（yishen）
59. 一张（yi zhang）　　60. 一年（yi nian）　　61. 一曲（yi qu）
62. 一首（yi shou）　　63. 一段（yi duan）　　64. 一律（yilü）
65. 难不难（nan bu nan）　　66. 美不美（mei bu mei）
67. 丑不丑（chou bu chou）　　68. 搞不懂（gao bu dong）
69. 摸不清（mo bu qing）　　70. 写不好（xie bu hao）

五、请按照变调的规律读下列词语。

1. 管理、场景、笔法、准许、久久、美好、鼓舞、转眼、永远
   抢手、顶点、吵嘴、摆好、老虎、使馆、老板、理想、假想
   简朴、奖品、讲演、脚底、解渴、解体、冷水、苦恼、老本
2. 简体字、老好人、老古董、起跑线、两码事、蒙古族
3. 指手画脚、岂有此理、百里挑一、百孔千疮、百感交集
   古往今来、矫枉过正、苦口婆心、老马识途、冷眼旁观
   两小无猜、领属关系、鸟语花香、起早贪黑、数典忘祖

六、熟读以下对话和童谣，注意其中的变调。

1. 小对话
   王　　林：服务员，我要<u>一盒</u>水彩笔，<u>一盒</u>粉笔。
   服务员：给，<u>一共</u>十五块钱。
   王　　林：<u>不能</u>便宜点儿吗？
   服务员：便宜的也有，不过<u>一分钱一分</u>货。
   王　　林：那还是要贵的吧。
2. 童谣：
   一二三四五，上山打老虎。老虎打<u>不</u>着，碰见小松鼠。松鼠有几个？
   让我<u>数一数</u>。数来又数去，一二三四五。

第五章

语　调

5.1　什么是语调

人们说话时不会每一个音节都是一样的轻重、一样的长短。人们正常地说话，总是会有抑扬顿挫，也就是有的音节读得高一点儿，有的音节读得低一点儿；有的音节读得轻一点儿，有的音节读得重一点儿；有的音节读得稍微长一点儿，有的音节又稍微短一点儿；有时会在某些音节之间有个短暂的停顿，而有些音节又会连接得比较紧密；有的句子后面会呈现出声调慢慢的升高，有的句子则没有升高的情况，有的句子末尾会有一点儿下降。句子中这样的一些声音上的变化就是语调。简言之，**语调是人们交际中的句子的轻重变化、停顿长短以及声音高低的变化**。语调不是纯语音的现象，它与语义、语法都有密切的联系，它表现出说话人的思想、感情、态度及情绪。

"语调指说话时频率高低变化所造成的旋律模式，也就是若干音节连读时的调型。"（吴宗济 1992：439、448）

5.2　重音

一个语句中读得比较重的词语就是该句子的重音。重音听起来音量较大，音长略有延长，其调值念得很到位（非重音的音节很多在语句中调值常常念得不到位）。总之，重音听起来比较清晰，比其他的音节在语音上要突出。

重音可以分为词重音和语句重音。与语调直接相关的是语句重音。人们一般所说的重音指的是语句重音。语句重音可以分为"语法重音"

和"逻辑重音"两类。

5.2.1 语法重音

语法重音是有一定规律的、按照一般的语法结构的特点需要重读的重音。语法重音的规律也比较复杂，我们在此只能举例性地讲一些。

第一，句子中的谓语中心语（即句子的谓语中最主要的动词或者形容词、名词）要重读。例如：

(1) 他已经走了。
(2) 这孩子很聪明。
(3) 今天他女朋友的生日。

第二，句子中的结果补语和程度补语要重读。例如：

(4) 我已经学会了。
(5) 我们的病养好了。
(6) 这里的房价贵极了。
(7) 你这件衣服买贵了。

第三，表示程度、状态的状语。例如：

(8) 你好好听老师的话。
(9) 这里的房价太高。
(10) 他悄悄地走了。

第四，表示语气的副词。例如：

(11) 她究竟要什么？

第五，疑问代词通常重读。例如：

(12) 你们找谁？
(13) 这是什么？

第六，某些副词在某些特殊的句法位置上或表示一些比较特殊的语义时要重读。如当"就"出现在"就+动词"的情况下，"就"重读，表示意志坚定、不容改变的语义。例如：

(14) 不吃，不吃，就不吃。

(15) 我就不听他们的，我就要学艺术。

5.2.2 逻辑重音

逻辑重音是说话人为了强调某个词语而特别加重其读音形成的重音。逻辑重音出现在什么地方没有一定的规律。说话人根据意思来改变要重读的词语，要强调哪个词语就重读哪个词语。改变句子中的重音的位置，所强调的意义就会有所变化。例如：

(1) 他去年在北京学习汉语。（强调"学习"）
(2) 他去年在北京学习汉语。（强调"在北京"）
(3) 他去年在北京学习汉语。（强调"去年"）
(4) 他去年在北京学习汉语。（强调"汉语"）
(5) 他去年在北京学习汉语。（强调"他"）

5.3 停顿

停顿是句子与句子之间、句子内部词语之间的间歇。一个句子与另一个句子之间的间歇是比较大的停顿。很多句子内部、特别是比较长的句子内部词语之间会有一些停顿。出现停顿有以下四个原因：第一是说话人为了换气；第二是为了分清楚句子，也就是说它是一个句子完结的标志；第三是为了方便听话人理解句子的意义，使听话人知道句子中的某些词语在语法上、语义上联系比较紧密，帮助听话人理解句子；第四是为了语义或者感情表达上的需要。

在一句话中，双音节词内部不应当停顿，一些熟语内部、凝固程度比较高的词语内部也不应停顿。

书面语中有3个句末点号，即句号（。）、问号（？）和叹号（！），它们是一个句子完结的标志，表示的是言语中比较大的停顿。句子内部的点号有4个，它们所表示的停顿要比句末点号短。这4个句内点号中有3个所表示的停顿时间长短是有差异的，它们的停顿长短排序为：

分号（;）＞逗号（,）＞顿号（、）

另一个句中点号——冒号的停顿时间长短在不同的上下文中有变化，有时停顿短一点儿，有时稍长一点儿。

除此之外，没有标点符号的地方也会有一些停顿。句子在何处停顿常常是与句法结构有关联的。例如：①

(1) 环境问题 | 是大家普遍关心的问题 ‖。

(2) 这里 | 风景优美、| 气候宜人 ‖。

(3) 他在学校附近 | 租了一套房子 ‖。

(4) 这家餐馆的菜 | 我比较喜欢 ‖。

(5) 这个字 | 我还没见过 ‖。

(6) 所谓天才 | ，只不过是 | 把别人喝咖啡的功夫 | 都用在工作上了 ‖。（鲁迅）

(7) 故不积跬（kuǐ）步 | ，无以至千里 ‖；不积小流 | ，无以成江海 ‖。骐骥（qíjì）一跃 | ，不能十步 ‖；驽（nú）马十驾 | ，功在不舍 ‖。锲（qiè）而舍之 | ，朽木不折 ‖；锲而不舍 | ，金石可镂（lòu）‖。（荀子）

停顿的多少与说话的速度有关，说话速度快时，停顿就少一些；说话速度慢时，停顿就多一些。在朗读文学作品时，要根据作品的内容、情感和风格来决定停顿多少和停顿时间的长短。

这也是一切

舒 婷

不是一切大树 | ，
　　都被暴风折断 ‖；
不是一切种子 | ，
　　都找不到 | 生根的土壤 ‖；
不是一切真情 | ，
　　都流失在 | 人心的沙漠里 ‖，

---

① 一根竖线表示时间较短的停顿，两根竖线表示较长一些的停顿，三根竖线表示句末大的停顿。

不是一切梦想|，
　　都甘愿被折掉翅膀|||。

不|，不是一切|，
　　都像你说的那样|||！

不是一切火焰|，
　　都只燃烧自己|
　　而不把别人|照亮‖；
不是一切星星|，
　　都仅指示黑夜|
　　而不报告曙光‖；
不是一切歌声|，
　　都略过耳旁|
　　而不留在心上|||。

不|，不是一切|
都像你说的那样|||！

不是一切呼吁|都没有回响‖；
不是一切损失|都无法补偿‖；
不是一切深渊|都是灭亡‖；
不是一切灭亡|都覆盖在|弱者头上‖；
不是一切心灵|
　　都可以踩在脚下|，烂在泥里‖；
不是一切后果|
　　都是眼泪血印|，而不展现欢容|||。

一切的现在|都孕育着未来‖，
未来的一切|都生长于|它的昨天|||。
希望|，而且为他斗争|，
请把这一切|放在你的肩上|||。

5.4 句调

句调是整个句子高低升降的变化,句子末尾的高低升降的变化是人们最容易注意到的变化。句调一般分为上升、下降、平调和曲调四种。

5.4.1 升调

句子末尾声调上升的句调属于升调。升调一般表示的是反问、疑问、惊异和号召的语气。例如:

(1) 你难道不认识她吗?(反问)↗
(2) 你假期去旅游吗?(疑问)↗
(3) 他数学考了满分!(惊异)↗
(4) 今天我们一定要完成这项任务!(号召)↗

5.4.2 降调

句子末尾声调下降的句调属于降调。降调主要用来表示陈述、感叹、请求的语气。例如:

(1) 他已经走了。(陈述)↘
(2) 她对你多好啊!(感叹)↘
(3) 你给他解释一下吧!(请求)↘

5.4.3 平调

句子声调没有明显升降的变化,主要用来表示冷淡或严肃的语气。例如:

(1) 我不认识你。(冷淡)→
(2) 我得跟你说清楚这事的严重性。(严肃)→

5.4.4 曲调

说话时或者先升高后降低,或者先降低再升高,这样的语调就是曲调。曲调主要用来表示讽刺、夸张或者是意在言外等语气。例如：

(1) 他那么厉害的人，怎么会出错？（讽刺）
(2) 她那么倔，她决定的事十头牛都拉不回来。（夸张）
(3) 这事怎么定的我们可是不知道。（含有言外之意）

有一点要注意，没有词语形式标志而纯粹靠句末语调来表示疑问的是非问句末必须用上升的语调。而以下四类有词语形式标志的疑问句不一定非用上升的语调不可：第一类，有疑问代词"什么、哪儿、哪里、谁、多少、几"的；第二类，有"VP 不 VP"结构的；①第三类，有"(是)……还是……"形式的；第四类，有疑问语气词"吗、呢"的。②因为这些句中表示疑问的词语形式标志已经表示了疑问，当然，这样的句子也常常用上升的语调，用升调是为了加强疑问的语气。（注：以下例句中必须用升调的句子注上了"↗"）例如：

(1) "你干什么去了？"刘四爷的大圆眼盯着祥子。
"车呢？"
"车↗？"祥子啐了口吐沫。

（老舍《骆驼祥子》）

(2) 甲：你贵姓啊？
乙：姓 X。
甲：你台甫？↗

（侯宝林《歪批三国》）

(3) 女客：她呢？
男客：她？↗她去叫巡警了。

（丁西林《压迫》）

(4) 甲：一天三顿饭。
乙：三顿？↗
甲：嗯。

---

① "VP" 代表动词或形容词性成分。
② "吧" 是半个疑问语气词（参见陆俭明，1984），有时它表示疑问，有时表示祈使语气，所以"吧"表示疑问时大多数还是要用上升的语调。

乙：早晨起来？↗

甲：早晨炸酱面。

(侯宝林《开粥厂》)

思考与练习（22）

一、重音分为哪两种？

二、句调分为哪几种？

三、请读下列句子。

1. 世界上最无私的爱是母爱，最博大的天空是父母的心胸，父母对儿女的关爱是世上任何一种文字都难以形容的。

2. 在我的感觉里，奶奶是一部极富传奇色彩的大书。这部传奇不仅在于她的非凡经历，而且在于她的生命历程对我成长的影响。

3. 在我的印象里，母亲是很能干的，我们兄妹头上戴的、身上穿的、脚上套的都是她亲手做的，况且往年我淘汰的衣裤给她后，也是她自己修改，还挺合身，为何这次改不好呢，我心里直纳闷。

4. 你觉得这儿的天气怎样？

5. 你是中国人吗？

6. 你到哪里去了？

7. 你是英国人，是吗？

8. 你是北京出生的，对吧？

9. 你喝咖啡还是喝茶？

10. 这是你的。

11. 这是你的？

12. 他昨天到的。

13. 他昨天到的？

四、朗读下列短文。

Zhōngqiūjié jiǎnjiè

Zhōngqiūjié yǔ Chūnjié、Duānwǔ、Qīngmíng bìngchēng wéi Zhōngguó Hànzú de sì dà chuántǒng jiérì. Jù shǐjí jìzǎi, gǔdài dìwáng yǒu chūntiān jì rì、qiūtiān jì yuè de lǐzhì. Zhōngqiū jié wéi nónglì bāyuè shíwǔ, cǐshí zhènghǎo shì qiūjì de *yí* bàn, gù chēng "Zhōngqiūjié"; Tā yòu yǒu qíqiú tuányuán de xìnyǎng hé xiāngguān jiésú huódòng, gù yě chēng "Tuányuánjié"、"Nǚérjié".

中秋节简介

中秋节与春节、端午、清明并称为中国汉族的四大传统节日。据史籍记载,古代帝王有春天祭日、秋天祭月的礼制。中秋节为农历八月十五,此时正好是秋季的一半,故称"中秋节";它又有祈求团圆的信仰和相关节俗活动,故也称"团圆节"、"女儿节"。

Zài Tángcháo, Zhōngqiūjié hái bèi chēng wéi "Duānzhēngyuè". Guānyú Zhōngqiūjié de qǐyuán, dàzhì yǒu sān zhǒng: qǐyuán yú gǔdài duì yuè de chóngbài、yuè xià gēwǔ mì ǒu de xísú、gǔdài qiū bào bài Tǔdìshén de yísú.

在唐朝,中秋节还被称为"端正月"。关于中秋节的起源,大致有三种:起源于古代对月的崇拜、月下歌舞觅偶的习俗、古代秋报拜土地神的遗俗。

附录一

参考答案

思考与练习（1）

一、普通话以北京语音为标准音，以北方话为基础方言，以典范的现代白话文著作为语法规范。

二、北京话也是一种地方方言。只是北京话比起其他方言来地位特殊一些，因为普通话以北京语音为标准音。

三、方言是某一种语言在不同地域通行的地方话。

四、汉语的七大方言是北方方言、吴方言、闽方言、粤方言、赣方言、湘方言和客家方言。

五、汉语在海外使用得最多的是普通话，在海外影响比较大的是客家方言、闽方言、粤方言。

六、大多数广东人、香港人说的汉语属于粤方言。

思考与练习（2）

一、第一，要有语音标准的模仿的对象；第二，要有好的老师教；第三，要非常用心地学，坚持不懈地纠正自己的发音，改掉自己发音上的毛病；第四，要花工夫熟读并记住相当数量的汉字读音以及同样的字在词语中的发音。

二、通过这门课程的学习，可以使学生具备汉语语音的基础知识，提高学生的汉语语音能力。

三、（略）

四、第一，在理解的基础上记忆；第二，系统地学习，系统地记忆；第三，坚持系统的、循序渐进的听读训练。

思考与练习（3）

一、表音文字不能准确地记录某种语言的发音，这是因为：第一，有限的拼音字母不能记录语音的细微区别；第二，语言是在不断发展着的，表音文字不可能经常修改拼写形式来适应变化了的语音形式。

二、国际音标的制定原则是"一个音素一个符号；一个符号一个音素"。

三、国际音标是用来准确地记录语言的语音，为语言研究者研究语言服务的。

四、学习国际音标可以帮助语言学习者学习语言的发音，可以帮助语言教师更好地了解某一语言的语音特点，更加有效地进行语音教学。

思考与练习（4）

一、语音是语言的声音，是语言的物质外壳。语音是人用发音器官发出来的、可以表达一定语义的声音。

二、人咳嗽的声音、痛苦或生病时发出的呻吟声等都不是语音。

三、语音的物理特性有音高、音长、音强和音色。

四、语音的物理特性中音色对所有语言来说都是最重要的。

五、对汉语语音来说，音高这一物理特性是第二重要的。

六、（略）

七、舌在语言发音的过程中起着非常大的作用，舌位稍微有点儿变化，发出来的音就会有差别。

思考与练习（5）

一、音素是最小的语音单位。

二、辅音是气流在口腔或咽头受到阻碍时发出来的声音。

三、元音与辅音最主要的区别是阻碍与不阻碍。发辅音时，气流在口腔、咽头某个部位会受到阻碍，而发元音时，气流在口腔或咽头不受到阻碍。

四、（略）

五、
1. 舌面、前、高、不圆唇元音　　[i]
2. 舌面、后、高、圆唇元音　　　[u]
3. 舌面、后、半高、不圆唇元音　[ɤ]
4. 舌面、前、高、圆唇元音　　　[y]

六、
1. [a]　舌面、前、低、不圆唇元音
2. [i]　舌面、前、高、不圆唇元音
3. [ɤ]　舌面、后、半高、不圆唇元音
4. [ə]　舌面、中央、不圆唇元音
5. [o]　舌面、后、半高、圆唇元音

思考与练习（6）

一、归纳音位要遵守以下三条原则：第一，对立原则；第二，互补分布原则；第三，语音相似原则。

二、学者们归纳音位时意见分歧比较大是必然的，这主要是由音位本身的性质决定的。音位是从语言的社会属性划分出来的语音单位。音位并不是实际存在的具体的音素，音位是抽象的、在人们心理上存在的音类。归纳音位时，在判断不同的音素语音上是否相似时会出现仁者见仁、智者见智的情况。所以对于每一种语言或方言中的音位系统的归纳，会有不同的意见。

思考与练习（7）

一、声调是某些语言音节中能够区别意义的音高特征。

二、调值指声调的实际读法,也就是一个音节高低升降曲直长短的变化的具体形式。调类简言之就是声调的类别,就是把某一地方通行的话中调值相同的音归纳在一起建立起来的声调的类别。

三、普通话有四个调类,即:阴平、阳平、上声和去声。这四声一般又称为第一声、第二声、第三声、第四声。

四、阴平的调值是55,阳平的调值是35,上声的调值是214,去声的调值是51。

五、(略)

六、(略)

七、(略)

八、

1. jiàqián(价钱)、jiā qián(加钱)、jiǎ qián(假钱)、jiàqiān(价签)

2. qiánzài(潜在)、qiānzǎi(千载)、qiàn zài(嵌在)

3. jǐngqì(景气)、jīngqí(惊奇)、jīngqì(精气)、jìngqǐ(敬启)

4. qīzi(妻子)、qízǐ(棋子)、qízi(旗子)

5. gòngshí(共识)、gōngshì(公式)、gòngshì(共事)、gōngshí(工时)

6. chìzì(赤字)、chǐzi(尺子)、chízi(池子)、chìzī(斥资)

7. jǐ wèi(几位)、jíwéi(极为)、jìwèi(继位)、jīwèi(机位)

8. fúqi(福气)、fūqī(夫妻)、fú qǐ(扶起)

9. diǎnxīn(点心)、diànxìn(电信)

10. xiángxì(详细)、xiàng xī(向西)、xiāngxī(湘西)、xiǎng xǐ(想洗)

11. xiǎngbì(想必)、xiāng bǐ(相比)

12. dà shù(大树)、dàshū(大叔)、dǎ shū(打输)、dáshù(答数)

13. dàshī(大师)、dàshì(大事)、dàshǐ(大使)、dǎ shī(打湿)

14. xiàngjī(相机)、xiàngjì(相继)

15. zhèngshì(正式)、zhèngshí(证实)、zhèngshǐ(正史)、zhēng shí(争食)

16. míngcí(名词)、míngcì(名次)

17. shōují(收集)、shǒujī(手机)、shǒujì(手记)、shōu jì(收寄)

18. kàn shū(看书)、kǎn shù(砍树)

九、(略)

思考与练习（8）

一、声母是一个音节开头的辅音。

二、说声母都是辅音是对的。

三、说辅音都是声母是不对的，因为有的辅音不是声母，如辅音 -ng［ŋ］就不是声母。

四、发音部位就是发音时气流受到阻碍的部位。

五、声母中 z、c、s 属于舌尖前音。

六、声母中 d、t、n、l 属于舌尖中音。

七、声母中 f 属于唇齿音。

八、声母中 zh、ch、sh、r 属于舌尖后音。

九、声母中 j、q、x 属于舌面音。

十、舌根音发音时用的不是舌根，而是舌面后部。

思考与练习（9）

一、发音部位相同，但发音方法不同就会发出不同的辅音来。

二、发音方法是发音时口腔、鼻腔、喉头控制气流的方式和状况。

三、普通话声母按照发音方法可以分为塞音、擦音、塞擦音、鼻音和边音五类。

四、普通话的塞音声母有 6 个：b、p、d、t、g、k。

五、
1. 双唇、送气、清、塞音：p［pʻ］
2. 舌尖中、不送气、清、塞音：d［t］
3. 舌尖中、送气、清、塞音：t［tʻ］

六、
1. b［p］ 双唇、不送气、清、塞音
2. g［k］ 舌根、不送气、清、塞音
3. t［tʻ］ 舌尖中、送气、清、塞音
4. p［pʻ］ 双唇、送气、清、塞音

5. d [t]　　舌尖中、不送气、清、塞音

七、(略)

八、(略)

九、(略)

十、(略)

十一、

1. 瀑布　(p)　(b)　　　　2. 大概　(d)　(g)
3. 不懂　(b)　(d)　　　　4. 旁边　(p)　(b)
5. 代替　(d)　(t)　　　　6. 特点　(t)　(d)
7. 开关　(k)　(g)　　　　8. 代表　(d)　(b)
9. 德国　(d)　(g)　　　　10. 感叹　(g)　(t)
11. 古典　(g)　(d)　　　12. 报刊　(b)　(k)
13. 各地　(g)　(d)　　　14. 天空　(t)　(k)
15. 贷款　(d)　(k)　　　16. 考题　(k)　(t)
17. 听懂　(t)　(d)　　　18. 课堂　(k)　(t)
19. 个体　(g)　(t)　　　20. 的确　(d)　(q)
21. 空格　(k)　(g)　　　22. 端口　(d)　(k)

思考与练习 (10)

一、普通话声母的擦音有 f, s, sh, r, x, h 共 6 个。

二、舌尖前擦音和舌尖后擦音在发音部位上的差别是，舌尖接近的位置有差别，舌尖前擦音 s 发音时，舌尖轻轻地接触到齿背；而舌尖后擦音 sh 发音时舌尖向上翘起一点儿，接近硬腭前部。

三、

1. 舌面、清、擦音：x [ɕ]
2. 舌尖后、浊、擦音：r [ʐ]
3. 唇齿、清、擦音：f [f]
4. 舌尖后、清、擦音：sh [ʂ]
5. 舌尖前、清、擦音：s [s]
6. 舌根、清、擦音：h [x]

四、(略)

五、
1. 施——司 (sh) (s)　　2. 说——缩 (sh) (s)
3. 石——撕 (sh) (s)　　4. 手——艘 (sh) (s)
5. 西——飞 (x) (f)　　6. 冯——红 (f) (h)
7. 小——扰 (x) (r)　　8. 柔——首 (r) (sh)
9. 混——顺 (h) (sh)　　10. 送——荣 (s) (r)

六、(略)

七、
1. 事实 (sh) (sh)　　2. 深入 (sh) (r)
3. 算法 (s) (f)　　4. 师范 (sh) (f)
5. 黑色 (h) (s)　　6. 俗话 (s) (h)
7. 后方 (h) (f)　　8. 学士 (x) (sh)
9. 发信 (f) (x)　　10. 显示 (x) (sh)
11. 飞翔 (f) (x)　　12. 先锋 (x) (f)
13. 相反 (x) (f)　　14. 复苏 (f) (s)
15. 上述 (sh) (sh)　　16. 四岁 (s) (s)
17. 绳索 (sh) (s)　　18. 人参 (r) (sh)
19. 复述 (f) (sh)　　20. 发誓 (f) (sh)
21. 染色 (r) (s)　　22. 虽然 (s) (r)
23. 繁荣 (f) (r)　　24. 防范 (f) (f)

八、(略)

九、(略)

十、(略)

思考与练习（11）

一、普通话的塞擦音有以下 6 个：z、c、zh、ch、j、q。

二、塞擦音是一个音素。

三、(略)

四、
1. 宗——虫 (z) (ch)　　2. 句——去 (j) (q)

3. 出——猪 (ch) (zh)   4. 产——战 (ch) (zh)
5. 就——球 (j) (q)   6. 尊——村 (z) (c)
7. 准——蠢 (zh) (ch)   8. 传——转 (ch) (zh)
9. 擦——咋 (c) (z)   10. 建——欠 (j) (q)
11. 劝——卷 (q) (j)   12. 川——专 (ch) (zh)

五、(略)

六、

1. 清楚 (q) (ch)   2. 亲自 (q) (z)
3. 阻止 (z) (zh)   4. 最终 (z) (zh)
5. 操纵 (c) (z)   6. 自主 (z) (zh)
7. 重视 (zh) (sh)   8. 超市 (ch) (sh)
9. 资产 (z) (ch)   10. 茶场 (ch) (ch)
11. 再次 (z) (c)   12. 出奇 (ch) (q)
13. 消失 (x) (sh)   14. 申请 (sh) (q)
15. 其次 (q) (c)   16. 四声 (s) (sh)
17. 资深 (z) (sh)   18. 思绪 (s) (x)
19. 索取 (s) (q)   20. 慈善 (c) (sh)

七、(略)

八、(略)

九、(略)

思考与练习 (12)

一、(略)

二、

1. 日——力 (r) (l)   2. 铝——女 (l) (n)
3. 弱——诺 (r) (n)   4. 落——莫 (l) (m)
5. 懒——满 (l) (m)   6. 你——米 (n) (m)
7. 连——年 (l) (n)   8. 那——拉 (n) (l)
9. 农——龙 (n) (l)   10. 妞——柳 (n) (l)
11. 软——卵——暖 (r) (l) (n)

12. 民——林——您 (m) (l) (n)
13. 罗——挪——磨 (l) (n) (m)
14. 留——牛——谬 (l) (n) (m)
15. 论——润——嫩 (l) (r) (n)
16. 念——练——面 (n) (l) (m)

三、（略）

四、

1. 两人 (l) (r)　　　　　2. 美丽 (m) (l)
3. 法律 (f) (l)　　　　　4. 妇女 (f) (n)
5. 楼房 (l) (f)　　　　　6. 来宾 (l) (b)
7. 明亮 (m) (l)　　　　　8. 牢固 (l) (g)
9. 辣椒 (l) (j)　　　　　10. 朗诵 (l) (s)
11. 列车 (l) (ch)　　　　12. 龙年 (l) (n)
13. 鸟类 (n) (l)　　　　　14. 热量 (r) (l)
15. 热烈 (r) (l)　　　　　16. 哪里 (n) (l)
17. 恋人 (l) (r)　　　　　18. 烂泥 (l) (n)
19. 列入 (l) (r)　　　　　20. 难忍 (n) (r)
21. 敏锐 (m) (r)　　　　 22. 烈日 (l) (r)
23. 染料 (r) (l)　　　　　24. 美容 (m) (r)
25. 联盟 (l) (m)　　　　　26. 浪漫 (l) (m)
27. 人力 (r) (l)　　　　　28. 难免 (n) (m)

五、（略）

六、（略）

思考与练习（13）

一、普通话声母按照发音方法首先可以分为5大类：塞音、塞擦音、擦音、鼻音和边音。

二、清辅音和浊辅音是按照发音时声带是否颤动分出来的类别，发音时声带颤动的是浊辅音，不颤动的是清辅音。

三、普通话浊音声母有以下四个：m、n、l、r。

四、塞音和塞擦音声母按照气流的强弱可以分为送气音和不送气音两类。

五、送气的声母有以下6个：p, t, k, c, ch, q。

不送气的声母有以下6个：b, d, g, z, zh, j。

六、送气音从国际音标中能够看出来，送气音用一个单引号放在国际音标右上角来表示，例如：[p']；或者用一个字母h放在国际音标的右上角来表示，例如：[pʰ]。

七、(略)

八、

1. 关——宽 (g) (k)
2. 兼——签 (j) (q)
3. 顶——停 (d) (t)
4. 控——洞 (k) (d)
5. 舔——点 (t) (d)
6. 蹲——吞 (d) (t)
7. 塔——打 (t) (d)
8. 嘎——卡 (g) (k)

九、(略)

十、

1. 带头 (d) (t)
2. 感慨 (g) (k)
3. 编排 (b) (p)
4. 机票 (j) (p)
5. 走错 (z) (c)
6. 主持 (zh) (ch)
7. 组长 (z) (zh)
8. 操场 (c) (ch)
9. 最初 (z) (ch)
10. 赠品 (z) (p)
11. 钻孔 (z) (k)
12. 昨天 (z) (t)
13. 珍藏 (zh) (c)
14. 质朴 (zh) (p)
15. 状况 (zh) (k)
16. 整体 (zh) (t)
17. 保存 (b) (c)
18. 补充 (b) (ch)
19. 被骗 (b) (p)
20. 博客 (b) (k)
21. 本土 (b) (t)
22. 干脆 (g) (c)
23. 对策 (d) (c)
24. 单纯 (d) (ch)

十一、(略)

十二、(略)

十三、(略)

十四、(略)

十五、(略)

思考与练习（14）

一、韵母是一个音节中声母后面的部分。

二、汉语有 10 个单元音韵母。

三、普通话舌面单元音韵母有 7 个。

四、汉语拼音中的字母 i 代表的不是一个韵母，它实际代表舌面元音韵母 i [i] 和两个舌尖元音韵母 -i [ɿ] 和 -i [ʅ]。

五、舌面韵母发音时舌尖不抬起来，而舌尖韵母发音时舌尖是抬起来的。

六、普通话有以下两个舌尖元音韵母 -i [ɿ] 和 -i [ʅ]。

七、普通话的韵母按照音节开头元音的口形可以分为四类：开口呼、齐齿呼、合口呼和撮口呼。

八、普通话的韵母按照结构来分可以分为单元音韵母、复元音韵母和带鼻音的韵母三类。

九、（略）

十、（略）

十一、

1. 笔——补 (i) (u)
2. 爸——必 (a) (i)
3. 怕——屁 (a) (i)
4. 地——度 (i) (u)
5. 得——答 (e) (a)
6. 特——踏 (e) (a)
7. 土——体 (u) (i)
8. 怒——那 (u) (a)
9. 哈——喝 (a) (e)
10. 扎——猪 (a) (u)
11. 出——叉 (u) (a)
12. 书——沙 (u) (a)
13. 日——热 (-i) (e)
14. 则——杂 (e) (a)
15. 素——萨 (u) (a)
16. 马——亩 (a) (u)

十二、

1. 歌曲 (e) (ü)
2. 机车 (i) (e)
3. 打的 (a) (i)
4. 你的 (i) (e)
5. 科举 (e) (ü)
6. 主持 (u) (-i)
7. 骨科 (u) (e)
8. 克服 (e) (u)
9. 破布 (o) (u)
10. 宿舍 (u) (e)
11. 查出 (a) (u)
12. 杀毒 (a) (u)

13. 土著 (u) (u)   14. 木马 (u) (a)
15. 数码 (u) (a)   16. 儿科 (er) (e)
17. 历史 (i) (-i)   18. 诉苦 (u) (u)
19. 露宿 (u) (u)   20. 处理 (u) (i)
21. 夫妻 (u) (i)   22. 其他 (i) (a)
23. 马路 (a) (u)   24. 记得 (i) (e)
25. 耳目 (er) (u)   26. 古树 (u) (u)
27. 积极 (i) (i)   28. 复合 (u) (e)
29. 和睦 (e) (u)   30. 负责 (u) (e)

思考与练习（15）

一、复元音韵母是由复元音构成的韵母，所谓复元音是两个或三个元音构成的元音，它是在发音时舌位、唇形都有变化的元音。

二、普通话一共有13个复元音韵母。其中有9个二合元音韵母，有4个三合元音韵母。

三、前响二合元音韵母有4个，后响二合元音韵母有5个。

四、（略）

五、（略）

六、

1. 少——说 (ao) (uo)   2. 杰——给 (ie) (ei)
3. 谋——毛 (ou) (ao)   4. 内——耐 (ei) (ai)
5. 拜——派 (ai) (ai)   6. 果——狗 (uo) (ou)
7. 臭——绰 (ou) (uo)   8. 包——瓜 (ao) (ua)
9. 眉——节 (ei) (ie)   10. 妹——鞋 (ei) (ie)
11. 佳——接 (ia) (ie)   12. 考——口 (ao) (ou)

七、

1. 走路 (ou) (u)   2. 凑齐 (ou) (i)
3. 卖出 (ai) (u)   4. 首都 (ou) (u)
5. 采摘 (ai) (ai)   6. 瘦肉 (ou) (ou)
7. 扩招 (uo) (ao)   8. 火烧 (uo) (ao)

9. 扫除（ao）（u）   10. 赛车（ai）（e）
11. 美国（ei）（uo）   12. 透过（ou）（uo）
13. 购买（ou）（ai）   14. 老太婆（ao）（ai）（o）
15. 泄露（ie）（ou）   16. 接待（ie）（ai）

八、（略）

思考与练习（16）

一、（略）

二、（略）

三、

1. 怪——贵（uai）（ui）   2. 快——愧（uai）（ui）
3. 留——聊（iu）（iao）   4. 酒——脚（iu）（iao）
5. 郊——加（iao）（ia）   6. 秋——敲（iu）（iao）
7. 摔——说（uai）（uo）   8. 甩——水（uai）（ui）
9. 贵——怪（ui）（uai）   10. 硕——睡（uo）（ui）

四、

1. 摔跤（shuāi）（jiāo）   2. 药材（yào）（cái）
3. 回归（huí）（guī）   4. 妙处（miào）（chù）
5. 球友（qiú）（yǒu）   6. 苗条（miáo）（tiáo）
7. 休学（xiū）（xué）   8. 甩掉（shuǎi）（diào）
9. 怀胎（huái）（tāi）   10. 退潮（tuì）（cháo）
11. 牛排（niú）（pái）   12. 敲诈（qiāo）（zhà）
13. 手球（shǒu）（qiú）   14. 娇气（jiāo）（qì）
15. 九岁（jiǔ）（suì）   16. 桥牌（qiáo）（pái）
17. 小巧（xiǎo）（qiǎo）   18. 贵校（guì）（xiào）
19. 教学（jiào）（xué）   20. 修改（xiū）（gǎi）

五、（略）

六、（略）

七、（略）

思考与练习（17）

一、普通话前鼻音韵母有 8 个，后鼻音韵母有 8 个。

二、（略）

三、（略）

四、

1. 见——将 (ian) (iang)
2. 景——仅 (ing) (in)
3. 明——民 (ing) (in)
4. 安——肮 (an) (ang)
5. 简——讲 (ian) (iang)
6. 韩——航 (an) (ang)
7. 广——管 (uang) (uan)
8. 站——账 (an) (ang)
9. 悬——咸 (üan) (ian)
10. 冠——逛 (uan) (uang)
11. 您——宁 (in) (ing)
12. 良——连 (iang) (ian)
13. 敢——港 (an) (ang)
14. 镇——郑 (en) (eng)
15. 根——耕 (en) (eng)
16. 窘——景 (iong) (ing)
17. 宽——框 (uan) (uang)
18. 秦——情 (in) (ing)
19. 身——声 (en) (eng)
20. 帮——班 (ang) (an)

五、

1. 情况 (ing) (uang)
2. 横行 (eng) (ing)
3. 工程 (ong) (eng)
4. 清新 (ing) (in)
5. 狂奔 (uang) (en)
6. 扬名 (iang) (ing)
7. 然后 (an) (ou)
8. 两千 (iang) (ian)
9. 宏观 (ong) (uan)
10. 传颂 (uan) (ong)
11. 软化 (uan) (ua)
12. 钻戒 (uan) (ie)
13. 波浪 (o) (ang)
14. 送客 (ong) (e)
15. 贫穷 (in) (iong)
16. 凉鞋 (iang) (ie)
17. 板子 (an) (-i)
18. 本字 (en) (-i)
19. 山沟 (an) (ou)
20. 深沟 (en) (ou)
21. 航向 (ang) (iang)
22. 横行 (eng) (ing)
23. 金星 (in) (ing)
24. 精心 (ing) (in)
25. 贫民 (in) (in)
26. 平民 (ing) (in)
27. 出生 (u) (eng)
28. 出身 (u) (en)

29. 清静（ing）（ing）   30. 亲近（in）（in）

六、（略）

七、（略）

八、（略）

九、（略）

十、（略）

思考与练习（18）

一、音节是语音的结构单位，是人们自然感觉到的最小的语音单位。

二、普通话不算声调大约有 400 个音节。

三、包括不同声调的音节，普通话大约有 1200 个音节。

四、普通话的韵尾有 4 个。

五、普通话的韵头有 3 个。

六、

1. 普通话的音节中可以没有元音。（×）
2. 普通话的音节中可以没有辅音。（√）
3. 普通话的音节中有的声母是两个辅音音素连在一起的，如"shēn"。（×）
4. 普通话的音节不能没有主要元音。（√）
5. 普通话的音节最短的只有一个元音。（√）
6. 普通话的音节最长的有 5 个音素。例如"chuáng（床）"。（×）
7. 普通话只有辅音韵尾，没有元音的韵尾。（×）
8. 普通话辅音只能出现在音节的开头，辅音不能出现在音节的末尾。（×）
9. 普通话声母 j、q、x 不能与韵母 u 相拼。（√）
10. 普通话声母 j、q、x 不能与韵母 a 相拼。（√）
11. 普通话声母 j、q、x 不能与韵母 o 相拼。（√）
12. 普通话声母 t、l 能够与韵母 en 相拼。（×）
13. 普通话声母 z、c、s 和 zh、ch、sh 能够与韵母 i [i] 相拼。（×）
14. 普通话声母 z、c、s 和 zh、ch、sh 能够与韵母 a 相拼。（√）

15. 普通话声母 z、c、s 和 zh、ch、sh 能够与韵母 u 相拼。（ ✓ ）

16. 普通话声母 g、k、h 不能与韵母韵母 i 相拼。（ ✓ ）

17. 普通话声母 g、k、h 不能与韵母韵母 ü 相拼。（ ✓ ）

18. 双唇音声母 b、p、m 能够与四呼所有的韵母相拼。（ × ）

七、下列排在一起的声母与韵母能够拼合，可以用线连起来。

1. (1) z——(9) -i[ɿ]
   (2) sh——(10) -i[ʅ]，(8) ua
   (3) f——(7) o
   (4) k——(8) ua
   (5) d——(12) ing
   (6) l——(11) iang，(12) ing

2. (13) m——(21) en，(22) iao，(23) ai
   (14) n——(21) en，(22) iao，(23) ai
   (15) g——(20) ong，(21) en，(23) ai，(24) ua
   (16) j——(19) üan，(22) iao
   (17) s——(23) ai，(21) en，(20) ong
   (18) r——(20) ong，(21) en

八、

1. 开口呼：爱（ài）、开（kāi）、灯（dēng）、类（lèi）
2. 齐齿呼：礼（lǐ）、令（lìng）、先（xiān）、家（jiā）
3. 合口呼：轮（lún）、谷（gǔ）、完（wán）、软（ruǎn）
4. 撮口呼：铝（lǚ）、卷（juàn）、略（lüè）、越（yuè）、选（xuǎn）、雨（yǔ）、句（jù）

九、

(1) 曹雪芹（Cáo Xuěqín）　　　　(2) 梁思成（Liáng Sīchéng）

(3) 罗贯中（Luó Guànzhōng）　　(4) 丁声树（Dīng Shēngshù）

(5) 上海（Shànghǎi）　　　　　　(6) 广州（Guǎngzhōu）

(7) 昆明（Kūnmíng）　　　　　　(8) 成都（Chéngdū）

思考与练习（19）

一、有的音节变得既轻又短，音高变得不太稳定并有些模糊，有时甚至声母、韵母也发生了变化，这样的音变就是轻声。

二、轻声绝不是一个单纯的语音上的问题，它是一个与语法、语义都有关联的语言现象。它主要的功能有：第一，区别词义；第二，区别词性和意义；第三，区别语言单位的性质——使某些短语变为词。

三、轻声的主要范围是：第一，某些具有特定语法功能的词或语法形式；第二，某些有明显标志的词语中的某个音节；第三，部分一般的双音节词。

四、（略）

思考与练习（20）

一、儿化的语法意义概括地说是小称，可以表示客观量小和主观量小两类，前者如"缝儿"、"坑儿"，后者如"慢慢儿"、"媳妇儿"。

二、（略）

三、

1. 你吃完以后，请把饭菜用（A） 盖儿 （B） 盖 好，爸爸下班回来以后还要吃呢。
2. 我买了一幅徐悲鸿（A） 画 的马的（B） 画儿 。
3. 他这人心 眼儿 不好，对人不善良。
4. 我 眼 不好，你来帮我穿一下针。
5. 你出去（A） 顺道儿 帮我去邮局寄一封（B） 信 。
6. 他托人捎 信儿 回来说，让家里放心，他在那儿很好，让你们不要惦记他。
7. 大（A） 伙儿 一起动手把这（B） 点儿 （C） 活儿 干完了好（D） 早点儿 下班。
8. 明天的 早点 吃什么？
9. 这桌子的质量不好，你看，桌面已经裂了一条 缝儿 了。

10. 我的衣服破了，你能帮我 缝 一下吗？
11. 我的衣服晒 干 了。
12. 我想买点新疆的特产葡萄 干儿 带回去。
13. 吃清蒸鱼要买 活 鱼回来做才行，死鱼做出来的清蒸鱼味道不好。
14. 那么多 活儿 ，我们今天下班前干不完，明天早晨再来干吧。
15. 这 事儿 不是我负责的，你问我，我不知道，你去问他们吧。
16. 你的鞋 带儿 松了，赶快系一下。
17. 你要 带 我们去哪儿去？我怎么从来没来过这地方？
18. 这条河河（A） 边儿 没有种树，风景不好；我们家（B） 北边儿 那条河河（C） 边儿 种了很多树，风景很好。
19. 你来帮我用绳子 捆 一下这个箱子。
20. 我的 头 疼，应该吃什么药？
21. 我们的（A） 头儿 今天出去开会了，所以我们今天比较自由，可以聊（A） 会儿 天。
22. 你的 手绢儿 脏了，得洗了，我帮你洗一洗。
23. 他们话剧 团 最近在演老舍的话剧《四世同堂》。
24. 那么多人吃饺子，这（A） 点儿 面不够，还得再和（B） 点儿 面。

四、（略）
五、（略）

思考与练习（21）

一、（略）
二、（略）
三、（略）
四、
1. 忍不住（rěn **bu** zhù）
2. 不好意思（bù hǎoyìsi）
3. 不是吗（**bú** shì ma）
4. 不要紧（**bú** yàojǐn）
5. 不论（**bú**lùn）
6. 不过（**bú**guò）
7. 不必（**bú**bì）
8. 不大（**bú** dà）
9. 不但（**bú**dàn）
10. 不断（**bú**duàn）

11. 差不多（chà **bu** duō）　　12. 一丝不苟（yì sī bù gǒu）
13. 一丝不挂（yì sī **bú** guà）　　14. 一朝一夕（yì zhāo yì xī）
15. 一窍不通（yí qiào bù tōng）　　16. 一尘不染（yì chén bù rǎn）
17. 一蹶不振（yì jué **bú** zhèn）　　18. 一文不值（yì wén bù zhí）
19. 一手一足（yì shǒu yì zú）　　20. 一起一落（yì qǐ yí luò）
21. 一去不返（yí qù bù fǎn）　　22. 一字不漏（yí zì **bú** lòu）
23. 一望无际（yí wàng wú jì）　　24. 一无是处（yì wú shì chù）
25. 一日千里（yí rì qiān lǐ）　　26. 一步登天（yí bù dēng tiān）
27. 一板一眼（yì bǎn yì yǎn）　　28. 一反常态（yì fǎn cháng tài）
29. 一贫如洗（yì pín rú xǐ）　　30. 一门心思（yì mén xīnsi）
31. 一鸣惊人（yì míng jīng rén）　　32. 一念之差（yí niàn zhī chā）
33. 一往情深（yì wǎng qíng shēn）　　34. 一天到晚（yì tiān dào wǎn）
35. 一泻千里（yí xiè qiān lǐ）　　36. 一针见血（yì zhēn jiàn xiě）
37. 一五一十（yì wǔ yì shí）　　38. 一视同仁（yí shì tóng rén）
39. 一知半解（yì zhī bàn jiě）　　40. 表里如一（biáo lǐ rú yī）
41. 言行一致（yánxíng **yí** zhì）　　42. 一落千丈（**yí** luò qiān zhàng）
43. 一概而论（**yí** gài ér lùn）　　44. 一干二净（yì gān èr jìng）
45. 一哄而散（yì hòng ér sàn）　　46. 一技之长（**yí** jì zhī cháng）
47. 一度（**yí** dù）　　48. 一概（**yí** gài）　　49. 一味（**yí** wèi）
50. 一共（**yí** gòng）　　51. 一切（**yí** qiè）　　52. 一半（**yí** bàn）
53. 一旦（**yí** dàn）　　54. 一亿（**yí** yì）　　55. 一台（**yì** tái）
56. 一笑（**yí** xiào）　　57. 一回（**yì** huí）　　58. 一身（**yì** shēn）
59. 一张（**yì** zhāng）　　60. 一年（**yì** nián）　　61. 一曲（**yì** qǔ）
62. 一首（**yì** shǒu）　　63. 一段（**yí** duàn）　　64. 一律（**yí** lǜ）
65. 难不难（nán **bu** nán）　　66. 美不美（měi **bu** měi）
67. 丑不丑（chǒu **bu** chǒu）　　68. 搞不懂（gǎo **bu** dǒng）
69. 摸不清（mō **bu** qīng）　　70. 写不好（xiě **bu** hǎo）

五、（略）

六、（略）

思考与练习（22）

一、重音分为逻辑重音和语法重音两种。

二、句调分为升调、降调、平调和曲调四种。

三、（略）

四、（略）

附录二

声韵配合总表

表一：开口呼韵母声韵配合表

声母\韵母		开口呼韵母												
		a	o	e	ê	-i [ɿ] [ʅ]	ai	ei	ao	ou	an	en	ang	eng	er
零声母		a 阿	o 哦	e 额	ê 诶		ai 哀	ei 欸	ao 熬	ou 欧	an 安	en 恩	ang 昂	eng 鞥	er 儿
唇音	b	ba 巴	bo 波				bai 白	bei 杯	bao 包		ban 班	ben 奔	bang 帮	beng 崩	
	p	pa 趴	po 坡				pai 拍	pei 呸	pao 抛	pou 剖	pan 潘	pen 喷	pang 旁	peng 朋	
	m	ma 妈	mo 摸	me 么			mai 埋	mei 煤	mao 猫	mou 谋	man 满	men 门	mang 忙	meng 蒙	
	f	fa 发	fo 佛					fei 非		fou 否	fan 翻	fen 分	fang 方	feng 风	
舌尖中音	d	da 搭		de 得			dai 呆	dei 得	dao 刀	dou 都	dan 丹	den 扥	dang 当	deng 灯	
	t	ta 他		te 特			tai 胎		tao 涛	tou 偷	tan 摊		tang 汤	teng 疼	
	n	na 拿		ne 讷			nai 奶	nei 内	nao 脑	nou 耨	nan 难	nen 嫩	nang 馕	neng 能	
	l	la 拉		le 乐			lai 来	lei 雷	lao 捞	lou 楼	lan 兰		lang 狼	leng 冷	

234

续表

声母 \ 韵母		开口呼韵母											
		a	o	e	ê	-i [ɿ][ʅ]	ai	ei	ao	ou	an	en	ang	eng	er
舌根音	g	ga 嘎		ge 哥			gai 该	gei 给	gao 高	gou 钩	gan 干	gen 根	gang 钢	geng 耕	
	k	ka 咖		ke 科			kai 开	kei 尅	kao 考	kou 口	kan 刊	ken 肯	kang 康	keng 坑	
	h	ha 哈		he 喝			hai 孩	hei 黑	hao 好	hou 猴	han 韩	hen 痕	hang 杭	heng 哼	
舌面音	j														
	q														
	x														
舌尖后音	zh	zha 扎		zhe 遮		zhi 只	zhai 摘	zhei 这	zhao 招	zhou 周	zhan 战	zhen 真	zhang 张	zheng 蒸	
	ch	cha 插		che 车		chi 吃	chai 拆		chao 抄	chou 抽	chan 产	chen 陈	chang 长	cheng 成	
	sh	sha 沙		she 奢		shi 师	shai 筛	shei 谁	shao 烧	shou 收	shan 山	shen 身	shang 伤	sheng 声	
	r			re 热		ri 日			rao 扰	rou 柔	ran 然	ren 人	rang 让	reng 扔	
舌尖前音	z	za 杂		ze 泽		zi 资	zai 栽	zei 贼	zao 遭	zou 走	zan 咱	zen 怎	zang 脏	zeng 增	
	c	ca 擦		ce 测		ci 慈	cai 猜		cao 操	cou 凑	can 参	cen 岑	cang 仓	ceng 层	
	s	sa 撒		se 色		si 思	sai 塞		sao 搔	sou 搜	san 三	sen 森	sang 桑	seng 僧	

表二：齐齿呼、撮口呼韵母声韵配合表

声母\韵母		齐齿呼韵母							撮口呼韵母				
		i	ia	ie	iao	iou	ian	in	iang	ing	ü	üe	üan	ün	iong
	零声母	yi 医	ya 呀	ye 耶	yao 腰	you 优	yan 烟	yin 音	yang 央	ying 英	yu 鱼	yue 约	yuan 元	yun 晕	yong 用
唇音	b	bi 逼		bie 别	biao 标		bian 编	bin 宾		bing 兵					
	p	pi 批		pie 撇	piao 飘		pian 偏	pin 拼		ping 平					
	m	mi 米		mie 灭	miao 描	miu 谬	mian 棉	min 民		ming 明					
	f														
舌尖中音	d	di 地		die 爹	diao 刁	diu 丢	dian 颠			ding 丁					
	t	ti 梯		tie 贴	tiao 挑		tian 天			ting 听					
	n	ni 你		nie 捏	niao 鸟	niu 牛	nian 年	nin 您	niang 娘	ning 宁	nü 女	nüe 虐			
	l	li 里	lia 俩	lie 列	liao 辽	liu 溜	lian 连	lin 林	liang 量	ling 零	lü 吕	lüe 略			
舌根音	g														
	k														
	h														
舌面音	j	ji 鸡	jia 加	jie 接	jiao 交	jiu 纠	jian 尖	jin 金	jiang 江	jing 经	ju 居	jue 觉	juan 娟	jun 军	jiong 窘
	q	qi 七	qia 恰	qie 切	qiao 敲	qiu 秋	qian 千	qin 亲	qiang 枪	qing 青	qu 区	que 缺	quan 圈	qun 群	qiong 穷
	x	xi 西	xia 虾	xie 些	xiao 肖	xiu 修	xian 先	xin 新	xiang 香	xing 行	xu 需	xue 学	xuan 宣	xun 勋	xiong 兄
舌尖后音	zh														
	ch														
	sh														
	r														
舌尖前音	z														
	c														
	s														

表三：合口呼韵母声韵配合表

声母\韵母		合口呼韵母								
		u	ua	uo	uai	uei (ui)	uan	uen	uang	ueng	ong
	零声母	wu 乌	wa 挖	wo 窝	wai 歪	wei 威	wan 弯	wen 温	wang 汪	weng 翁	
唇音	b	bu 不									
	p	pu 铺									
	m	mu 木									
	f	fu 夫									
舌尖中音	d	du 督		duo 多		dui 堆	duan 端	dun 吨			dong 东
	t	tu 突		tuo 托		tui 推	tuan 团	tun 吞			tong 通
	n	nu 奴		nuo 挪			nuan 暖				nong 农
	l	lu 炉		luo 罗			luan 卵	lun 抡			long 龙
舌根音	g	gu 估	gua 瓜	guo 锅	guai 乖	gui 归	guan 关	gun 滚	guang 光		gong 工
	k	ku 哭	kua 夸	kuo 扩	kuai 快	kui 亏	kuan 宽	kun 昆	kuang 筐		kong 空
	h	hu 呼	hua 花	huo 火	huai 怀	hui 灰	huan 欢	hun 昏	huang 荒		hong 轰
舌面音	j										
	q										
	x										
舌尖后音	zh	zhu 猪	zhua 抓	zhuo 桌	zhuai 拽	zhui 追	zhuan 专	zhun 准	zhuang 装		zhong 中
	ch	chu 出	chua 欻	chuo 戳	chuai 揣	chui 吹	chuan 穿	chun 春	chuang 窗		chong 充
	sh	shu 书	shua 刷	shuo 说	shuai 摔	shui 水	shuan 栓	shun 顺	shuang 双		
	r	ru 如		ruo 弱		rui 锐	ruan 软	run 润			rong 荣
舌尖前音	z	zu 租		zuo 昨		zui 最	zuan 钻	zun 尊			zong 宗
	c	cu 粗		cuo 搓		cui 催	cuan 蹿	cun 村			cong 聪
	s	su 苏		suo 缩		sui 虽	suan 算	sun 孙			song 松

附录三

常用轻声词词表

本表只收两个音节及两个音节以上的轻声词，轻声词按汉语拼音字母顺序排列。其中非轻声音节只标本调，不标变调；轻声音节注音不标调号。

【a】

爱人 àiren　　案子 ànzi

【b】

巴掌 bāzhang	巴结 bājie	把手 bǎshou	把子 bàzi
爸爸 bàba	霸道 bàdao	白净 báijing	班子 bānzi
板子 bǎnzi	帮手 bāngshou	膀子 bǎngzi	棒子 bàngzi
包袱 bāofu	包涵 bāohan	包子 bāozi	豹子 bàozi
报酬 bàochou	报复 bàofu	杯子 bēizi	被子 bèizi
本事 běnshi	本子 běnzi	鼻子 bízi	比方 bǐfang
鞭子 biānzi	扁担 biǎndan	辫子 biànzi	别扭 bièniu
饼子 bǐngzi	拨弄 bōnong	脖子 bózi	簸箕 bòji
补丁 bǔding	不见得 **bú**jiànde	不由得 bùyóude	
不在乎 **bú**zàihu	步子 bùzi	部分 bùfen	

【c】

| 裁缝 cáifeng | 财主 cáizhu | 苍蝇 cāngying | 叉子 chāzi |
| 差事 chāishi | 柴火 cháihuo | 肠子 chángzi | 场子 chǎngzi |

238

车子 chēzi	称呼 chēnghu	池子 chízi	尺子 chǐzi
抽屉 chōuti	虫子 chóngzi	绸子 chóuzi	出来 chūlai
出去 chūqu	出息 chūxi	除了 chúle	锄头 chútou
畜生 chùsheng	窗户 chuānghu	窗子 chuāngzi	锤子 chuízi
刺猬 cìwei	聪明 cōngming	凑合 còuhe	村子 cūnzi

【d】

答应 dāying	打扮 dǎban	打点 dǎdian	打发 dǎfa
打量 dǎliang	打算 dǎsuan	打听 dǎting	打交道 dǎjiāodao
打招呼 dǎzhāohu	大方 dàfang	大爷 dàye	大意 dàyi
大夫 dàifu	带子 dàizi	袋子 dàizi	耽搁 dānge
耽误 dānwu	单子 dānzi	胆子 dǎnzi	担子 dànzi
刀子 dāozi	道士 dàoshi	倒腾 dǎoteng	稻子 dàozi
灯笼 dēnglong	凳子 dèngzi	提防 dīfang	笛子 dízi
底子 dǐzi	底下 dǐxia	地道 dìdao	地方 dìfang
弟弟 dìdi	地下 dìxia	弟兄 dìxiong	点心 diǎnxin
点子 diǎnzi	调子 diàozi	碟子 diézi	懂得 dǒngde
钉子 dīngzi	东家 dōngjia	东西 dōngxi	动静 dòngjing
动弹 dòngtan	豆腐 dòufu	豆子 dòuzi	嘟囔 dūnang
肚子 dùzi	缎子 duànzi	对付 duìfu	对头 duìtou
队伍 duìwu	多么 duōme	哆嗦 duōsuo	

【e】

蛾子 ézi	儿子 érzi	耳朵 ěrduo

【f】

贩子 fànzi	房子 fángzi	份子 fènzi	风筝 fēngzheng
疯子 fēngzi	夫人 fūren	福气 fúqi	斧子 fǔzi
父亲 fùqin			

【g】

盖子 gàizi	甘蔗 gānzhe	杆子 gānzi	杆子 gǎnzi

干事 gànshi	杠子 gàngzi	高粱 gāoliang	膏药 gāoyao
稿子 gǎozi	告诉 gàosu	疙瘩 gēda	哥哥 gēge
胳膊 gēbo	鸽子 gēzi	格子 gézi	个子 gèzi
根子 gēnzi	跟头 gēntou	工夫 gōngfu	公公 gōnggong
功夫 gōngfu	钩子 gōuzi	姑姑 gūgu	姑娘 gūniang
谷子 gǔzi	骨头 gǔtou	故事 gùshi	顾不得 gùbude
寡妇 guǎfu	褂子 guàzi	怪物 guàiwu	关系 guānxi
官司 guānsi	管子 guǎnzi	罐头 guàntou	罐子 guànzi
怪不得 guàibude	规矩 guīju	闺女 guīnü	鬼子 guǐzi
柜子 guìzi	棍子 gùnzi	果子 guǒzi	过来 guòlai

【h】

蛤蟆 háma	孩子 háizi	害处 hàichu	含糊 hánhu
汉子 hànzi	行当 hángdang	好处 hǎochu	合同 hétong
和尚 héshang	核桃 hétao	盒子 hézi	和气 héqi
恨不得 hènbude	红火 hónghuo	猴子 hóuzi	后头 hòutou
厚道 hòudao	狐狸 húli	胡琴 húqin	糊涂 hútu
坏处 huàichu	皇上 huángshang	幌子 huǎngzi	胡萝卜 húluóbo
胡子 húzi	护士 hùshi	回来 huílai	伙计 huǒji

【j】

机灵 jīling	脊梁 jǐliang	记号 jìhao	记性 jìxing
夹子 jiāzi	家伙 jiāhuo	价钱 jiàqian	架势 jiàshi
架子 jiàzi	嫁妆 jiàzhuang	尖子 jiānzi	茧子 jiǎnzi
剪子 jiǎnzi	见识 jiànshi	毽子 jiànzi	将就 jiāngjiu
讲究 jiǎngjiu	交情 jiāoqing	饺子 jiǎozi	叫唤 jiàohuan
轿子 jiàozi	结实 jiēshi	街坊 jiēfang	姐夫 jiěfu
姐姐 jiějie	戒指 jièzhi	接着 jiēzhe	金子 jīnzi
进来 jìnlai	进去 jìnqu	精神 jīngshen	镜子 jìngzi
舅舅 jiùjiu	橘子 júzi	句子 jùzi	卷子 juànzi
觉得 juéde			

【k】

看样子 kànyàngzi	咳嗽 késou	客气 kèqi	空子 kòngzi
口袋 kǒudai	口子 kǒuzi	扣子 kòuzi	窟窿 kūlong
裤子 kùzi	快活 kuàihuo	筷子 kuàizi	框子 kuàngzi
困难 kùnnan	阔气 kuòqi		

【l】

喇叭 lǎba	喇嘛 lǎma	篮子 lánzi	懒得 lǎnde
浪头 làngtou	老婆 lǎopo	老人家 lǎorénjia	老实 lǎoshi
老太太 lǎotàitai	老头子 lǎotóuzi	老爷 lǎoye	老子 lǎozi
姥姥 lǎolao	累赘 léizhui	篱笆 líba	里头 lǐtou
里边 lǐbian	力气 lìqi	力量 lìliang	厉害 lìhai
利落 lìluo	利索 lìsuo	例子 lìzi	栗子 lìzi
痢疾 lìji	帘子 liánzi	链子 liànzi	凉快 liángkuai
粮食 liángshi	两口子 liǎngkǒuzi	料子 liàozi	林子 línzi
领子 lǐngzi	溜达 liūda	聋子 lóngzi	笼子 lóngzi
路上 lùshang	炉子 lúzi	路子 lùzi	轮子 lúnzi
萝卜 luóbo	骡子 luózi	骆驼 luòtuo	

【m】

妈妈 māma	麻烦 máfan	麻利 máli	麻子 mázi
马虎 mǎhu	码头 mǎtou	买卖 mǎimai	麦子 màizi
馒头 mántou	忙活 mánghuo	冒失 màoshi	帽子 màozi
眉毛 méimao	妹妹 mèimei	门道 méndao	迷糊 míhu
棉花 miánhua	免得 miǎnde	面子 miànzi	苗条 miáotiao
苗头 miáotou	名堂 míngtang	名字 míngzi	明白 míngbai
蘑菇 mógu	模糊 móhu	木匠 mùjiang	木头 mùtou

【n】

哪个 nǎge	那个 nàge	那么 nàme	奶奶 nǎinai
难为 nánwei	脑袋 nǎodai	脑子 nǎozi	能耐 néngnai

| 你们 nǐmen | 念叨 niàndao | 念头 niàntou | 娘家 niángjia |
| 镊子 nièzi | 女婿 nǔxu | 暖和 nuǎnhuo | 疟疾 nüèji |

【p】

拍子 pāizi	牌子 páizi	佩服 pèifu	盘算 pánsuan
盘子 pánzi	胖子 pàngzi	朋友 péngyou	棚子 péngzi
脾气 píqi	皮子 pízi	痞子 pǐzi	屁股 pìgu
片子 piānzi	便宜 piányi	骗子 piànzi	票子 piàozi
漂亮 piàoliang	瓶子 píngzi	婆家 pójia	婆婆 pópo
铺盖 pūgai	葡萄 pútao		

【q】

欺负 qīfu	妻子 qīzi	旗子 qízi	起来 qǐlai
前头 qiántou	钳子 qiánzi	茄子 qiézi	亲戚 qīnqi
勤快 qínkuai	清楚 qīngchu	亲家 qìngjia	曲子 qǔzi
圈子 quānzi	拳头 quántou	裙子 qúnzi	

【r】

| 热闹 rènao | 人家 rénjia | 人们 rénmen | 认识 rènshi |
| 任务 rènwu | 认得 rènde | 日子 rìzi | 褥子 rùzi |

【s】

塞子 sāizi	嗓子 sǎngzi	嫂子 sǎozi	扫帚 sàozhou
沙子 shāzi	傻子 shǎzi	筛子 shāizi	扇子 shànzi
商量 shāngliang	上司 shàngsi	上头 shàngtou	烧饼 shāobing
勺子 sháozi	少爷 shàoye	哨子 shàozi	舌头 shétou
舍不得 shěbude	舍得 shěde	身子 shēnzi	什么 shénme
婶子 shěnzi	生意 shēngyi	牲口 shēngkou	绳子 shéngzi
省得 shěngde	师父 shīfu	师傅 shīfu	虱子 shīzi
狮子 shīzi	石匠 shíjiang	石榴 shíliu	石头 shítou
时候 shíhou	实在 shízai	拾掇 shíduo	使唤 shǐhuan
使得 shǐde	世故 shìgu	似的 shìde	事情 shìqing

柿子 shìzi	收成 shōucheng	收拾 shōushi	首饰 shǒushi
叔叔 shūshu	梳子 shūzi	舒服 shūfu	舒坦 shūtan
疏忽 shūhu	刷子 shuāzi	爽快 shuǎngkuai	思量 sīliang
算计 suànji	算了 suànle	随着 suízhe	岁数 suìshu
孙子 sūnzi	孙女 sūnnü		

【t】

他们 tāmen	它们 tāmen	她们 tāmen	台子 táizi
太太 tàitai	摊子 tānzi	坛子 tánzi	毯子 tǎnzi
桃子 táozi	特务 tèwu	梯子 tīzi	蹄子 tízi
天上 tiānshang	挑剔 tiāoti	挑子 tiāozi	条子 tiáozi
跳蚤 tiàozao	铁匠 tiějiang	亭子 tíngzi	痛快 tòngkuai
头发 tóufa	头子 tóuzi	兔子 tùzi	妥当 tuǒdang
唾沫 tuòmo			

【w】

挖苦 wāku	娃娃 wáwa	袜子 wàzi	外头 wàitou
晚上 wǎnshang	尾巴 wěiba	委屈 wěiqu	为了 wèile
位置 wèizhi	位子 wèizi	味道 wèidao	蚊子 wénzi
稳当 wěndang	窝囊 wōnang	我们 wǒmen	屋子 wūzi

【x】

稀罕 xīhan	席子 xízi	媳妇 xífu	喜欢 xǐhuan
瞎子 xiāzi	匣子 xiázi	下巴 xiàba	吓唬 xiàhu
下去 xiàqu	先生 xiānsheng	显得 xiǎnde	乡下 xiāngxia
箱子 xiāngzi	相声 xiàngsheng	消息 xiāoxi	小伙子 xiǎohuǒzi
小气 xiǎoqi	小子 xiǎozi	笑话 xiàohua	谢谢 xièxie
心里 xīnli	心思 xīnsi	星星 xīngxing	猩猩 xīngxing
行李 xíngli	性子 xìngzi	兄弟 xiōngdi	休息 xiūxi
秀才 xiùcai	秀气 xiùqi	袖子 xiùzi	靴子 xuēzi
学生 xuésheng			

【y】

丫头 yātou	鸭子 yāzi	哑巴 yǎba	胭脂 yānzhi
烟筒 yāntong	眼睛 yǎnjing	燕子 yànzi	秧歌 yāngge
养活 yǎnghuo	样子 yàngzi	吆喝 yāohe	妖精 yāojing
要么 yàome	要是 yàoshi	钥匙 yàoshi	椰子 yēzi
爷爷 yéye	夜里 yèli	叶子 yèzi	一辈子 *yí*bèizi
一下子 *yí*xiàzi	衣服 yīfu	衣裳 yīshang	椅子 yǐzi
意思 yìsi	银子 yínzi	影子 yǐngzi	应酬 yìngchou
柚子 yòuzi	意识 yìshi	冤枉 yuānwang	院子 yuànzi
月饼 yuèbing	月亮 yuèliang	云彩 yúncai	运气 yùnqi

【z】

在乎 zàihu	咱们 zánmen	糟蹋 zāota	早晨 zǎochen
早上 zǎoshang	怎么 zěnme	扎实 zhāshi	栅栏 zhàlan
宅子 zháizi	寨子 zhàizi	张罗 zhāngluo	丈夫 zhàngfu
帐篷 zhàngpeng	丈人 zhàngren	帐子 zhàngzi	招呼 zhāohu
招牌 zhāopai	照应 zhàoying	折腾 zhēteng	这个 zhège
这么 zhème	真是 zhēnshi	枕头 zhěntou	镇子 zhènzi
芝麻 zhīma	知道 zhīdao	知识 zhīshi	值得 zhíde
侄子 zhízi	指甲 zhǐjia (zhījia)	指头 zhǐtou (zhítou)	
指望 zhǐwang	种子 zhǒngzi	珠子 zhūzi	竹子 zhúzi
主意 zhǔyi	主子 zhǔzi	柱子 zhùzi	爪子 zhuǎzi
转悠 zhuànyou	庄稼 zhuāngjia	庄子 zhuāngzi	壮实 zhuàngshi
状元 zhuàngyuan	锥子 zhuīzi	桌子 zhuōzi	字号 zìhao
自在 zìzai	粽子 zòngzi	祖宗 zǔzong	嘴巴 zuǐba
作坊 zuōfang	琢磨 zhuómo		

附录四

常用儿化词表

【A】

| 挨个儿 | 挨门儿 | 板凳儿 | 暗号儿 | 暗花儿 |

【B】

八成儿	八字儿	拔火罐儿	拔尖儿	白班儿	白干儿
白卷儿	白面儿	摆谱儿	摆设儿	败家子儿	班底儿
板擦儿	半边儿	半道儿	半点儿	半截儿	半路儿
帮忙儿	绑票儿	傍晚儿	包干儿	宝贝儿	饱嗝儿
北边儿	背面儿	背气儿	背心儿	背影儿	贝壳儿
被单儿	被窝儿	本家儿	本色儿	奔头儿	鼻梁儿
笔调儿	笔架儿	笔尖儿	笔套儿	边框儿	变法儿
便条儿	标签儿	别名儿	鬓角儿	冰棍儿	病根儿
病号儿	不得劲儿	布头儿

【C】

擦黑儿	菜单儿	菜花儿	菜子儿	草帽儿	茶馆儿
茶花儿	茶几儿	茶盘儿	茶座儿	差不离儿	差点儿
岔道儿	长短儿	长袍儿	敞口儿	唱本儿	唱高调儿
唱片儿	抄近道儿	趁早儿	成个儿	秤杆儿	吃喝儿
吃劲儿	尺码儿	虫眼儿	抽筋儿	抽空儿	抽签儿

筹码儿　　出活儿　　出门儿　　出名儿　　出数儿　　橱柜儿
窗花儿　　窗口儿　　窗帘儿　　窗台儿　　床单儿　　吹风儿
春卷儿　　春联儿　　戳儿　　　词儿　　　葱花儿　　从头儿
从小儿　　粗活儿　　醋劲儿

【D】

搭伴儿　　答茬儿　　搭脚儿　　打盹儿　　打嗝儿　　打滚儿
打鸣儿　　打挺儿　　打眼儿　　打杂儿　　打转儿　　大褂儿
大伙儿　　大婶儿　　带劲儿　　带儿　　　单调儿　　单个儿
单间儿　　蛋黄儿　　当面儿　　刀把儿　　刀背儿　　刀片儿
刀刃儿　　道口儿　　倒影儿　　得劲儿　　灯泡儿　　底儿
底稿儿　　底座儿　　地方儿　　地面儿　　地盘儿　　地皮儿
地摊儿　　跺脚儿　　点儿　　　点头儿　　垫圈儿　　电影儿
调号儿　　调门儿　　掉包儿　　钓竿儿　　碟儿　　　丁点儿
顶牛儿　　顶事儿　　顶针儿　　定弦儿　　动画片儿　兜儿
斗嘴儿　　豆花儿　　豆角儿　　豆芽儿　　逗乐儿　　逗笑儿
独院儿　　对过儿　　对号儿　　对口儿　　对劲儿　　对联儿
对门儿　　对面儿　　对味儿　　对眼儿　　多半儿　　多会儿

【E】

摁钉儿　　摁扣儿　　耳垂儿　　耳朵眼儿　耳根儿

【F】

发火儿　　翻白眼儿　翻本儿　　反面儿　　饭馆儿　　饭盒儿
饭碗儿　　房檐儿　　肥肠儿　　费劲儿　　坟头儿　　粉末儿
粉皮儿　　粉条儿　　封口儿　　缝儿

【G】

旮旯儿　　盖戳儿　　盖儿　　　赶早儿　　干劲儿　　干活儿
高调儿　　高招儿　　稿儿　　　个儿　　　个头儿　　各行儿
各样儿　　跟班儿　　跟前儿　　工夫儿　　工头儿　　钩针儿
够本儿　　够劲儿　　够数儿　　够味儿　　瓜子儿　　挂名儿

乖乖儿	拐棍儿	拐角儿	拐弯儿	管儿	管事儿
罐儿	光板儿	光杆儿	光棍儿	鬼脸儿	蝈蝈儿
锅贴儿	过门儿				

【H】

好好儿	好天儿	好玩儿	好样儿	号码儿	号儿
河沿儿	合股儿	合伙儿	合身儿	盒儿	黑道儿
红人儿	猴儿	后边儿	后跟儿	后门儿	胡同儿
花边儿	花卷儿	花瓶儿	花儿	花纹儿	花样儿
花园儿	花招儿	滑竿儿	话茬儿	画稿儿	还价儿
环儿	慌神儿	黄花儿	回话儿	回信儿	魂儿
豁口儿	火锅儿	火候儿	火炉儿	火苗儿	火星儿

【J】

鸡杂儿	急性儿	记事儿	家底儿	夹缝儿	夹心儿
加油儿	价码儿	假条儿	肩膀儿	箭头儿	讲稿儿
讲价儿	讲究儿	胶卷儿	胶水儿	脚尖儿	较真儿
叫好儿	叫座儿	接班儿	接头儿	揭底儿	揭短儿
解闷儿	解手儿	借条儿	紧身儿	劲头儿	镜框儿
酒令儿	酒窝儿	就手儿	卷儿	诀窍儿	绝招儿

【K】

开春儿	开花儿	开火儿	开窍儿	开头儿	开小差儿
靠边儿	磕碰儿	科班儿	科教片儿	壳儿	可口儿
吭气儿	吭声儿	空手儿	空地儿	空格儿	空心儿
抠门儿	抠字眼儿	口袋儿	口风儿	口哨儿	口味儿
口信儿	口罩儿	扣儿	苦头儿	裤衩儿	裤兜儿
裤脚儿	裤腿儿	挎包儿	块儿	快板儿	快手儿
筐儿	葵花子儿				

【L】

拉链儿	拉锁儿	腊肠儿	来回儿	来劲儿	来头儿

篮儿	滥调儿	捞本儿	老伴儿	老本儿	老底儿
老根儿	老话儿	老脸儿	老人儿	老样儿	泪花儿
泪人儿	泪珠儿	冷门儿	冷盘儿	愣神儿	离谱儿
里边儿	理儿	力气活儿	脸蛋儿	凉粉儿	凉气儿
两截儿	两口儿	两头儿	亮光儿	亮儿	聊天儿
裂缝儿	裂口儿	零花儿	零活儿	零碎儿	零头儿
领儿	领头儿	溜边儿	刘海儿	留后路儿	柳条儿
遛弯儿	篓儿	露面儿	露馅儿	露相儿	炉门儿
路口儿	轮儿	罗锅儿	落脚儿	落款儿	

【M】

麻花儿	麻绳儿	麻线儿	马竿儿	马褂儿	买好儿
卖劲儿	满分儿	满座儿	慢性儿	忙活儿	毛驴儿
毛衫儿	冒火儿	冒尖儿	冒牌儿	帽儿	帽檐儿
没词儿	没地儿	没法儿	没劲儿	没门儿	没谱儿
没趣儿	没事儿	没头儿	没样儿	没影儿	煤球儿
媒婆儿	美人儿	美术片儿	门洞儿	门房儿	门槛儿
门口儿	门帘儿	猛劲儿	米粒儿	蜜枣儿	猕猴儿
面条儿	面团儿	苗儿	瞄准儿	明理儿	明儿
名单儿	名片儿	摸黑儿	模特儿	末了儿	墨盒儿
墨水儿	墨汁儿	模样儿	木头人儿		

【N】

那会儿	哪儿	哪样儿	纳闷儿	小名儿	奶皮儿
奶嘴儿	南边儿	南面儿	脑瓜儿	脑门儿	闹气儿
泥人儿	拟稿儿	年根儿	年头儿	念珠儿	鸟儿
牛劲儿	纽扣儿	农活儿	努嘴儿	挪窝儿	

【O】

藕节儿

【P】

拍儿	牌号儿	牌儿	派头儿	盘儿	旁边儿
胖墩儿	刨根儿	跑堂儿	跑腿儿	配对儿	配件儿
配角儿	喷嘴儿	盆景儿	皮夹儿	皮儿	偏方儿
偏旁儿	偏心眼儿	片儿	票友儿	拼盘儿	瓶塞儿
平手儿	评分儿	坡儿	破烂儿	铺盖卷儿	

【Q】

漆皮儿	旗袍儿	棋子儿	起劲儿	起名儿	起头儿
起眼儿	汽水儿	签儿	千层底儿	前边儿	前脚儿
前面儿	前儿	钱串儿	钱票儿	枪杆儿	枪眼儿
枪子儿	腔儿	墙根儿	墙头儿	抢先儿	桥洞儿
瞧头儿	悄没声儿	巧劲儿	俏皮话儿	亲嘴儿	球儿
蛐蛐儿	取乐儿	曲儿	圈儿	缺口儿	瘸腿儿

【R】

瓢儿	让座儿	绕道儿	绕口令儿	绕圈儿	绕弯儿
绕远儿	热门儿	热闹儿	热天儿	热心肠儿	人家儿
人头儿	人味儿	人样儿	人影儿	人缘儿	日记本儿
绒花儿	肉包儿	肉片儿	肉脯儿	肉丝儿	入门儿
入味儿					

【S】

撒欢儿	撒娇儿	撒手儿	塞儿	三弦儿	嗓门儿
沙果儿	沙瓤儿	砂轮儿	傻劲儿	色儿	根儿
闪身儿	扇面儿	上班儿	上辈儿	上边儿	上火儿
上劲儿	上款儿	上联儿	上面儿	上身儿	上座儿
捎脚儿	哨儿	伸腿儿	身板儿	身量儿	身子骨儿
神儿	婶儿	实心儿	石子儿	使劲儿	市面儿
事儿	事由儿	锁链儿	收口儿	收条儿	手边儿
手戳儿	手绢儿	手套儿	手头儿	手腕儿	手心儿

手印儿	书本儿	书签儿	书桌儿	熟道儿	熟人儿
树梢儿	树阴儿	数码儿	耍心眼儿	双料儿	双响儿
双眼皮儿	水饺儿	水牛儿	水印儿	顺便儿	顺道儿
顺脚儿	顺口儿	顺路儿	顺手儿	顺嘴儿	说话儿
说情儿	说头儿	说闲话儿	撕票儿	丝儿	死胡同儿
死心眼儿	四边儿	四合院儿	松劲儿	松紧带儿	松仁儿
松子儿	送信儿	话儿	酸枣儿	蒜瓣儿	蒜泥儿
算盘儿	随大溜儿	随群儿	岁数儿	孙女儿	

【T】

台阶儿	抬价儿	摊儿	痰盂儿	聊天儿	糖葫芦儿
挑儿	桃仁儿	讨好儿	套间儿	套儿	蹄筋儿
提成儿	提花儿	替班儿	替身儿	天边儿	天窗儿
天儿	天天儿	甜头儿	挑刺儿	条儿	跳高儿
跳绳儿	跳远儿	贴身儿	帖儿	听信儿	同伴儿
铜子儿	筒儿	偷空儿	偷偷儿	头儿	头头儿
图钉儿	土豆儿	腿儿	脱身儿	托儿	

【W】

娃儿	袜套儿	袜筒儿	外边儿	外号儿	外面儿
外甥女儿	外套儿	弯儿	玩儿	玩意儿	腕儿
围脖儿	围嘴儿	卫生球儿	味儿	窝儿	物件儿

【X】

西边儿	稀罕儿	媳妇儿	戏班儿	戏本儿	戏词儿
戏法儿	细活儿	虾仁儿	下巴颏儿	下半天儿	下边儿
下联儿	下手儿	弦儿	闲话儿	闲空儿	闲篇儿
闲气儿	显形儿	现成儿	线头儿	馅儿	香肠儿
香瓜儿	香火儿	香水儿	箱底儿	响动儿	相片儿
像样儿	橡皮筋儿	消食儿	小白菜儿	小半儿	小辈儿
小辫儿	小不点儿	小菜儿	小抄儿	小车儿	小丑儿
小葱儿	小调儿	小工儿	小褂儿	小孩儿	小脚儿

小锣儿	小帽儿	小米儿	小名儿	小跑儿	小钱儿
小曲儿	小人儿	小嗓儿	小舌儿	小说儿	小偷儿
小性儿	小灶儿	笑话儿	笑脸儿	邪道儿	邪门儿
斜纹儿	斜眼儿	鞋帮儿	蟹黄儿	心肝儿	心坎儿
心窝儿	心眼儿	信儿	杏儿	杏仁儿	胸脯儿
袖口儿	袖儿	袖筒儿	绣花儿	旋涡儿	

【Y】

牙口儿	牙签儿	牙刷儿	芽儿	雅座儿	压根儿
烟卷儿	烟头儿	烟嘴儿	言声儿	沿儿	眼角儿
眼镜儿	眼皮儿	眼圈儿	眼儿	眼神儿	眼窝儿
羊倌儿	腰板儿	腰花儿	咬舌儿	咬字儿	药方儿
药面儿	药片儿	药水儿	药丸儿	药味儿	要价儿
爷们儿	页码儿	衣料儿	一半儿	一边儿	一道儿
一点儿	一会儿	一块儿	一溜烟儿	一溜儿	一气儿
一身儿	一手儿	一顺儿	一下儿	一早儿	一阵儿
一总儿	音儿	因由儿	阴凉儿	阴影儿	瘾头儿
印花儿	印儿	应声儿	营生儿	迎面儿	影片儿
影儿	应景儿	硬面儿	硬手儿	油饼儿	油花儿
油门儿	邮包儿	邮戳儿	有点儿	有门儿	有趣儿
有数儿	右边儿	鱼虫儿	鱼漂儿	雨点儿	原封儿
圆圈儿	院儿	约数儿	月份儿	月牙儿	

【Z】

咂嘴儿	杂牌儿	杂耍儿	杂院儿	脏字儿	枣儿
早早儿	渣儿	栅栏儿	宅门儿	沾边儿	掌勺儿
长相儿	账本儿	账房儿	找茬儿	罩儿	照面儿
照片儿	照样儿	这会儿	这儿	这样儿	针鼻儿
针箍儿	针眼儿	枕席儿	阵儿	整个儿	正座儿
汁儿	支着儿	枝儿	直溜儿	直心眼儿	侄儿
侄女儿	纸钱儿	指名儿	指望儿	指印儿	中间儿
盅儿	钟点儿	种花儿	重活儿	轴儿	皱纹儿

珠儿	猪倌儿	竹竿儿	主角儿	主心骨儿	住家儿
抓阄儿	爪尖儿	爪儿	转角儿	转脸儿	转弯儿
装相儿	坠儿	准儿	桌面儿	滋味儿	字面儿
字儿	字帖儿	字眼儿	走道儿	走调儿	走神儿
走味儿	走样儿	嘴儿	昨儿	左边儿	坐垫儿
座儿	做伴儿	做活儿	做声儿		

附录五

形声字字音类推表

　　汉字中大约百分之八十的汉字是形声字。所谓形声字是一个汉字中一个部件表示该字的意义类属，而另一个部件表示该字的读音。学习汉语可以根据汉字的形声字的声旁来帮助我们记住汉字的发音。当然，由于汉语语音的变化，有些汉字的发音到现代已经有了变化，不能完全根据声旁来发音，但是也还有相当一部分的汉字的声旁能反映这个字的真实发音，也有的字现代的发音与声旁的发音相近。本表只收录声母为 n、l、z、zh、c、ch、s、sh 和韵母为 an、ian、üan、uan、ang、iang、uang、en、eng、in、ing、ü、ün 的比较常用的汉字，不太常用的汉字，不收录其中。

n 声母

那（nà）——娜，nǎ 哪；nuó 挪、娜（婀娜）。

乃（nǎi）——奶。

南（nán）——喃、楠。

脑（nǎo）——恼、瑙。

内（nèi）——nà 呐、纳、钠。

宁（níng）——咛、狞、柠，nǐng 拧，nìng 宁（宁可）、泞。

尼（ní）——呢（毛呢）、泥，nì 泥（拘泥）；ne 呢。

纽（niǔ）——扭、钮，niū 妞。

农（nóng）——浓、脓。

诺（nuò）——nì 匿。

奴（nú）——驽，nǔ 努、弩，nù 怒。

253

l 声母

腊（là）——蜡；liè 猎。

赖（lài）——癞；lǎn 懒。

来（lái）——莱，lài 睐。

兰（lán）——栏、拦，làn 烂。

蓝（lán）——篮，làn 滥。

览（lǎn）——揽、缆、榄。

劳（láo）——lāo 捞，lào 涝。

雷（léi）——镭，lěi 蕾，lèi 擂。

累（lèi）——luó 螺，luò 摞。

里（lǐ）——理、哩、鲤，lí 厘、狸（狸猫）。

离（lí）——璃、篱，lǐ 锂。

立（lì）——粒、笠、莅（莅临）；lā 拉、啦、垃（垃圾）。

力（lì）——历、荔（荔枝）；lèi（肋骨）；lè 勒。

连（lián）——莲、涟，liàn 链。

脸（liǎn）——敛（敛财）。

练（liàn）——炼。

恋（liàn）——luán 峦、栾。

良（liáng）——粮；láng 狼、郎、廊、螂，lǎng 朗，làng 浪。

两（liǎng）——俩（伎俩），liàng 辆；liǎ 俩。

凉（liáng）——liàng 晾、谅；lüè 掠。

列（liè）——裂、烈、冽（凛冽），liě 咧（咧嘴）。

林（lín）——淋、琳、霖。

磷（lín）——麟、鳞、嶙。

令（lìng）——líng 零、玲、龄、铃、伶、聆（聆听），lǐng 领、岭；lěng 冷；lín 邻（邻居）；lián 怜。

凌（líng）——陵；léng 棱（棱角）。

留（liú）——瘤、遛、馏（蒸馏水）。

流（liú）——琉（琉璃）、硫（硫磺）。

龙（lóng）——笼、聋、咙、珑（玲珑），lǒng 拢、垄。

娄（lóu）——楼，lǒu 篓、搂；lǚ 屡、缕。

卢 (lú) ——炉、芦、庐、颅、泸；lǘ 驴。

录 (lù) ——禄、碌；lǜ 绿、氯。

路 (lù) ——璐、露、鹭。

仑 (lún) ——轮、伦，lūn 抡，lùn 论。

罗 (luó) ——锣、逻、萝、箩，luō 啰。

洛 (luò) ——落、骆、络；lào 烙、酪；lüè 略。

吕 (lǚ) ——铝、侣。

虑 (lǜ) ——滤。

z 声母

澡 (zǎo) ——藻，zào 燥、噪。

赞 (zàn) ——zǎn 攒。

责 (zé) ——cè 侧、测、厕、恻（恻隐之心）。

曾 (zēng) ——增、憎，zèng 赠；céng 曾（曾经）。

子 (zǐ) ——仔（仔细）、籽，zì 字；zǎi 仔。

宗 (zōng) ——综、棕、踪、鬃，zòng 粽。

祖 (zǔ) ——组、阻、诅（诅咒），zū 租。

尊 (zūn) ——遵、鳟。

坐 (zuò) ——座、唑。

左 (zuǒ) ——佐。

zh 声母

乍 (zhà) ——炸、诈、榨、蚱；zěn 怎。

占 (zhàn) ——站、战，zhān 粘、毡、沾。

长 (zhǎng) ——涨，zhāng 张，zhàng 账、帐、胀；cháng 长（长短）。

章 (zhāng) ——彰、蟑（蟑螂），zhàng 障。

丈 (zhàng) ——仗、杖。

召 (zhào) ——照、诏（诏书），zhāo 招、昭，zhǎo 沼（沼泽）。

者 (zhě) ——zhū 猪、诸，zhǔ 煮，zhù 著；chǔ 储。

折 (zhé) ——哲、蜇（海蜇），zhè 浙；shé 折（折本）。

珍 (zhēn) ——zhěn 疹、诊。

真（zhēn）——zhěn（缜密），zhèn 镇。

贞（zhēn）——侦、祯、帧（装帧）。

正（zhèng）——证、症、政，zhēng 征，zhěng 整；chéng 惩（惩罚）。

争（zhēng）——睁、筝、铮（铮铮铁骨）、狰（狰狞 níng），zhèng 挣。

振（zhèn）——震、赈（赈灾）。

只（zhī）——织，zhí 职，zhǐ 咫（咫尺），zhì 帜。

之（zhī）——芝。

至（zhì）——致、窒（窒息），zhí 侄。

旨（zhǐ）——指，zhī 脂。

直（zhí）——值、植、殖，zhì 置。

知（zhī）——蜘，zhì 智；chī 痴。

支（zhī）——枝、肢。

止（zhǐ）——址、芷、趾；chǐ 耻。

中（zhōng）——钟、忠、衷、盅，zhǒng 肿、种（种子），zhòng 仲、中（打中）、种（种植）。

主（zhǔ）——拄，zhù 注、住、驻、柱、蛀、炷、砫。

朱（zhū）——珠、株、侏（侏儒）、诛、洙、茱。

专（zhuān）——砖，zhuǎn 转、zhuàn 传（传记）、转（转动）；chuán 传（传奇）。

涿（zhuō）——zhuó 啄、诼、琢。

c 声母

才（cái）——材、财；chái 豺（豺狼）。

采（cǎi）——踩、彩、睬、採，cài 菜。

参（cān）——cǎn 惨；cēn 参（参差）；chān 掺（掺假）；shēn 参（人参）。

仓（cāng）——苍、舱、沧。

曹（cáo）——槽、漕、嘈。

从（cóng）——丛。

慈（cí）——磁、糍、鹚。

此（cǐ）——cī 疵，cí 雌。

崔（cuī）——催、摧，cuǐ 璀（璀璨）。

翠（cuì）——萃、粹、淬、啐、悴（憔悴）；zuì 醉。

寸（cùn）——吋，cūn 村，cǔn 忖（思忖）。

搓（cuō）——蹉（蹉跎）。

ch 声母

叉（chā）——杈，chǎ 衩（裤衩），chà 杈（树杈）。

朝（cháo）——潮、嘲。

搀（chān）——chán 馋、谗。

蝉（chán）——禅、婵，chǎn 阐。

产（chǎn）——铲。

尝（cháng）——偿。

昌（chāng）——娼、猖，chàng 唱、倡。

场（cháng）——肠、chǎng 场（剧场），chàng 畅。

吵（chǎo）——炒，chāo 钞。

辰（chén）——晨、宸。

呈（chéng）——程，chěng 逞。

成（chéng）——城、诚。

池（chí）——驰、弛。

稠（chóu）——绸、惆（惆怅）。

厨（chú）——橱。

出（chū）——chǔ 础，chù 绌（相形见绌）、黜（罢黜）。

垂（chuí）——捶、锤、陲（边陲）。

春（chūn）——椿，chǔn 蠢。

醇（chún）——鹑（鹌鹑）、淳。

筹（chóu）——俦、畴、踌（踌躇）。

辍（chuò）——啜（啜泣）、惙（忧心惙惙）。

s 声母

塞（sāi）——噻，sài 赛。

搔（sāo）——骚，sào 瘙（瘙痒）。

桑（sāng）——sǎng 嗓、搡。

思（sī）——锶；sāi 腮、鳃。

司（sī）——sì 饲、嗣（后嗣）。

斯（sī）——撕、嘶、厮。

松（sōng）——淞（吴淞口），sòng 颂、讼。

梭（suō）——鲛、唆；suān 酸。

叟（sǒu）——sōu 艘、搜、馊；sǎo 嫂；shòu 瘦。

索（suǒ）——suō 嗦（啰嗦），suo 嗦（哆嗦）。

锁（suǒ）——琐、唢。

孙（sūn）——荪、狲。

sh 声母

杀（shā）——刹（刹车）；chà 刹（古刹、一刹那）。

少（shǎo）——shā 沙、纱、砂、莎、鲨、裟（袈裟）、痧（刮痧）。

删（shān）——珊、姗、跚【蹒（pán）跚】。

扇（shàn）——shān 煽、搧。

善（shàn）——膳（膳食）、缮（修缮）、蟮、鳝（鳝鱼）。

山（shān）——舢（舢板），shàn 汕、疝、讪（搭讪）。

尚（shàng）——shǎng 赏，shang 裳（衣裳）。

申（shēn）——伸、呻、绅、砷、shén 神、shěn 审、婶。

生（shēng）——笙、牲、甥，shèng 胜。

式（shì）——试、拭、弑、轼。

师（shī）——狮；shāi 筛。

诗（shī）——shí 时，shì 侍、恃。

叔（shū）——淑。

受（shòu）——授、绶。

暑（shǔ）——署、薯、曙。

孰（shú）——熟、塾（私塾）。

肖（xiāo）——shāo 稍、捎、梢（树梢）、艄（船艄），shào 哨。

韵母 an

安（ān）——鞍、胺、氨、桉，àn 案。

庵（ān）——鹌，ǎn 俺。

岸 (àn)——gān 肝、干（晒干），gǎn 赶、杆、秆，gàn 干；hǎn 罕，hàn 汗、旱、焊、悍、捍；kān 刊。

半 (bàn)——伴、拌、绊；pàn 判、畔、叛；pàng 胖。

参 (cān)——cǎn 惨；chān 掺。

般 (bān)——搬；pán 磐。

单 (dān)——箪、殚，dǎn 掸，dàn 弹、惮；chán 禅、蝉、婵。

反 (fǎn)——返，fàn 饭、贩；bān 扳，bǎn 板、版、舨。

凡 (fán)——钒、矾，fān 帆，fàn 梵。

番 (fān)——翻、藩、蕃、幡；pān 潘。

阑 (lán)——澜、斓。

兰 (lán)——栏、拦，làn 烂。

览 (lǎn)——揽、榄、缆。

曼 (màn)——慢、漫、蔓（枝蔓）、幔、谩（谩骂），mán 馒、鳗。

难 (nán)——tān 摊、滩、瘫。

南 (nán)——楠、喃，nǎn 腩（牛腩）。

旦 (dàn)——但，dān 担，dǎn 胆。

炎 (yán)——dàn 淡、氮、啖；tán 谈、痰，tǎn 毯。

蓝 (lán)——篮、褴、làn 滥；kǎn 槛；gān 尴（尴尬）。

斩 (zhǎn)——崭。

展 (zhǎn)——搌（搌布）、辗（辗转）；niǎn 碾。

占 (zhàn)——站、战，zhān 粘、毡、沾；diàn 店、玷、惦，diǎn 点、踮；niān 拈，nián 黏、鲇；zuàn 钻。

韵母 ian

焉 (yān)——嫣（姹紫嫣红）。

彦 (yàn)——谚，yán 颜。

扁 (biǎn)——匾，biān 编、煸（煸炒）、蝙（蝙蝠），biàn 遍；piān 篇、偏、翩，piàn 骗。

建 (jiàn)——健、键、腱、毽。

戋 (jiān)——笺，jiàn 贱、饯（蜜饯）、践、溅；qián 钱，qiǎn 浅；zhàn 栈（栈道），zhǎn 盏。

柬 (jiǎn)——jiàn 谏。

间（jiān）——jiǎn 简，jiàn 涧（山涧）。

见（jiàn）——舰；xiàn 现；yàn 砚（砚台）。

兼（jiān）——qiān 谦，qiàn 歉；xián 嫌。

连（lián）——莲、涟、鲢，liàn 链。

免（miǎn）——勉、冕、娩。

千（qiān）——迁、仟、阡（阡陌）；jiān 歼；xiān 纤（纤维）。

佥（qiān）——签；jiǎn 检、捡、俭、睑，jiàn 剑；liǎn 脸；xiǎn 险；yàn 验。

前（qián）——jiān 煎，jiǎn 剪、翦，jiàn 箭。

欠（qiàn）——茨、嵌、歉。

先（xiān）——酰，xiǎn 冼，xiàn 宪；xuǎn 选。

咸（xián）——jiān 缄，jiǎn 减、碱。

韵母 üan

爰（yuán）——援、媛（婵媛），yuàn 媛（美女）。

原（yuán）——源，yuàn 愿。

员（yuán）——圆。

元（yuán）——园、沅；yuǎn 远，yuàn 院。

袁（yuán）——猿、辕。

苑（yuàn）——怨，yuān 鸳。

捐（juān）——娟、鹃、涓，juàn 绢。

卷（juàn）——倦、眷；quān 圈，quán 拳、蜷（蜷缩），quàn 券。

全（quán）——痊、诠（诠释）、荃、铨。

宣（xuān）——喧（喧闹）、暄（寒暄），xuǎn 烜（烜赫），xuàn 渲（渲染）。

玄（xuán）——xuàn 炫（炫丽）、铉；xián 弦（琴弦）、舷（船舷）。

旋（xuán）——璇、漩（漩涡）。

韵母 uan

弯（wān）——湾。

完（wán）——烷，wǎn 皖。

宛（wǎn）——碗、婉、琬、惋、畹，wān 剜、豌、蜿，wàn 腕。

段（duàn）——锻（锻造）、缎（绸缎）、煅（煅烧）、椴（椴树）。

专（zhuān）——砖，zhuǎn 转，zhuàn 传（传记）；chuán 传。

韵母 ang

邦（bāng）——帮、梆，bǎng 绑。

仓（cāng）——苍、舱、沧。

昌（chāng）——娼、猖，chàng 唱、倡。

长（cháng）——chàng 怅；zhāng 张，zhǎng 涨，zhàng 帐、账。

当（dāng）——裆，dǎng 挡，dàng 档。

方（fāng）——芳、坊，fáng 房、防，fǎng 仿、访、纺，fàng 放；páng 彷。

亢（kàng）——抗、炕；āng 肮；háng 航、杭。

旁（páng）——膀（膀胱）；bǎng 榜，bàng 磅、傍、磅。

尚（shàng）——cháng 常、嫦、徜（徜徉）；dǎng 党；shǎng 赏，shang 裳（衣裳）；táng 堂、棠、膛、镗，tǎng 躺、淌、傥【倜（tì）傥】，tàng 趟；zhǎng 掌。

唐（táng）——糖、塘、搪、瑭。

汤（tāng）——tàng 烫；cháng 肠，chǎng 场，chàng 畅。

章（zhāng）——彰、樟、璋、漳，zhàng 障、幛。

韵母 iang

畺（jiāng）——缰、疆、僵。

央（yāng）——秧、泱、鸯、殃。

羊（yáng）——洋、佯（佯攻），yǎng 养、氧、痒，yàng 样、漾、恙；xiáng 翔、祥、详。

杨（yáng）——扬、疡、炀。

良（liáng）——粮，liàng 踉（踉跄）；niáng 娘，niàng 酿；láng 狼、郎、廊、琅、螂（螳螂），lǎng 朗，làng 浪。

襄（xiāng）——镶；ráng 瓤，rǎng 嚷、壤。

相（xiāng）——箱、湘、厢，xiǎng 想；shuāng 霜、孀。

向（xiàng）——xiǎng 响、饷；jiāng 浆、将，jiǎng 蒋、奖、桨，jiàng 降、酱、绛、将（将领）。

韵母 uang

王（wáng）——wāng 汪，wǎng 往、枉，wàng 望、旺；kuáng 狂；guàng 逛。

亡（wáng）——wàng 妄、忘，wǎng 罔（置若罔闻）、惘（惘然）；máng 忙、芒、茫、盲、氓（流氓）。

荒（huāng）——慌，huǎng 谎。

光（guāng）——胱（膀胱）；huǎng 幌（幌子）、恍（恍惚），huàng 晃。

广（guǎng）——犷（粗犷）；kuàng 矿、旷。

匡（kuāng）——筐，kuàng 框、眶。

黄（huáng）——璜、簧。

皇（huáng）——煌、惶、凰。

庄（zhuāng）——装、桩、粧，zhuàng 状、壮；zāng 脏、赃。

韵母 en

本（běn）——苯，bēn 奔（奔走）、锛，bèn 笨、奔（直奔家去）

贲（bēn）——fèn 愤；pēn 喷（喷泉），pèn 喷（喷香）

辰（chén）——晨、宸；zhèn 震、振；chún 唇。

分（fēn）——分（分析）、芬、纷、氛、吩、酚，fén 汾（汾河），fěn 粉，fèn 份、忿、分（水分）。

艮（gèn）——gēn 跟、根，gén 哏（逗哏），gěn 艮（这人太艮）；kěn 恳。

肯（kěn）——啃。

门（mén）——mēn 闷（闷热），mén 扪，mèn 焖、闷（闷闷不乐），men 们（我们）。

壬（rén）——任（姓任），rěn 荏（时光荏苒），rèn 任、妊、衽、饪。

刃（rèn）——韧、仞（万仞）、纫、轫（发轫），rěn 忍。

渗（shèn）——shēn 参（人参）；cēn 参（参差）。

申（shēn）——伸、呻、绅、砷，shén 神，shěn 审；chēn 抻。

沈（shěn）——chén 忱（热忱）；zhěn 枕。

葚（shèn）——葚（桑葚）；zhēn 斟（斟酌）。

珍（zhēn）——zhěn 诊、疹；chèn 趁。

贞（zhēn）——帧（装帧）、侦。

真（zhēn）——zhèn 镇，zhěn 缜（缜密）；chēn 嗔（嗔怪）、瞋（瞋目）；shèn 慎。

韵母 eng

登（dēng）——蹬，dèng 凳、瞪、澄（这水要澄一下）；chéng 澄（澄清事实）、橙。

成（chéng）——城、诚、惩、盛（盛饭）；shèng 盛（茂盛）。

呈（chéng）——程，chěng 逞。

丞（chéng）——zhēng 蒸，zhěng 拯（拯救）。

风（fēng）——疯、枫，fěng 讽。

峰（fēng）——蜂、烽，féng 逢、缝（缝补），fèng 缝（门缝）。

更（gēng）——gěng 梗、埂、哽。

孟（mèng）——měng 猛、锰、蜢。

蒙（méng）——朦、檬、濛、曚，měng 蒙（内蒙）、懞。

朋（péng）——鹏、棚、硼、堋；bēng 崩、绷，bèng 蹦。

彭（péng）——膨、澎（澎湖），pēng 嘭。

腾（téng）——藤、誊、滕。

曾（zēng）——增、憎，zèng 赠、甑（甑子）；céng 曾（曾经），cèng 蹭。

正（zhèng）——症、证、政，zhēng 征、怔、正（正月），zhěng 整。

韵母 in

银（yín）——龈、垠。

因（yīn）——姻、茵。

宾（bīn）——滨、缤，bìn 鬓、摈、殡。

堇（jǐn）——瑾、谨、僅，jìn 觐（觐见）；qín 勤、禽、擒、噙。

斤（jīn）——jìn 近；xīn 欣、忻、昕。

今（jīn）——矜（矜持）；qín 琴；yín 吟。

侵（qīn）——qǐn 寝；jìn 浸。

禁（jìn）——噤，jīn 禁（禁不住）、襟。

林（lín）——琳、淋、霖，lìn 淋（淋病）；bīn 彬。

磷（lín）——麟、鳞、璘、嶙、嶙、遴。

民（mín）——珉，mǐn 抿（抿着嘴）、泯（泯灭）。

心（xīn）——芯（芯片）；qìn 沁。

辛（xīn）——锌；shēn 莘（莘莘学子）。

韵母 ing

英（yīng）——瑛。

荧（yíng）——萤、莹、滢、萦，yīng 莺。

婴（yīng）——樱、缨、鹦、嘤。

盈（yíng）——楹。

并（bìng）——摒，bǐng 饼；píng 瓶。

丙（bǐng）——柄、炳，bìng 病。

丁（dīng）——叮、盯、钉、仃、耵，dǐng 顶、酊，dìng 订；tīng 厅、汀。

定（dìng）——锭、啶、腚。

宁（níng）——柠、聍、狞、咛、拧（拧手巾），nǐng 拧（拧螺丝），nìng 泞。

京（jīng）——惊、鲸。

竟（jìng）——境、镜。

敬（jìng）——jǐng 警；qíng 擎。

经（jīng）——泾、茎，jǐng 颈（颈椎），jìng 劲（强劲）、迳、痉、径；gěng 颈（脖颈）；jìn 劲（用劲）；qīng 氢、轻。

景（jǐng）——憬；yǐng 影。

令（lìng）——líng 玲、铃、龄、伶、聆、零、苓、囹、羚、翎，lǐng 领、岭。

夌（líng）——菱、绫、凌、陵、鲮。

冥（míng）——溟、暝、瞑、螟。

名（míng）——铭、茗，mǐng 酩。

平（píng）——评、瓶、苹、萍、坪、屏（屏风）、枰（棋枰）；bǐng 屏（屏着呼吸）；pīn 拼。

青（qīng）——清、鲭，qíng 情、晴，qǐng 请、qìng 箐；jīng 精、

菁、睛，jìng 靖、婧。

顷（qǐng）——qīng 倾；yǐng 颖、颖。

亭（tíng）——停、婷。

廷（tíng）——庭、霆、蜓，tǐng 挺、艇、铤。

形（xíng）——型、刑、邢；jīng 荆。

星（xīng）——腥、猩，xǐng 醒。

韵母 ü

居（jū）——jù 锯、剧、据（根据）、踞，jū 据（拮据）。

具（jù）——飓、俱、惧。

疽（jū）——狙，jǔ 龃（龃龉）、咀（咀嚼）、沮（沮丧）；qū 蛆。

巨（jù）——距、拒、钜、炬、苣（莴苣），jǔ 矩。

取（qǔ）——娶，qù 趣。

句（jù）——jū 拘、驹。

区（qū）——驱、躯、岖。

韵母 ün

云（yún）——耘、芸、纭，yùn 运、酝。

君（jūn）——jùn 郡；qún 群、裙。

竣（jùn）——峻、竣、骏、俊。

旬（xún）——荀（荀子）、询，xùn 殉、徇（徇私）。

讯（xùn）——汛、迅。

匀（yún）——昀，yùn 韵；jūn 钧。

附录六

巧记常用多音字 107 个[①]

1. **阿**：那个阿（ā）姨就喜欢阿（ē）谀奉承，她昨天又给领导送了一些山东的阿（ē）胶。

2. **挨**：你别挨（āi）近那些流氓，小心挨（ái）打。

3. **拗**：他这人太执拗（niù），写的文章也拗（ào）口，念起来很难念。

4. **扒**：那个扒（pá）手把那商店的模特身上的衣服扒（bā）下来偷走了，警察来追他，他跑到草地上装睡。

5. **把**：他把（bǎ）茶壶上的把儿（bàr）摔坏了。那小伙子偷了主人家的东西被看到，他抓住那小伙子的把（bǎ）柄，经常让小伙子为他做坏事。

6. **薄**：在这空气稀薄（bó）的高原，你这件衣服太单薄（bó）。这薄（báo）纸有股薄（bò）荷的清香味。

7. **背**：你背（bèi）上背（bēi）着这么重的背（bēi）包，里面装那么多钱，在这背（bèi）静的地方不怕人抢吗？

8. **奔**：他毕业以后在外地奔（bēn）波了很多年，现在看到你办了大公司来投奔（bèn）你。

9. **臂**：他的手臂（bì）、臂（bì）膀和胳臂（bei）上有多处伤痕。

[①] 有的多音字的有些字义出现频率很低，我们就没有列出。例如"朴"除了有"姓朴（Piáo）"和"生活俭朴（pǔ）"这两个常用的意义外，还有另外两个不常用的意义，即"朴（pò）树"和"朴（pō）刀"。后两种不常用的意义我们就没有介绍。

10. **辟**：他说他是开辟（pì）文化市场，你说他是复辟（bì）封建迷信，他让你为他辟（pì）谣。

11. **便**：这位大富翁大腹便便（pián），行动很不方便（biàn），但他常走路到便（biàn）利店买便（pián）宜货。

12. **泊**：湖泊（pō）上停泊（bó）着几艘游艇，我很想和家人漂泊（bó）在这湖上，不争名夺利，过着一种淡泊（bó）的生活。

13. **卜**：那老人喜欢吃着萝卜（bo）给人占卜（bǔ）算命。

14. **参**：这次参（cān）展的人参（shēn）样品有的来自韩国，有的来自美国，有的来自中国吉林省，都挺好，不像去年那些参（cēn）差不齐的样品。

15. **藏**：收藏（cáng）在布达拉宫的藏（Zàng）文《大藏（Zàng）经》是国宝级的宝藏（zàng）。

16. **差**：这次出差（chāi），住宿条件参差（cī）不齐，差（chā）别很大，但我算账不会出现差（chā）错，不会差（chà）你钱的。

17. **朝**：那些朝（zhāo）气蓬勃的年轻人正朝（cháo）着自己的目标努力奋斗。

18. **称**：这种衡量重量的工具的名称（chēng）汉语叫秤（chèng），用它可以称（chēng）各种东西的重量。你们俩实力差别不大，你们实力相称（chèn）。

19. **处**：公安处（chù）正在处（chǔ）理这次东西被盗的案件。

20. **传**：有的传（zhuàn）记小说中的事情有很多传（chuán）奇色彩，不一定就是真实的。

21. **弹**：我小时候做的弹（dàn）弓的弹（tán）力很大。

22. **倒**：俗话说"油瓶倒（dǎo）了都不扶"，是形容一个人太懒、任何事情都不做，看到油瓶倒了，油倒（dào）出来了，都懒得把油瓶放好。

23. **得**：你做这项工作做得（de）很好，你得（děi必须）写一份心得（dé）体会，把你的经验告诉大家。

24. **的**：他说话有的（dì）放矢，不是乱说的，他来这里的（de）目的（dì）的（dí）确很清楚。

25. **调**：他们之间的矛盾不是一天两天了，你先调（diào）查清楚原因，然后再去调（tiáo）解，才有效果。

26. 都：北京、上海这样的大都（dū）市的房价都（dōu）很高。

27. 恶：他真可恶（wù），他恶（è）人先告状，做了不少恶（ě）心的坏事，还好意思到经理那里说我们的坏话。

28. 缝：这台缝（féng）纫机的台板有裂缝（fèng）。

29. 脯：这孩子带来一包果脯（fǔ）给大家吃，小胸脯（pú）挺得高高的，很是得意。

30. 干：干（gàn）这样的活，不能穿干（gān）净衣服。

31. 给：那时市场供给（jǐ）紧张，他经常给（gěi）我们一些吃的。

32. 冠：你以为光说这些冠（guān）冕堂皇的话就能得冠（guàn）军吗？

33. 好：好（hào）吃懒做就不可能过上好（hǎo）日子。

34. 号：他把好不容易挂到的号（hào）丢了，气得号（háo）啕大哭起来。

35. 喝：他一口气喝（hē）干了一瓶酒，博得大家的喝（hè）彩。

36. 和：等天气暖和（huo）了，你和（hé）女朋友到我们家，我们一起打麻将，谁和（hú）的次数少谁就和（huó）面，我们包饺子吃。吃完饭我们要讨论问题，你要发表自己的意见，不要随声附和（hè）别人。

37. 荷：画上那些荷（hè）枪实弹的士兵和那些漂亮的荷（hé）花很不协调。

38. 哄：他说话像哄（hǒng）小孩似的，常常引得大家哄（hōng）堂大笑，笑完大家一哄（hòng）而散。

39. 还：我还（hái）没有还（huán）你钱。

40. 会：会（kuài）计今天会（huì）来开会（huì）吗？

41. 几：我们几（jǐ）个围着茶几（jī）几（jī）乎聊了一整天。

42. 夹：校长脱了夹（jiá）袄，把它夹（jiā）在夹（gā）肢窝里，然后钻进教室的夹（jiā）层里取出了几个夹（jiā）子来。

43. 假：假（jiǎ）如你没有假（jià）期，你也不要说假（jiǎ）话，告诉她真实情况，她会理解你的。

44. 间：他和他前妻之间（jiān）的联系一直没有间（jiàn）断过。

45. 降：我们的空降（jiàng）部队突然袭击，敌人只好投降（xiáng）。

46. 劲：越是遇到劲（jìng）敌，他干劲（jìn）越足。

47. 禁：她弱不禁（jīn）风，才游览了一会儿紫禁（jìn）城就病了，听到医生禁（jìn）止她外出，她禁（jīn）不住哭了起来。

48. 卷：小李学习刻苦，手不释卷（juàn），每天要做几张卷（juàn）子，刚买的一卷儿（juǎnr）草稿纸没几天就用完了。考试时，他卷（juǎn）起袖子，很快就答完考卷（juàn），然后得意地抽起卷（juǎn）烟来。

49. 卡：每天都有上千辆卡（kǎ）车要经过这个关卡（qiǎ）。

50. 看：看（kān）大门的保安看（kàn）到陌生人总要让他们出示证件。

51. 咳：咳（hāi）！他的病刚好，你又咳（ké）起来了！

52. 吭：小赵一声不吭（kēng），三锤打不出一个屁，而他老婆开朗大方，还经常引吭（háng）高歌。

53. 空：你少说空（kōng）话，这里空（kòng）着一间屋，有空（kòng）的话，你打扫一下。

54. 乐：他姓乐（yuè），喜欢音乐（yuè），乐（lè）于助人。

55. 累：学习只要不怕累（lèi），持之以恒，日积月累（lěi），就能硕果累累（léi）。

56. 俩：他们俩（liǎ）那点儿小伎俩（liǎng）骗得了谁？

57. 量：做事量（liáng）体裁衣，要量（liàng）力而行，不能脱离实际，不加思量（liáng）。

58. 了：儿子结婚的大事了（liǎo）了（le），他才会安心。他在山顶瞭（liào）望了（le）一阵，对这里的情况了（liǎo）如指掌。

59. 露：你不要露（lòu）面，你一出来，我们的计划就暴露（lù）了。

60. 率：他办事一点儿也不草率（shuài），并且效率（lǜ）一向很高。

61. 埋：他自己懒散，却总是埋（mán）怨别人只会埋（mái）头工作。

62. 没：他没（méi）交税，他的营业执照被没（mò）收了。

63. 模：他俩模（mú）样一样，像是用一个模（mó）型做出来的。

64. 抹：泥瓦匠用抹（mǒ）子抹（mò）墙的时候，我用抹（mā）布抹（mā）桌子，我可没闲着。

65. 宁：我主张息事宁（níng）人，不要吵了，我希望大家宁（níng）静地生活下去，可他宁（nìng）愿成天吵吵闹闹的，我们只好离婚。

66. 弄：上海人说的弄（lòng）堂就是北京人说的胡同，这点儿你应当弄（nòng）清楚了。

67. 胖：大胖（pàng）子大叔是心宽体胖（pán）的人。

68. 刨：我刨（bào）平木头，再去刨（páo）花生。

69. 炮：他哥哥当了几年炮（pào）兵，离开部队后在中药厂里炮（páo）制中药材。

70. 漂：小时候，我们常到小河里漂（piǎo）洗衣服，然后漂（piāo）浮在河里看着漂（piào）亮的山间美景。

71. 屏：那个小偷屏（bǐng）住呼吸从屏（píng）风后面悄悄地溜走了。

72. 朴：朴（piáo）大叔一辈子生活俭朴（pǔ）。

73. 曝：这位明星以前缺乏毅力、一曝（pù）十寒的那段历史被媒体曝（bào）光了。

74. 奇：单数是奇（jī）数，它有一些很奇（qí）妙的特点。

75. 强：小强（qiáng）性格倔强（jiàng）、意志坚强（qiáng），你别想勉强（qiǎng）他在他不喜欢的人面前强（qiǎng）作欢颜。

76. 悄：看到过去的男朋友，她躲在角落里悄（qiǎo）然落泪，然后悄悄（qiāo）地离开了。

77. 茄：这里蔬菜很少，番茄（qié）可以卖出雪茄（jiā）烟的价。

78. 塞：这里是交通要塞（sài），常常塞（sāi）车，阻塞（sè）交通。长城以北称为塞（sài）外，过去这里很闭塞（sè），但塞（sài）翁失马，焉知非福，有时闭塞也有它的好处，使人有更多时间学习。

79. 散：他早年写的很多散（sǎn）文散（sàn）失了，非常可惜。

80. 丧：办丧（sāng）事那几天，他神情沮丧（sàng）、垂头丧（sàng）气。

81. 刹：古刹（chà）的钟声刹（chà）那间让他想起了很多往事，于是他刹（shā）住了车，静静地坐在车里，回忆起过去的时光。

82. 扇：拿扇（shàn）子帮我扇（shān）一下，我太热了。

83. 舍：离开住了四年的宿舍（shè）之时，我还真有些舍（shě）不得。

84. 省：有些省（shěng）的领导应该省（xǐng）悟了，好好反省（xǐng）一下，不能再为了一时的经济利益而继续破坏环境了。

85. 盛：我们一到，她盛（chéng）出自己精心做的菜肴，盛

(shèng）情款待我们。

86. 数：他一岁多就能数（shǔ）数（shù）了。

87. 说：这个说（shuì）客很会说（shuō）话，他用《论语》中的警句"学而时习之，不亦说（yuè）乎"激励同学们认真学习。

88. 伺：你应在伺（cì）候那位大老板时，伺（sì）机为我们公司说好话。

89. 宿：我昨天在宿（sù）舍一宿（xiǔ）没睡好，一直在想着那些有关星宿（xiù）的民间故事。

90. 帖：他帮你写的请帖（tiě）可漂亮了，就像字帖（tiè）上的字，你放心，他办事没有不妥帖（tiē）的。

91. 拓：这些拓（tà）片、拓（tà）本是从西安碑林拓（tà）下来的，其中有的记载了古代先人开拓（tuò）边疆的事迹。

92. 系：保险公司的业务员联系（xì）业务时都系（jì）着领带。

93. 吓：绑匪的恐吓（hè）吓（xià）坏了他父母。

94. 巷：煤矿的巷（hàng）道与城市的小巷（xiàng）完全不一样。

95. 校：校（xiào）长和上校（xiào）都在校（jiào）对打印出来的文件。

96. 行：最近银行（háng）发行（xíng）的股票行（háng）情看涨。

97. 畜：畜（xù）牧场里牲畜（chù）逐年增加。

98. 血：血（xuè）债要用血（xiě）来偿。

99. 咽：咽（yān）喉疼得厉害，连一滴水都咽（yàn）不下去，急得他直呜咽（yè）。

100. 载：这是千载（zǎi）难逢的机会，人们载（zài）歌载（zài）舞欢庆，记者用录像机记载（zǎi）下了这欢乐的场面。

101. 扎：看到那个在水里挣扎（zhá）的小孩，他一个猛子扎（zhā）入水里，救起了那个小孩，水里的杂草扎（zhā）破了手臂，他包扎（zā）一下就离开了。

102. 轧：他过去是轧（zhá）钢工人，失业以后以轧（yà）棉花为生。

103. 粘：这瓶胶水粘（nián）性不好，粘（zhān）不紧，你另外买一瓶吧。

104. 涨：河水上涨（zhǎng），原材料无法运到，工厂眼看要停工了，厂长急得头昏脑涨（zhàng）。

105. 折：最近市场不景气，我们的折（zhé）叠床打折（zhé）销售，严重折（shé）本，不能再折（zhē）腾了。

106. 重：这个动作很重（zhòng）要，你要重（zhòng）视它，重（chóng）复多做几遍。

107. 着：原来我不知道怎么着（zhuó）手应付这次危机，只会干着（zháo）急，心一直悬着（zhe），你想出的这一着（zhāo）真是太妙了，救了我们公司。

常用语音学术语英汉对照表

A

accent *n.* 口音；重音
acoustic wave *n.* 声波（又 sound wave）
affricate *n.* 塞擦音
airstream *n.* 气流
allophone *n.* 音位变体
alveolar *adj.* 齿龈的；齿龈音的
alveolar ridge *n.* 齿龈隆骨，齿龈
alveolo-palatal 龈腭音［的］，舌面前音［的］
amplitude *n.* 振幅
anterodorsum *n.* 前舌脊［面］，舌面前
apex *n.* 舌尖
apical 舌尖的；舌尖性；舌尖音
apical-dorsal vowel *n.* 舌尖-舌前元音（又 apical vowel，coronal vowel）
apico-alveolar *n.* 舌尖-齿龈音
approach *n.* 成阻过程
articulator *n.* 发音器官
articulatory place *n.* 发音部位（又 place）
arytenoid cartilage *n.* 勺状软骨

aspirata *n.* 送气音
aspiration *n.* 送气
assimilation *n.* 同化

B

back 舌后的；后位性
bilabial 双唇音［的］
bisyllable *n.* 双音节
blade *n.* 舌叶，舌面（又 lamina）
blade vowel *n.* 舌面元音
broad transcription *n.* 宽式标音
buccal cavity *n.* 口腔（又 oral cavity）
burst *n.* 猝发，爆发（又 stop burst）

C

cacuminal *adj.* 翘舌音
central *adj.* 央［元音；辅音］
centralized *adj.* 央化
close *adj.* 闭的（关于元音）
close-mid *adj.* 半闭的，（又 high-mid）
close rounding *n.* 闭圆唇音
closing phase *n.* 成阻阶段

closure n. 持阻；闭塞；最大收紧程度
complementary distribution n. 互补分布
conditioned allophone n. 音位条件变体
conditioned variant n. 条件变体
consonant n. 辅音；辅音字母
consonantal adj. 辅音的；辅音性
consonant system n. 辅音系统
context n. 语境；上下文（又 environment）
contour tone n. 曲折声调
core n. 韵母，核心（又 rhyme）
coronal 舌前的；舌前音；舌前性
coronal vowel n. 舌尖元音（又 apical-dorsal vowel, laminal-dorsal vowel）
cricoarytenoid muscle n. 环勺肌
cricoid cartilage n. 环状软骨
cricothyroid muscle n. 环甲肌

D

denti-labial adj. 齿–舌音
diphthong n. 二合元音
distinctive feature n. 区别特征
distinctness n. 区别性
distribution n. 分布
disyllable n. 双音节（又 bisyllable）
dorso-velar 舌面后–软腭音（通常简称软腭音或舌根音）
dorsum n. 舌面，舌面后

E

eclipsis n. 蚀变；脱落
elision n. 省音，包括首音脱落、词中省略、尾音脱落、元音合并、音节缩合、元音融合

elocution n. 朗诵法，演说术
emphasis n. 强调
environment n. 环境（又 context）
epiglottal 会厌软骨的；会厌音
esophagus, esophageal, esophagic n. 食道，食管（又 oesophagus）

F

falling tone n. 降调
final n. 韵母（又 rhyme）
free variant n. 自由变体，参与自由变异的音段
frequency n. 频率
fricative n. 或 adj. ［摩］擦音（又 spirant）
front adj. 舌面前，舌前的
full voicing n. 完全浊化
function word n. 功能词，虚词（又 grammartical word, form word）

G

gingival adj. 齿龈音的
glottal 声门的；声门音
glottal stop n. 声门塞音，喉塞音
gum n. 牙槽，齿龈（又 gingiva）
guttural adj. 或 n. 咽喉的；腭［辅］音

H

half-close adj. 半闭（关于元音）（又 high-mid）
half-open n. 半开（关于元音）（又 low-mid）
hard palate n. 硬腭

head　*n.* 中心成分，调头
height　*n.* 高度
Hertz　*n.* 赫［兹］（Hz）
high　*adj.* 高；高度
high fall　*n.* 高降
high-mid　*adj.* 半高，中高（又 half-close, close-mid）
high tone　*n.* 高调
high vowel　*n.* 高元音
hold　*n.* 持阻过程（又 closure, closed phase）
hypocorism　*n.* 小称（又 hypocoristic）

I

initial　首音的；首音，声母
initial dropping　*n.* 首音脱落
intensity　*n.* 声强
International Phonetic Alphabet　*n.* 国际音标（IPA）
International Phonetic Association　*n.* 国际语音学协会（IPA）
intonation　*n.* 语调
intonational nucleus　*n.* ［语］调核［心］
IPA　*n.* 国际语音学协会；国际音标
IPA transcription　*n.* 国际音标标音

L

labial　*adj.* 或 *n.* 唇音；唇音性
labial-alveolar　唇-齿龈的；唇-齿龈音
labiality　*n.* 唇音性；圆唇性
labial protrusion　*n.* 唇突
labiodental　*adj.* 或 *n.* 唇齿音
lamina　*n.* 舌叶
larynx　*n.* 喉［头］（又 voice box）

lateral　*adj.* 或 *n.* 边音；边音性
length　*n.* 音长；长度
lenition　*n.* 弱化（又 weakening）
level tone　*n.* 平调
lexical accent　*n.* 词重音
lexical category　*n.* 词汇范畴，词类（又 word class, part of speech）
light syllable　*n.* 轻音节
lingual　*adj.* 或 *n.* 舌的；舌音
lip　*n.* 唇
long　*adj.* 长［音］；长度
loss　*n.* 脱落
low　*adj.* 低的；低位性
lower-high　*adj.* 半高，半闭
low-mid　*adj.* 半低，半开（又 half-open, open-mid）
low tone　*n.* 低调
low vowel　*n.* 低元音
lungs　*n. pl.* 肺

M

manner of articulation　*n.* 发音方法
mean-mid　*adj.* 中央的（元音）
media　*n.* 浊塞音
mid　*adj.* 中（元音）
monophthong　*n.* 单元音
monosyllable　*n.* 单音节
morpheme　*n.* 语素
murmur　*n.* 耳语，低语声

N

narrow transcription　*n.* 严式标音
nasal　鼻音［的］；鼻音性
nasal cavity　*n.* 鼻腔

nasal vowel *n.* 鼻元音，鼻化元音
neutral vowel *n.* 央元音；中立元音
null element *n.* 零成分（又 zero）

O

occlusion *n.* 闭塞，咬合
occlusive *n.* 或 *adj.* 闭塞音，塞音
open *adj.* 开的，低的
opening *n.* 开化，低化
open-mid *adj.* 半开的，半低的（又 low-mid）
openness *n.* 间隙度，开口度
opposition *n.* 对立
oral *adj.* 口腔的；口腔音
oral cavity *n.* 口腔

P

palate *n.* 上腭，硬腭
part of speech *n.* 词类
pause *n.* 停顿
pharynx *n.* 咽头，咽腔
phoneme *n.* 音位
phoneme system *n.* 音位系统（又 phoneme inventory）
phonetic *adj.* 语音的；语音学的；表示语音的
phonetic alphabet *n.* 音标
phonetic drift *n.* 语音演变
phonetic feature *n.* 语音特征
phonetic form *n.* 语音形式（又 phonetic representation）
phonetics *n.* 语音学
phonetic similarity *n.* 语音相似性
phonological change *n.* 音系变化

pitch *n.* 音高（又 perceived pitch）
place *n.* 位置，部位
place of articulation *n.* 发音部位（又 place）
plurisegmental *adj.* 超音段的（又 suprasegmental）
primary stress *n.* 主要重音
privilege of occurrence *n.* 分布
productive *adj.* 能产的
prosodic feature *n.* 韵律特征

Q

quality *n.* 音质
quantity *n.* 音量

R

radical *adj.* 舌根的
radix *n.* 舌根
reduction *n.* 弱化
reduplication *n.* 重叠
register tone *n.* 平调（又 punctual tone, level tone, static tone, stepping tone）
release *n.* 除阻（又 plosion）
resonance *n.* 共振，共鸣
respiratory tract *n.* 呼吸道（又 respiratory system）
retroflex *adj.* 或 *n.* 卷舌音
retroflexed *adj.* 卷舌的［元音］
rhyme *n.* 押韵；韵
rhythm *n.* 节奏
rising tone *n.* 升调
root *n.* 舌根；词根；根
round(ed) *adj.* 圆唇的；圆唇性

rounding *n.* 圆唇；圆唇性

S

schwa *n.* 央元音
segmental phoneme *n.* 音段音位
semivowel *n.* 半元音
sentence stress *n.* 句重音（又 tonic stress, accent, pitch accent）
soft palate *n.* 软腭
sound change *n.* 语音变化
sound wave *n.* 声波（又 acoustic wave）
speaking rate *n.* 语速
speech defect *n.* 言语缺陷
spirant *n.* 或 *adj.* ［摩］擦音
stop *n.* ［闭］塞［音］；闭塞性
stop burst *n.* 塞音破裂（又 burst）
stress *n.* 重音；重读
stressed *adj.* 重读的
suffix *n.* 后缀
supraglottal *adj.* 声门上的
supralaryngeal vocal tract *n.* 喉上声道（又 superglottal vocal tract）
suprasegmental *adj.* 或 *n.* 超音段［的］
suprasegmental phoneme *n.* 超音段音位（又 prosodeme, secondary phoneme）
syllabic *adj.* 音节的；音节性
syllabification *n.* 音节划分
syllable *n.* 音节
syllable-based tone *n.* 基于音节的声调
syllable structure *n.* 音节结构
symbol *n.* 语符；符号
synchronic *adj.* 共时的，断代的
syntactic stress *n.* 句法重音

T

tail *n.* 调尾
tamber *n.* 音色
teeth *n.* 或 *pl.* 齿（sg.tooth）
thoracic cavity *n.* 胸腔
thyroid cartilage *n.* 甲状软骨
timbre *n.* 音色（又 tamber, tonality）
tip *n. adj.* 舌尖（又 apex）
tonal feature *n.* 声调特征
tonality *n.* 音调
tonality feature *n.* 音色特征
tonal sandhi *n.* 连读变调
tone *n.* 声调；音调
tone assimilation *n.* 声调同化作用
tone feature *n.* 声调特征；语调特征（又 tonal feature）
tone language *n.* 声调语言
toneless *adj.* 无调
toneme *n.* 调位
tone sandhi *n.* 连读变调（又 tonal sandhi）
tongue *n.* 舌［头］
tongue-twister *n.* 绕口令
trachea *n.* 气管（又 windpipe）
trisyllable *n.* 三音节词
tune *n.* 调子，音调，旋律

U

unaspirated *adj.* 不送气的
uvula *n.* 小舌

V

variable *n.* 变项；变异

variant *n.* 变体
variation *n.* 变异
variphone *n.* 自由变体；自由音位
velar 软腭的；软腭音；舌面后音
velic opening *n.* 软腭下垂
vocal cords *n. pl.* 声带
vocal folds *n. pl.* 声带（又 vocal cords）
vocalic *adj.* 元音的
vocal organs *n. pl.* 发音器官（又 speech organs，organs of speech）
vocal tract *n.* 声道
vocoid *n.* 元音
vocoid chart *n.* 元音图（又 vowel chart）
voice *n.* 嗓音；浊音；发声类型；声门状态
voiced *adj.* 带声的，浊的；浊音性
voiceless *adj.* 清音的，无声的，不带声的（又 unvoiced）

voicing *n.* 嗓音；带声；浊音；浊化
vowel *n.* 元音；元音字母（又 vocoid）
vowel chart *n.* 元音图（又 formant chart, vocoid chart）
vowel quality *n.* 元音音质
vowel reduction *n.* 元音弱化
vowel system *n.* 元音系统

W

wave *n.* 波
waveform *n.* 波形
weakening *n.* 弱化
whisper *n.* 耳语［音］
word class *n.* 词类
word stress *n.* 词重音

Z

zero *n.* 零［形式］

索　引

B

半低元音　100
半高元音　100
半元音　104
北方方言　1, 2, 3, 4, 24, 31
鼻化元音　20, 186
鼻音　20, 52, 54, 80, 81, 82, 132,
　　133, 142, 148
鼻音声母　80, 81, 82, 83
鼻音韵母　98, 99, 132, 133, 148
鼻音韵尾　28, 132, 133, 135, 148
闭元音　100
边音声母　82, 83
变调　1, 29, 33, 168, 192, 194, 195,
　　196, 197, 198, 199
变调规律　195
变调口诀　195
标准元音　21, 22, 101
"不"的变调　194, 195
不送气　29, 34, 52, 55, 57, 58, 71,
　　72, 75, 87, 88, 90, 93, 175
不送气辅音　87

不送气声母　93
不送气音　13, 18, 54, 87, 93
不圆唇元音　102, 103, 104, 105, 106,
　　107, 108, 109, 141, 142

B

擦音　13, 52, 54, 63, 64, 65, 66, 71,
　　88, 89, 91, 92, 93
长元音　16, 89, 91, 128, 169
唇齿音　52, 53, 163
唇齿音声母　163
词重音　205
次方言　3, 4
撮口呼　66, 98, 99, 109, 128, 162,
　　163, 166, 169
撮口呼韵母　66, 166, 169

D

带鼻音韵母　99
单元音　128
单元音韵母　98, 99, 100, 101, 108,

279

132，175

单韵母　28，102，108，109，181，182，186

德国学生　110

低降调　174

低平调　35，40

低元音　21，100，115

调类　31，35，36，37，39

调位　26，29

调值　31，32，35，37，39，40，41，173，174，192，193，194，199，205

短元音　16

对立原则　27

多音字　9，38

E

儿化　1，2，9，10，181，182，183，184，185，186，187，196，197

儿化词　9，182

儿化的功能　182

儿化音　9

儿化音节　160

儿化韵　28，182，184，185，186，187

儿化韵表　185，186，187

儿化韵学习提示　187

二合复元音韵母　114，115

二合元音　109

F

发音部位　7，13，18，52，53，54，55，56，57，58，65，73，74，75，80，82，87，135，142，175

发音方法　18，52，53，54，71，87，88，175

发音器官　7，10，13，15，18，19，35，111，164

法国学生　110，111

方言　1，2，3，4，5，6，8，9，16，20，24，25，26，31，34，76，80，81，88，105，108，133，181

非音质音位　26

辅音　10，19，20，23，24，26，27，34，52，54，87，89，92，98，108，132，161，162，164

辅音音素　26，52

辅音韵尾　161，162

辅音浊化　176

复合元音　102，109，119，120，125，127

复元音韵母　98，99，114，115，132，175

复韵母　105，114，115，127，181

G

赣方言　3

高降调　32，41，174

高平调　32，35，41

高元音　21，100，115，162

隔音符号　167

共同语　1，4

归纳音位　27

国际音标　13，14，15，32，71，89，90，101

H

韩国学生　40, 88, 91, 92, 108, 109, 110, 127, 128, 148
汉语的声调　7
汉语拼音方案　32, 98, 99, 128, 165, 166, 167, 168, 182
汉语拼音正词法　167
合口呼　98, 99, 121, 140, 162, 163
喉擦音　92, 93
后鼻音　133, 141, 143, 144, 145, 146, 147, 148
后鼻音韵母　132, 141, 148, 163
后鼻音韵尾　25, 132, 142, 162, 186
后响二合复元音韵母　114, 118
后元音　21
互补分布原则　27

J

降调　210
句调　210
卷舌单元音韵母　107, 110, 187
卷舌元音　100, 107, 108

K

开口呼　90, 98, 99, 162, 163
客家方言　2, 3, 4
口鼻音　20
口语　5, 9, 182, 196

L

连读变调　191, 192
零声母　29, 104, 121, 133, 140, 162, 163, 165, 166, 167, 181
零声母音节　104, 121, 127, 162, 163, 165, 166, 167, 187
逻辑重音　206, 207

M

闽方言　2, 3, 4
名词儿化　183

P

拼写规则　121, 126, 127, 128, 140, 164, 167
平调　210
普通话　1, 2, 4, 6, 7, 8, 9, 10, 12, 16, 17, 18, 19, 20, 21, 22, 23, 24, 25, 26, 27, 28, 29, 30, 31, 32, 35, 36, 37, 40, 41, 42, 53, 55, 57, 71, 75, 80, 87, 88, 89, 92, 98, 99, 100, 101, 105, 106, 107, 108, 114, 128, 132, 160, 161, 162, 163, 164, 167, 169, 176, 177, 180, 181, 184, 187, 194, 197
普通话的调类　31
普通话的调值　32
普通话的音位　28
普通话辅音音位　29
普通话声调音位　29
普通话音节　160, 164, 167

普通话音节构造　161
普通话音节总数　162
普通话元音音位　27, 28

Q

七大方言　2, 3
齐齿呼　98, 99, 162, 163
前鼻音　25, 133, 136, 148, 163
前鼻音韵母　132, 135, 144, 148
前鼻音韵尾　25, 132, 133, 162, 185
前高元音　125, 126
前响二合复元音韵母　114, 115
前元音　21, 89, 117
清辅音　1, 23, 27, 35, 55, 58, 72, 88, 92, 175
清辅音声母　175
轻声　1, 9, 15, 29, 165, 172, 173, 174, 175, 176, 177, 178, 179, 180, 181, 192, 195
轻声词　9, 16, 177, 178, 180, 181
轻声的功能　176
轻声音节　29, 110, 173, 174, 175, 176
清擦音　88
清塞音　29, 88, 175
清声母　29, 57
曲调　210, 211
曲折调　32, 40
去声　42

R

日本学生　42, 92, 93, 109, 128, 148, 187

S

塞擦音　13, 29, 52, 54, 71, 72, 73, 74, 75, 76, 87, 89, 90, 175
塞音　13, 52, 54, 55, 56, 57, 58, 71, 87
三合复元音韵母　114, 126, 128
上齿龈　19, 53, 57, 71, 73, 81, 82, 92, 107, 109, 133, 135, 136, 137, 139, 140, 141, 144, 148
上声　38, 39, 40, 42
上声的变调　192
舌根鼻音　132, 133, 134
舌根擦音　93
舌根音　13, 52, 54, 59, 66, 92, 117, 163
舌尖单元音韵母　106, 109, 163, 187
舌尖后擦音声母　89
舌尖后声母　107, 110
舌尖后音　52, 53, 72, 88, 90, 163
舌尖后元音　110
舌尖前声母　106, 110, 169
舌尖前音　52, 53, 72, 88, 89, 163, 169
舌尖前元音　110
舌尖元音　22, 100, 106, 107, 109, 169
舌尖中音　52, 53, 57, 163, 166
舌尖中音声母　163
舌面擦音　91
舌面单元音韵母　100, 106
舌面音　52, 53, 91, 162, 163, 166
舌面元音　22, 88, 100, 169
舌面元音图　21, 22, 101

舌叶音　64
升调　210，211
声调　3，7，9，10，15，29，30，32，33，
　　34，35，36，37，38，39，40，41，42，
　　105，160，161，162，163，168，172，
　　173，192，197，198，199，205，210
声调的类别　31
声调符号　164，165，167
声调偏误　40，41，42
声母　1，7，9，13，18，23，25，26，28，
　　29，30，34，35，36，38，52，53，54，
　　55，58，63，80，81，87，88，90，91，
　　92，98，99，102，110，117，126，
　　127，128，133，140，146，161，162，
　　163，164，169，172，175，176
声母与韵母的拼合　99，162
声韵配合　169
时位　26，27
书面语　5，160，182，207
双唇擦音　93
双唇音　52，56，163
送气　34，52，56，57，58，73，74，76，
　　87，88，89，90
送气擦音　92
送气辅音　87
送气声母　93
送气音　13，18，54，56，57，59，74，
　　87，93

T

泰国学生　32，41，88，89，90，91，92，
　　110，128，169，187
特殊音节　10

条件变体　25，26
停顿　114，132，164，193，194，205，
　　207，208

W

外国学生声调学习　38
吴方言　2，3

X

湘方言　3
小称　184
形容词的变调　196
形容词儿化　183
形容词重叠式变调　196，197
形容词重叠式儿化　196，197
学习提示　38，88，108，127，148，
　　169，187

Y

央元音　175，176
阳平　38，42
阳平调　32，38，39，40，194
乐音　17
"一"的变调　194，195
阴平　38
阴平调　32，35，40，41，42，173，196，
　　197，199
音变　172，176，185，186，187，199
音长　16，26，30，127，175，205
音高　7，15，16，17，26，29，30，31，
　　32，34，35，40，115，160，161，172，

173，174，175，176

音节 1，7，9，10，12，16，20，23，24，28，29，30，31，32，33，34，35，36，37，39，40，41，42，52，57，58，59，65，80，81，83，88，89，90，98，102，108，115，121，126，127，132，133，140，160，162，163，166，167，169，172，173，174，176，180，182，191，192，193

音节结构 52

音强 16，26，30，175

音色 17，18，19，21，30，175

音素 7，8，10，12，14，20，23，24，25，26，27，71，98，101，114，115，117，118，120，132，135，142，144，162，164，181

音位 10，24，25，26，27，34

音位变体 25，26，28

音位的分类 26

音位系统 24，27

音质音位 26

印尼学生 42，93，110

语调 10，205，210，211

语法重音 205，206

语句重音 205

语流音变 1

语音单位 10，13，20，24，25，160

语音的性质 15

语音偏误 41，89，92

语音相似原则 27

元音 10，16，17，18，19，20，21，23，24，25，26，28，29，32，52，55，57，58，59，89，92，98，100，107，110，114，116，118，132，135，142，147，148，161，162，164，165，166，176，184，187

元音鼻化 186

元音脱落 176

元音央化 176，185

元音音素 25，26，114，132，161

元音音位 26，27

元音韵尾 162

圆唇元音 101，103，104，119，120，137，141，145，146，147

越南学生 40，41，91，93，109，128，148

粤方言 2，3，4

韵母 1，8，9，20，25，26，28，30，34，35，36，38，52，65，66，80，81，89，98，99，101，105，108，109，110，114，115，117，118，127，128，132，140，142，143，144，145，146，147，148，161，162，163，164，165，166，172，175，176，181，182，184，185，186，187

韵母的分类 98

韵母的拼合 162，163，164

韵母的省写 166

韵母结构 161

韵母总表 98，99

韵头 28，125，126，127，128，161，162

韵尾 23，26，28，52，80，81，109，115，128，132，133，135，136，137，138，139，140，141，142，148，161，162，185

Z

噪音　17
中平调　40，41
中响二合复元音韵母　114，125
中央元音　108，117，136，137，140，144，145，187
重位　26
重音　10，175，205，206，207

主要元音　115，125，126，127，128，138，140，148，161，164，166，186
状态形容词变调　198，199
浊擦音　88，92
浊辅音　1，19，23，27，35，55，57，58，88，92，175
浊辅音声母　88，175
浊塞音　88
浊声母　29，55
自由变体　25，26

参考文献

北京大学中文系现代汉语教研室 1995《现代汉语》，北京：商务印书馆。

曹剑芬 1986 普通话轻声音节特性分析，《应用声学》第 5 卷第 4 期。

曹　文 2002《汉语语音教程》，北京：北京语言大学出版社。

陈　晨、李秋杨 2008 语音偏误标记与语音对比——谈泰国学生语音习得问题，《云南师范大学学报（对外汉语教学版)》第 2 期。

陈　珺 2007 韩国学生韵母偏误的发展性难度和对比难度分析，《云南师范大学学报（对外汉语教学版)》第 2 期。

丁崇明 2006 昆明方言的儿化，《中国方言学报》第 1 期。

丁崇明 2009《现代汉语语法教程》，北京：北京大学出版社。

方　梅 2007 北京话儿化的形态句法功能，《世界汉语教学》第 2 期。

郭锦桴 1993《汉语声调语调阐要与探索》，北京：北京语言学院出版社。

黄伯荣、廖序东主编 2002《现代汉语》(增订第三版)，北京：高等教育出版社。

何　平 1997 谈对日本学生的初级汉语语音教学，《语言教学与研究》第 3 期。

贾采珠 1990《北京话儿化词典》，北京：语文出版社。

金晓达、刘广徽 2006《汉语普通话语音图解课本》(教师用书)，北京：北京语言大学出版社。

李红印 1995 泰国学生汉语学习的语音偏误，《世界汉语教学》第 2 期。

李　明、石佩雯 1986《汉语普通话语音辨证》北京：北京语言学院出版社。

李善熙 2010 韩国学习者构建汉语元音音系范畴程序及特点，北京语言大学博士学位论文。
李小梅 2000 单音节形容词叠音后缀读 55 调辨，《中国语文》第 2 期。
李　莺 2001 重叠形容词变调问题的考察，《韶关学院学报》第 11 期。
李志江 1998 ABB 式形容词中 BB 注音的声调问题，《语文建设》第 12 期。
林茂灿、颜景助 1980 北京话轻声的声学性质，《方言》第 3 期。
林茂灿、颜景助 1990 普通话轻声与轻重音，《语言教学与研究》第 3 期。
林　焘、王理嘉 1985 《北京语音实验录》，北京：北京大学出版社。
林　焘、王理嘉 1992 《语音学教程》，北京：北京大学出版社。
林奕高、王功平 2005 印尼留学生习得汉语塞音和塞擦音实验研究，《语言教学与研究》，第 4 期。
刘雪春 2003 儿化的语言性质，《语言文字应用》第 3 期。
刘照雄 2003 说儿化，《语言文字应用》第 3 期。
鲁健骥 1984 中介语理论与外国人学习汉语的语音偏误分析，《语言教学与研究》第 3 期。
陆俭明 1984 关于现代汉语里的疑问语气词，《中国语文》第 5 期。
罗常培、王　均 1981 《普通语音学纲要》，北京：科学出版社。
吕叔湘主编 1999 《现代汉语八百词》（增订本）北京：商务印书馆。
马燕华 1994 初级汉语水平留学生的普通话声调误区，《北京师范大学学报》第 3 期。
钱曾怡 1960 《普通话语音》，济南：山东人民出版社。
浅海雪绘 2010 对非初学者的发音纠正，第二届对日汉语教学国际研讨会论文。
邵敬敏 1996 《现代汉语疑问句研究》，上海：华东师范大学出版社。
申东月、伏学凤 2006 汉日辅音系统对比及汉语语音教学，《语言文字应用》专刊。
石　锋、高玉娟 2006a 德国学生汉语元音学习中母语迁移的实验研究，《教育科学》第 2 期。
石　锋、高玉娟 2006b 法国学生汉语元音学习中母语迁移的实验，《云南师范大学学报：对外汉语教学与研究版》第 4 期。
太田裕子、张劲松、曹　文 2011 日本学生汉语普通话两字调的发音和感知研究，《国际汉语教学理念与模式创新——第七届对外汉语国际学术研讨会论文集》，北京：外语教学与研究出版社。

王安红 2006 汉语声调特征教学探讨，《语言教学与研究》第 3 期。

王洪君 1999 《汉语非线性音系学》，北京：北京大学出版社。

王若江 2005 《汉语正音教程》，北京：北京大学出版社。

王秀珍 1996 韩国人汉语的语音难点和偏误分析，《世界汉语教学》第 4 期。

王韫佳 1995 也谈美国人学习汉语声调，《语言教学与研究》第 3 期。

王韫佳 1996 轻声音高琐议，《世界汉语教学》第 3 期。

王韫佳 2001 韩国、日本学生感知汉语普通话高元音的初步考察，《语言教学与研究》第 6 期。

王韫佳、邓 丹 2009 日本学习者对汉语普通话"相似元音"和"陌生元音"的习得，《世界汉语教学》第 2 期。

吴宗济主编 1992 《现代汉语语音概要》，北京：华语教学出版社。

吴门吉、胡光明 2004 越南学生汉语声调偏误溯因，《世界汉语教学》第 2 期。

徐世荣 1963 《普通话轻声词汇编》，北京：商务印书馆。

徐世荣 1999 《普通话语音常识》，北京：语文出版社。

许艳艳 2009 泰国人学汉语的语音难点及教学策略，《广西师范大学学报》第 3 期。

余诗隽 2007 韩国人学习汉语语音的偏误分析及其对策，华中师范大学硕士学位论文。

朱宏一 2008 《现代汉语词典》第 5 版轻声处理评析，《中国语文》第 6 期。

张洵如 1957 《北京话轻声词汇》，北京：中华书局。

彼得·赖福吉（Peter Ladefoged）《语音学教程》（第五版），张维佳译，北京：北京大学出版社，2011 年。

Selinker, L. 1972. Interlanguage. *International Review of Applied Linguistics* 10：209-231.

后　记

　　语音是我们二十多年前开始在大学教书时所教的一个重要部分。我们一开始教的是中文系本科生基础课"现代汉语"语音部分和"语言学概论"与语音相关的部分。后来，荣晶曾在香港浸会大学为香港中小学老师专门教授普通话和汉语语言学课程，丁崇明曾在北京师范大学为香港中小学教师讲授普通话语音知识课程；荣晶在北京师范大学文学院曾为理论语言学研究生讲授学位课程"音系学"，这些年为理论语言学专业研究生讲授专业课"历史语言学"，为文学院所有语言专业的硕士研究生讲授共同的学位课程"普通语言学"，这两门课程都有相当一部分内容涉及语音理论及汉语语音共时和历时的问题。2000年以后丁崇明在北京师范大学汉语文化学院开始教外国本科生"现代汉语"课程，由于没有适合外国学生使用的教材，只能把通行度比较高，自己教中文系"现代汉语"课用得很熟的黄伯荣、廖序东先生主编的《现代汉语》上册作为学生参考用教材来使用。但这本教材对外国学生显然是不合适的，所以自己另起炉灶，根据外国留学生的实际，用通俗易懂的语言把汉语语音的知识介绍给外国学生。这样逐渐写出了适于对外国学生讲授的部分语音讲义。我们首先要感谢北京大学出版社主任沈浦娜女士和编辑邓晓霞，本书是在她们的促成下完成的。2004年，她们听说丁崇明在北京师范大学汉语文化学院多年教授留学本科生"现代汉语"课程用的是自己写的语法教材，已经试用了几年，便与丁崇明签订合同。丁崇明完成了《现代汉语语法教程》，2009该书作为"北大版留学生本科汉语教材·语言知识系列"中的第一部书出版。2007年，邓晓霞编辑和沈浦娜主任让我们承担上述系列丛书中的另一部——《现代汉语语音教程》的撰写任务，于是在她们的催促下，我们完成了今天呈现给读者的这部书。本书是在我们多年从事不同层次语音教学的基础上，参考了诸多学者的研究成果所写出的一部实用性很强的书，在此特向这些学者表示诚挚的谢意。

  本书的责任编辑旷书文、邓晓霞以及复审专家胡双宝先生提出了一些建设性的意见，这对于突出本书的特色很有帮助。在此特表示诚挚的谢意！

  为突出特色，本书对外国学生学习汉语语音的难点有一定的分析与提示。为此我们请北京大学中文系毕业的语言学博士阮大瞿越调查了越南学生学习汉语语音的难点，北京师范大学博士研究生刘汉武、陈秋轩（均为越南学生）也提供了一些越南学生偏误的线索。我们还请泰国皇太后大学讲师、目前在北京师范大学攻读语言学与应用语言学专业博士学位的思美琴帮助调查了泰国学生学习汉语语音的难点（思美琴在调查中与泰国皇太后大学林才均和罗思娜两位老师商讨过），并与博士生思美琴和硕士生陈宗真一起分析了泰国学生的一些语音偏误，也曾请赵日新教授一起审听读音。北京华文学院的邹工成老师提供了印尼学生学习汉语语音难点的分析。我们还向北京师范大学硕士研究生韩国同学丁允美、北京师范大学汉语言专业的韩国留学生表淳恒、李河娟调查过韩国学生学习汉语的语音难点。丁崇明前两年受聘为韩国成均馆大学中国大学院教授，在成均馆大学教授研究生汉语课程中调查韩国学生的语音偏误也曾得到诸多研究生的协助。利用上述各位的调查和我们自己在教外国学生汉语的过程中总结出的外国学生的语音问题，另外在阅读了一定数量的相关文献的基础上，我们增加了外国学生学习汉语语音难点的分析。旷书文编辑对初稿提出的意见之一是希望能增加一些口语化的练习。为此，我们请北京大学国际汉语教育学院的讲师路云博士、北京华文学院讲师邹工成、访问学者齐齐哈尔大学讲师王巧足、北京师范大学博士研究生薛扬、北京师范大学研究生刘一杉、侯燕、芦宪、牛芳芳以及北京华文学院的侯芳老师帮助我们补充设计了个别练习。

  2008年国家汉办派丁崇明到英国和西班牙培训海外汉语教师，主要负责讲授语法及其教学，也讲授一些外国人学习语音的问题，2008年暑假国家汉办聘请丁崇明到廊坊清华大学科技园为来自全国大专院校及北京及天津的少数中学教师近60名国家公派出国汉语教师讲授"现代汉语"课程，其中本书的有些内容在培训课程中讲授过。国内外听课的老师提出了一些为外国人教授语音的问题，这给予我们一些有益的启发。本书初稿，我们在北师大对外汉语专业研究生现代汉语课和国际汉语教育硕士研究生的汉语语言学导论中讲授过其中部分内容，有的研究生提出了一些有益的建议。

普通话以北京语音为标准音。我们这些年工作生活在北京，比其他地方的人有条件更多地接触到当代北京话。本书力图反映当今北京话的真实情况。我们感觉当代北京话中形容词重叠式变调及其儿化的实际情况与《现代汉语八百词》及有的教材所总结的规律有明显的出入，为了落实当代北京年轻一代形容词重叠式变调及其儿化的实际情况，我们向一些北京的年轻人做了调查，在调查的基础上，对上述情况做了描写归纳。配合我们调查的有：北京师范大学本科生丁也涵，北京大学本科生邢冠宁，清华大学本科生贾璐，英国曼彻斯特大学本科生张婉婉，北京师范大学研究生刘一杉、侯燕。另外，北京师范大学彭玉兰老师、吴月华老师和北京语言大学速成学院的青年教师郝佳璐（她们均为北京人）帮助审核了附录中的儿化词表。

本书在北京师范大学汉语文化学院试用时，中国警官大学的高平平副教授提出了保贵的意见。另外北京师范大学王建喜副教授也提出了保贵的意见。为了尽量避免错误，我们请北京师范大学博士研究生姜自霞、薛扬、甄珍、刘一杉、思美琴、刘相臣，北京师范大学毕业博士、武汉大学博士后张则顺，北京华文学院邹工成老师、侯芳老师，北京师范大学硕士研究生牛芳芳、侯燕、孙素清、芦宪、王健、刘佳、郭丽艳、魏玮和黄琦帮助校对。他们也指出了一些语言上的不顺畅之处。

我们谨在此对上述各位表示诚挚的谢意。

本书是北京师范大学汉语文化学院汉语言专业所使用的教材，北师大汉语文化学院把本书作为立项支持的科研项目，本书的研究也得到北京师范大学教改项目的支持。在此特致谢忱。

很多国家的学生学习汉语语音的问题本书都未涉及，所涉及的少数几个国家学生学习汉语语音的问题分析也很不全面，我们只是抛砖引玉。本书在其他方面也一定存在不足或者疏漏，我们真诚地希望各位专家学者、各位老师、各位读者提出宝贵意见。

丁崇明　荣　晶
dchm@bnu.edu.cn　　rongjing@bnu.edu.cn
于北京师范大学
2011 年 10 月